中华人民共和国内河船舶船员适任培训和考试大纲熟悉训练资源

船舶驾驶与管理

（二、三类船长/驾驶员）

大连海事大学交通运输教材研究所 组织编写

大连海事大学出版社

图书在版编目(CIP)数据

船舶驾驶与管理：二、三类船长/驾驶员/中国海事服务中心编. —大连：大连海事大学出版社，2021.2(2022.7 重印)
中华人民共和国内河船舶船员适任培训和考试大纲熟悉训练资源
ISBN 978-7-5632-4109-5

Ⅰ. ①船…　Ⅱ. ①中…　Ⅲ. ①内河航行—船舶驾驶—技术培训-教材②内河航行—船舶管理—技术培训—教材
Ⅳ. ①U675.5②U692

中国版本图书馆 CIP 数据核字(2021)第 028808 号

大连海事大学出版社出版

地址:大连市黄浦路523号　邮编:116026　电话:0411-84729665(营销部)　84729480(总编室)
http://press.dlmu.edu.cn　E-mail:dmupress@ dlmu.edu.cn

大连日升彩色印刷有限公司印装		大连海事大学出版社发行
2021 年 2 月第 1 版		2022 年 7 月第 2 次印刷
幅面尺寸:184 mm×260 mm	字数:443 千	印张:18

出版人:刘明凯

责任编辑:杨　淼　　责任校对:王　琴
封面设计:解瑶瑶　　版式设计:解瑶瑶

ISBN 978-7-5632-4109-5　　定价:54.00 元

前　言

为进一步提升内河船舶船员培训质量，提高船员实操能力，打造高素质船员队伍，交通运输部颁布了《内河船舶船员适任培训和考试大纲(2019版)》。

为更加有效地配合内河船舶船员培训，帮助考生顺利通过考试，大连海事大学交通运输教材研究所在深入解读《内河船舶船员适任培训和考试大纲(2019版)》的基础上，研究部海事局公布的大纲训练资源，针对内河船舶船员考试特点，组织编写了本套“中华人民共和国内河船舶船员适任培训和考试大纲熟悉训练资源”(以下简称“内河训练资源”)。

“内河训练资源”分为驾驶专业、轮机专业和培训合格证三部分，其中：

- 驾驶专业
  - 《船舶避碰与信号》(船长/驾驶员)
  - 《船舶驾驶与管理》(二、三类船长/驾驶员)
  - 《船舶操纵、航道与引航、船舶管理》(一类船长)
  - 《船舶操纵、航道与引航、船舶管理》(一类大副)
  - 《船舶操纵、航道与引航、船舶管理》(一类二/三副)
- 轮机专业
  - 《主推进动力装置、船舶辅机与电气、机舱管理》(一类大管轮)
  - 《船舶动力装置、轮机管理》(二类轮机长)
  - 《船舶动力装置、轮机管理》(二、三类轮机员)
  - 《主推进动力装置、船舶辅机与电气、机舱管理》(一类轮机长)
  - 《主推进动力装置、船舶辅机与电气、机舱管理》(一类三管轮)
- 培训合格证
  - 《内河船舶船员培训合格证训练指南Ⅰ》
  - 《内河船舶船员培训合格证训练指南Ⅱ》

“内河训练资源”具有针对性强、实用性强的特点，是内河船舶船员参加适任考试、培训必不可少的参考书。

“内河训练资源”的出版，得到了中国海事服务中心的大力支持，在此表示感谢。在丛书的编写过程中得到各海事管理机构、航运院校、内河船员培训机构、航运企业等单位的关心和帮助，特致谢意。

大连海事大学交通运输教材研究所

2020年12月

目　录

第一章　航道概况

第一节　航道概念

1. 航道尺度是指一定水位下的________。
①航道深度;②航道宽度;③航道曲率半径;④通航高度;⑤净空宽度
A. ①②③④　　B. ①②③④⑤
C. ①②③⑤　　D. ①②③
2. 航道标准深度是指________时,在通航宽度范围内最小水深。
A. 设计最低通航水位　　B. 设计最高通航水位
C. 设计中水位　　D. 设计零水位
3. 航道尺度是指一定水深下的航道深度、航道宽度、航道曲率半径。
A. 对　　B. 错
4. 航道的最小弯曲半径,是指在设计最低通航水位时,________时能安全通过弯曲河段所必需的航道弯曲半径。
A. 代表船型或船队航行　　B. 代表船型或船队上水航行
C. 代表顶推船队上下水航行　　D. 代表船型或船队下水航行
5. 船舶航行在弯曲河段航行,航迹带通常会________。
A. 变宽　　B. 变窄
C. 保持不变　　D. 视船舶而定
6. 富余水深或称剩余水深,是指自________至相应河底的垂直距离。
A. 船舶首龙骨外缘最低点　　B. 船舶平板龙骨外缘最高点
C. 船舶首龙骨外缘最高点　　D. 船舶平板龙骨外缘最低点
7. 富余水深的作用是保证________。
①船舶推进器的安全需增加的吃水;②船舶舵效应,以达到操纵灵活、安全需增加的吃水;③船舶的航行安全,为防止船舶因波浪或其他原因偶然触及河底需增加的水深
A. ①②　　B. ①③
C. ②③　　D. ①②③
8. 确定富余水深的依据主要是船舶航行中的下沉量,影响船舶下沉量的因素包括________。
①航道深度;②船舶对水速度;③船舶吃水;④船型
A. ①②　　B. ①②③
C. ①②③④　　D. ②③④
9. 富余水深的作用有________。
①提高船舶装载能力;②保证船舶的操纵性能;③保证船舶的航行安全;④保证船舶的稳性

A. ①②③④　　B. ①②
C. ②③　　D. ③④

10. 以下说法正确的是________。
A. 富余水深的规定与航道等级无关
B. 富余水深的规定应考虑船舶的类型
C. 航道等级越低，要求富余水深越大
D. 富余水深主要是根据航道水深与河床底质确定的

11. 航道标准尺度是指在________水位下，为保证标准船舶安全通航，航道所必须维护的最小航道尺度。
A. 全年最低　　B. 历年最低
C. 设计最低通航　　D. 在一定保证率的设计最低通航

12. 下列说法正确的是________。
A. 航道尺度随季节的不同而变化　　B. 航道尺度随水深的大小而变化
C. 航道尺度随船舶的大小而变化　　D. 航道尺度通常是固定不变的

13. 航道标准尺度是指________下，为保证标准船舶安全通航，航道所必须维护的最小航道尺度。
A. 在一定保证率的设计最低通航水位
B. 在一定保证率的设计最高通航水位
C. 在一定通航密度条件下的设计最低通航水位
D. 在一定通航密度条件下的设计最高通航水位

14. 航道标准尺度是指在一定保证率的设计最低通航水位下，为保证________，航道所必须维护的最小航道尺度。
A. 船舶通航率　　B. 船舶航行安全
C. 标准船舶安全通航　　D. 大型船舶航行安全

15. 在制定航道标准宽度时必须综合考虑代表船型或船队的尺度、代表船队的队形、船舶（队）的航行和操纵性能及________等因素。
①航道条件；②水文条件；③通航密度；④有关法规；⑤气象要素
A. ①②③　　B. ②③④
C. ①②⑤　　D. ③④⑤

16. 对一条河流来说，随着季节的不同，水位有所涨落，故航道尺度也会随之而发生变化。
A. 对　　B. 错

17. 航道标准深度是航道在洪水期内应维护的最小水深。
A. 对　　B. 错

18. 航道尺度随着季节的不同、水位的涨落变化而变化，通常是________。
①洪水期航道尺度比枯水期尺度小；②洪水期航道尺度比枯水期尺度大；③水上过河建筑物的通航高度洪水期比枯水期小
A. ①③　　B. ②③
C. ②　　D. ③

19. 以下说法错误的是________。

A. 航道的标准深度是根据标准船型确定的
B. 航道的标准深度为船舶最大吃水与富余水深之和
C. 航道的标准深度的确定应考虑富余水深的要求
D. 航道的标准深度又可称为最小保证水深

第二节　内河航道的分类

1. 我国颁布的通航标准规定船舶剩余水深的大小是按船舶类型确定的。
A. 对　　B. 错
2. 我国通航标准中规定对于三级航道富余水深应为________。
A. 0.4~0.5 m　　B. 0.3~0.4 m
C. 0.2~0.3 m　　D. 0.2 m 以下
3. 我国通航标准中规定对于一级航道富余水深应为________。
A. 0.4~0.5 m　　B. 0.3~0.4 m
C. 0.2~0.3 m　　D. 0.2 m 以下
4. 我国颁布的内河通航标准中规定的二级航道的剩余水深为________。
A. 0.4~0.5 米　　B. 0.3~0.4 米
C. 0.2~0.3 米　　D. 0.2 米

第三节　内河航道尺度

1. 内河航道尺度是指一定水位下的________的总称。
A. 航道深度、航道宽度、通航高度　　B. 航道深度、通航高度、航道弯曲半径
C. 航道深度、航道宽度、航道弯曲半径　　D. 通航高度、航道宽度、航道弯曲半径
2. 内河航道尺度是指一定________下的航道深度、航道宽度、航道弯曲半径的总称。
A. 水深　　B. 水位
C. 保证率　　D. 船型

第四节　水上跨河设施

1. 从航运的角度出发，净空高度是指________的垂直距离。
A. 水上过河建筑物下缘最低点至当地零水位面
B. 水上过河建筑物下缘最低点至绝对零水位面
C. 桥梁下缘最低点至设计最高水位面
D. 桥梁下缘最低点至绝对零水位面
2. 航道部门和桥梁工程部门通常把水上过河建筑物下缘最低点到________面的垂直距离，称为通航净空高度。
A. 设计最低通航水位　　B. 设计最高通航水位
C. 当地零点水位　　D. 基本零点水位

3. 航运部门通常把水上过河建筑物下缘最低点到________面的垂直距离，称为通航净空高度。

A. 设计最低通航水位　　B. 设计最高通航水位

C. 当地零点水位　　D. 基本零点水位

4. 航道工程部门和航运部门规定的通航净空高度________。

A. 相差一个设计最高通航水位　　B. 相差一个设计最低通航水位

C. 相差一个平均水位　　D. 通常相等

5. 剩余高度是由航保部门制定的，对于桥梁，一般定为________米。

A. 1.0～1.5　　B. 1.0～1.9

C. 1.5～2.0　　D. 0.5～1.2

6. 航行图上查得某桥净空高度为 30 m，需保留的剩余高度为 1.2 m，本船水面上最大高度为 23.5 m，当地水位为 6.0 m，则该船________。

A. 勉强可以通过大桥　　B. 可以安全通过大桥

C. 不能通过大桥　　D. 无法判断是否能通过大桥

7. 航行图上查得某大桥净空高度为 30 m，需保留的剩余高度为 1.2 m，本船水面上最大高度为 24.5 m，则允许该船通过大桥的水位必须小于________ m。

A. 5.5　　B. 6.7

C. 4.5　　D. 4.3

8. 某大桥净空高度为 30 m，需保留的剩余高度为 1.2 m，当地水位为 4.5 m，则水面上允许通航的最大高度为________ m。

A. 25.5　　B. 24.3

C. 30　　D. 28.8

9. 某大桥净空高度为 30 m，需保留的剩余高度为 1.2 m，当时有维修小车，高度为 1.5 m，当地水位为 4.5 m，则水面上允许通航的最大高度为________ m。

A. 22.8　　B. 24.3

C. 25.5　　D. 28.8

10. 通航净空宽度是指水上过河建筑物通航孔相邻两墩内侧，可供设计船舶或船队安全航行的有效宽度。

A. 对　　B. 错

11. 下列有关通航净空宽度的说法错误的是________。

A. 船舶或船队宽度与水上过河建筑物两墩内缘之间留有一定的富余宽度

B. 船舶或船队的实际最大通航宽度必须小于净空宽度与富余宽度的差值

C. 水上过河建筑物轴线的法线与水流流向的交角小于 10°，通航净空宽度无须加大

D. 当水流横向流速大于 0.8 m/s 时，应一跨过河或在通航水域中不得设置墩柱

12. 船闸有效尺度包括________。

①船闸有效长度；②闸室有效宽度；③门槛最小水深

A. ①②　　B. ②③

C. ①③　　D. ①②③

第五节　内河航道及航区

1. 内河航区等级划分的依据是________。
A. 航道条件　　B. 船舶大小
C. 船舶类型　　D. 水文气象

2. 根据水文和气象条件，将内河船舶航行区域划分为________级，其中某些水域，依据水流情况，又划分出了急流航段，即 J 级航段。
A. 三　　B. 四
C. 五　　D. 六

3. 根据水文和气象条件，内河船舶航行区域划分为________，其中某些水域，依据水流情况，又划分为________航段。
A. A、B 两级；C 级　　B. A、B 两级；J 级
C. A、B、C 三级；J 级　　D. A、B、C 三级；K 级

4. 根据水文和气象条件，将内河船舶航行区域划分为________级。
A. 1　　B. 2
C. 3　　D. 4

5. 在峡谷河流中，滩上流速超过________的航段，称为急流航段。
A. 3.5 m/s　　B. 4.5 m/s
C. 5.5 m/s　　D. 6.5 m/s

6. 我国内河 J_1 级航段内的滩上流速大小为________。
A. 6.5 米/秒以上　　B. 5 米/秒以上但不超过 6.5 米/秒
C. 3.5 米/秒以上但不超过 5 米/秒　　D. 3.5 米/秒以下

7. 下列关于航区的说法正确的是________。
A. 低等级航区的船舶不得在高等级航区航行
B. 高等级航区的船舶可以在低等级航区航行
C. 低等级航区的船舶可以在高等级航区航行
D. 航区的等级越高其满载排水量越大

8. 根据内河航区划分规定，________的船舶，如不满足急流航段的特殊要求，不得航经该急流航段。
A. A 级航区　　B. 各级航区
C. B 级航区　　D. C 级航区

9. 内河航道按可通航内河船舶的吨级划分为________级。
A. 5　　B. 6
C. 7　　D. 8

10. 内河航道是按可通航内河船舶的吨级划分的，这里的吨级是指________。
A. 载重吨　　B. 总吨
C. 净吨　　D. 容积吨

11. 三级航道可通航________吨级船舶。

A. 3 000　　B. 2 000
C. 1 000　　D. 500

第一节　航道概念

1.D　2.A　3.B　4.D　5.A　6.D　7.D　8.C　9.C　10.D
11.D　12.A　13.A　14.C　15.C　16.A　17.B　18.B　19.B

第二节　内河航道的分类

1.B　2.B　3.A　4.B

第三节　内河航道尺度

1.C　2.B

第四节　水上跨河设施

1.A　2.B　3.C　4.A　5.A　6.C　7.D　8.B　9.A　10.A
11.C　12.D

第五节　内河航道及航区

1.D　2.A　3.C　4.C　5.A　6.B　7.A　8.B　9.C　10.A
11.C

第二章　水文要素

第一节　流速

1. 造成内河航道中的断面水流速度分布不均匀的原因，主要是存在________。
①主流和缓流；②回流；③泡水等其他不正常水流
A. ①②　　B. ②③
C. ①③　　D. ①②③

2. 主流两侧流速较缓的水流称为缓流。
A. 对　　B. 错

3. 顺直河段水流平顺，________一般在河槽中间，水深、流速分布较对称，有利于船舶稳向航行。
A. 主流　　B. 缓流
C. 横流　　D. 急流

4. 一般情况下，内河航道中的流速与码头边的流速相比较，________。
A. 航道中流速稍缓慢　　B. 航道中流速稍快
C. 流速差不多　　D. 不确定哪个流速快

5. 在均匀性水流中，流对航速的影响是________。
A. 船舶顺流航行时，航速等于静水船速加流速；逆流航行时，航速等于静水船速减流速
B. 船舶顺流航行时，航速等于静水船速加流速；逆流航行时，航速等于静水船速加流速
C. 船舶顺流航行时，航速等于静水船速减流速；逆流航行时，航速等于静水船速减流速
D. 船舶顺流航行时，航速等于静水船速减流速；逆流航行时，航速等于静水船速加流速

第二节　流向

1. 流向是指水流去的方向。
A. 对　　B. 错

2. 东南流是指水向东南方向流去。
A. 对　　B. 错

3. 东南流是指水从东南方向流来。
A. 对　　B. 错

4. 非感潮河段，河槽中的水流方向是随________而发生变化的。

①河槽与河岸形态的不同;②风向的变化;③不同水位期水位的变化

A. ①②　　B. ①③

C. ②③　　D. ①②③

5. 弯曲河段一般是凸岸水势高,凹岸水势低。水流扫弯,水流从凸岸流向凹岸;弯曲顶点以下,由于超高现象,水流________。

A. 自凹岸流向凸岸　　B. 自凸岸流向凹岸

C. 自左岸流向右岸　　D. 自右岸流向左岸

6. 在顺直河段河水急退时,水流表面的流向是________。

A. 自左岸流向右岸　　B. 自右岸流向左岸

C. 自两岸流向河流中间　　D. 自河流中间流向两岸

7. 弯曲河段的弯顶以下,由于超高现象,水流的表面流向是________。

A. 自凹岸流向凸岸　　B. 自凸岸流向凹岸

C. 自左岸流向右岸　　D. 自右岸流向左岸

8. 目测流向的方法,下述错误的是________。

A. 根据水面漂浮物的运动方向来判定

B. 根据河岸水生植物被水流冲击的倾倒方向来判定

C. 船舶抛单锚时,观测锚链及船舶的艏艉方向来判定

D. 根据前船的航迹线来判定

9. 河槽中水流流向的特征,下述错误的是________。

A. 流向随着河槽形态、河底地形的不同而变化

B. 流向受流速大小的影响,与水位和水深没有关系

C. 在顺直河段,一般情况下流向基本与岸形平行

D. 弯曲河段,水流方向一般是从凸岸流向凹岸,形成扫弯水

10. 下列说法正确的是________。

A. “一江春水向东流”是指江水自东向西流

B. 东南流是指从东南方向来的流

C. 锚泊船自船首向船尾的方向就是流向

D. 水流方向随水位发生变化

11. 在宽阔或水流较缓的河段不易判定流向时,可以根据________来判断流向。

A. 船舶压舵情况　　B. 岸形

C. 水位高低　　D. 水深大小

12. 通常所说的“看水走船”是指水文的________。

A. 水深　　B. 水位

C. 流向　　D. 流速

13. 船舶下行经过弯曲河段时,根据水流的流向的判别,可以将船位挂于________。

A. 凸岸　　B. 凹岸

C. 横流水势较高的一侧　　D. 横流水势较低的一侧

14. 选择左舷还是右舷靠泊，主要根据当时的________。
A. 流速　　B. 流向
C. 水位　　D. 水深

第三节　水位

1. 某时某地的自由水面至某基准面的垂直距离称为________。
A. 水位　　B. 水深
C. 图示水深　　D. 零点高程
2. 水位管辖段也即关系水位区是指以某一个当地零点起算的水位数的有效使用范围。
A. 对　　B. 错
3. 以下说法错误的是________。
A. 水位的高低表示河水的涨落　　B. 水位就是通常所说的水深
C. 水位是表征河槽水深的特征数值　　D. 水位越高通常水深越大
4. 航行参考图中标示某处的深度或礁石的高程所使用的是________。
①实际水深；②图示水深；③图注水深；④绝对水深
A. ①②③④　　B. ①②④
C. ②③　　D. ③④
5. 以下说法正确的是________。
A. 水位总为正值
B. 水位通常自河床底部算起
C. 当某处河底露出水面时，说明水位为0
D. 水位通常小于水深
6. 水位为负值，说明________。
A. 通常河底露出水面　　B. 水深大于水位
C. 水面低于基准面　　D. 水面高于基准面
7. 已知长江某处礁石的实际水深为5.2 m，某船的艏吃水为4.2 m，艉吃水为5.0 m，当地剩余水深规定为0.3 m，该船可否从礁石上安全通过？
A. 能　　B. 不能
C. 无法判断　　D. 静水状态时可以通过
8. 航行图上某浅滩的最浅处图注水深为基准面下1.5 m，当时当地水位为0.5 m，该滩的实际水深是________。
A. 1.5 m　　B. 2.0 m
C. 1.0 m　　D. 0.5 m
9. 航行图上某处礁石的图注水深为-0.5 m，当时当地水位为3.5 m，该礁石的实际水深为________。
A. 3.0 m　　B. 4.0 m

C. -0.5 m　　D. 3.5 m

10. 南京的零点高程为 1.97 m,南京当地水位为 1.8 m,南京水道某处图示水深为 7.5 m,则该处实际水深为________。

A. 7.33 m　　B. 7.67 m

C. 8.3 m　　D. 9.3 m

11. 南京的零点高程为 1.97 m,南京当地水位为 1.8 m,南京的绝对水位(吴淞零点)为________。

A. 7.33 m　　B. 3.77 m

C. 1.97 m　　D. 1.8 m

12. 某水道某处图示水深为 7.5 m,当地水位为零下 0.5 m,要求保留的富余水深为 0.4 m,则通过该水道船舶的吃水应控制在________ m 以下。

A. 7.6　　B. 7.4

C. 6.6　　D. 8.4

13. 水位期是指出现某一水位值这段时期,如出现枯水位这段时期就叫作枯水位期。

A. 对　　B. 错

14. 我国将一年中的水位变化过程划分为________水位期。

①低水位;②中水位;③高水位;④最高水位;⑤最低水位

A. ①②③④⑤　　B. ②④⑤

C. ①②③　　D. ①③④⑤

15. 我国将一年中的水位变化过程划分为________水位期。

①枯水位;②中水位;③洪水位;④最高水位;⑤最低水位

A. ①②③④⑤　　B. ②④⑤

C. ①②③　　D. ①③④⑤

16. 下列有关水位期的说法错误的是________。

A. 出现低水位这段时期就叫作枯水位期　　B. 同一河流各段水位期相同

C. 一般 12 月至来年 3 月为枯水期　　D. 水位期可按水位数划分

17. 随着水位的增大反而变小的是________。

A. 航道深度　　B. 航道宽度

C. 航道弯曲半径　　D. 通航高度

18. 水位涨落对锚泊船的影响有________。

①移位;②改向;③吃水差改变;④走锚;⑤稳性变化

A. ①②④　　B. ②③④

C. ①②③　　D. ③④⑤

第四节　流态

1. 回流是与主流流向相反的回转流。

A. 对　　B. 错

2. 两股不同流向的水流汇合时相互撞击，在交界面上呈现涡流浪花的带状水流称作________。

A. 夹堰水　　B. 泡水

C. 漩水　　D. 旺水

3. 水流受礁石等障碍物所阻，在障碍物顶部或稍上处水面隆起成埂状的水流称为急流。

A. 对　　B. 错

4. 一种自水下向水面翻涌，中心隆起并向四周辐射扩散的水流称为漩水。

A. 对　　B. 错

5. 浅水花水一般产生在水流不大的卵石滩地，是浅区的重要标志。

A. 对　　B. 错

6. 水流受到河底起伏或障碍物的阻挡，上升流微弱，涌升出水面产生鱼鳞状的细波纹，细波涟漪，闪耀反光，水面状似鱼鳞或麻花状水称为________。

A. 夹堰水　　B. 漩水

C. 浅水花水　　D. 深水花水

7. 深水花水一般产生在水深不大的水下障碍物的上方，是________的重要标志。

A. 障碍物　　B. 浅水区

C. 深水区　　D. 回流区

8. 浅水花水一般产生在水深不大的水下障碍物的上方，是________的重要标志。

A. 障碍物　　B. 浅水区

C. 深水区　　D. 回流区

9. 突嘴挑流较强的地方，产生的夹堰水其水纹清晰明显，它标示着________的界限。

A. 主流与缓流　　B. 深水区与浅水区

C. 浅滩与深槽　　D. 回流与漩水

10. 枯水期山区河流的碛坝和平原河流的边滩下方的夹堰水，标明________的界限，是上行船舶选择航路和抓点定向的重要标志。

A. 主流与缓流　　B. 深水区与浅水区

C. 浅滩与深槽　　D. 回流与漩水

11. 在晨昏微光斜射水面时，一般情况下________。

A. 涨水时主流水面光滑如镜　　B. 退水时主流水色发亮

C. 主流水面光滑如镜　　D. 主流水色发暗

12. 早晨或傍晚远看，水色暗黑，水面状似鱼鳞所覆盖，水纹如麻花铰链，此流态是________的重要标志。

A. 深水区　　B. 回流区

C. 浅水区　　D. 横流区

13. 弯曲河段里的________具有较强横流的特性。

A. 回流　　B. 夹堰水

C. 扫弯水　　D. 泡水

14. 枯水期山区河流的碛坝和平原河流的边滩下方的夹堰水,标明深水区与浅水区的界限,是________选择航路和抓点定向的重要标志。

A. 大型船　　B. 小型船

C. 上水船　　D. 下水船

15. 一般来说,船舶驶经强夹堰区时会出现________现象。

A. 航速加快、舵效降低及赶浪　　B. 航速下降、舵效增加

C. 舵效降低、船体摇荡、激起大浪　　D. 飞车、跑舵、偏航、艏倾

16. 船舶进入________区域,从其一侧经过极易产生大角度横向倾斜,从中心穿过则发生较大纵倾,船首下沉入水强烈扭摆和严重起伏,使船舶失控。

A. 夹堰水　　B. 泡水

C. 漩水　　D. 旺水

17. 以下说法正确的是________。

A. 背脑水与披头水同系一种水流,背脑水针对上水船而言,披头水则对下水船而言

B. “打张”是下水船过回流区操作不当引起的现象

C. “打枪”是下水船过回流区操作不当引起的现象

D. 背脑水与披头水都是回流的一种

18. 下行船舶在弯曲河段航行,在岸嘴、矶头上方操作不当,挂高过早,受________作用,造成触岸。

A. 背脑水　　B. 扫弯水

C. 斜流　　D. 披头水

19. 因操作失误,下行船舶驶入回流过多,船首受回流作用,船尾受斜流作用,两种异向流产生的旋转力矩大于满舵角产生的转船力矩,以致________,称为“吊钩”。

A. 船身斜向直冲岸边的现象　　B. 船首横冲彼岸之势

C. 船身打横有掉头之势　　D. 船首急速内转向而触岸

20. 克服横流对船舶航行的影响的方法是预先向横流的________偏转一个恰当角度为偏航留有余地,以使船舶沿着预定的安全航线航行。

A. 上方　　B. 下方

C. 前方　　D. 后方

21. 上、下行船舶在驶经大的漩水时,都应尽可能绕开航行,若航道条件限制,漩水阻挡航路时,船舶应________而过。

A. 上顺漩　　B. 上反漩或骑漩

C. 上顺漩或骑漩　　D. 上反漩

22. 主流是选择航路的依据,以下说法错误的是________。

A. 宽阔顺直河段,下行船“找主流,走主流”

B. 宽阔顺直河段,上行船“找主流,丢主流”

C. 弯曲狭窄河段,下行船选择在主流下侧航行

D. 弯曲狭窄河段,上行船选择在主流上侧航行

23. 上行船舶前方遇有旺水区,以下操作方法正确的是________。
    A. 当船首一到达旺水区尾部的缓流区时,用舵外扬,尽早避开旺水区
    B. 当船头首达旺水区分界水时,用舵外扬循夹堰上行
    C. 越过旺水区分界线进入旺水区后,用舵外扬循夹堰上行
    D. 进入强回流内,利用回流,大舵角横向出角上行
24. 上行船舶出角转嘴,乘迎斜流后,未及时回舵,在________作用下,船首急速内转而触岸,这种险情称为挖岸。
    A. 披头水　　　　B. 背脑水
    C. 压力回流　　　　D. 内拖水
25. 所谓的“穿泡”,即________。
    A. 在泡水中间一穿而过　　　　B. 在泡水的边缘通过
    C. 在两泡中间通过　　　　D. 远离泡水通过
26. 上水船出现如下图状态,通常称________。
    A. “打枪”　　　　B. “打张”
    C. “搭跳”　　　　D. “挖岸”
27. 上水船出现如下图状态,通常称________。
    A. “打枪”　　　　B. “打张”
    C. “搭跳”　　　　D. “挖岸”
28. 下水船出现如下图状态,通常称________。
    A. “打枪”　　　　B. “打张”
    C. “搭跳”　　　　D. “挖岸”
29. 上行船在利用缓流时,当船头或船队驳首达旺水区分界水(泡漩、回流)时,用舵外扬循夹堰上,这样既利用了缓流,又避免了较大的驶出角,此种操作方法称为________。
    A. 接旺　　　　B. 贪旺
    C. 抢旺　　　　D. 出角
30. 通常船舶驶经较强的夹堰区时会出现________等现象。
    ①航速加快;②舵效降低;③跑舵;④舵效增加;⑤激起大浪;⑥船体摇荡
    A. ①②③④⑤⑥　　　　B. ①②③④⑤
    C. ③④⑤⑥　　　　D. ①②⑤⑥

第五节　河口潮汐

1. 潮汐静力学理论告诉我们,产生潮汐现象的原动力是________。
   A. 万有引力　　B. 惯性离心力
   C. 重力　　D. 引潮力
2. 我国沿海河口大潮一般发生在________。
   A. 新月与满月之后　　B. 朔望之后
   C. 月中天之后　　D. 新月与满月之日
3. 潮汐涨落过程中时,在一短暂的时间内,河口水面不涨不落,水位比较平稳的现象称为________或________。
   A. 高潮;低潮　　B. 涨潮;落潮
   C. 平潮;停潮　　D. 大潮;小潮
4. 某次潮汐,落潮到水面不再下降,暂时水面还未上升,这段时间叫作________。
   A. 低潮　　B. 高潮
   C. 平潮　　D. 停潮
5. 相邻的高潮潮高与低潮潮高的高度差,叫作________。
   A. 潮差　　B. 潮升
   C. 高潮升　　D. 潮位
6. 一个太阴日内发生________的现象称为半日潮。
   A. 一次高潮和一次低潮　　B. 一次高潮和二次低潮
   C. 二次高潮和二次低潮　　D. 二次高潮和一次低潮
7. 从潮高基准面至平均大潮高潮面的高度,称为________。
   A. 高高潮　　B. 高潮
   C. 大潮高　　D. 平均高潮间隙
8. 某浅滩图注水深为零下 1.2 m,某船吃水 4.5 m,需保留的富余水深为 0.4 m,则船舶过浅滩所需最小潮高为________。
   A. 4.9 m　　B. 3.3 m
   C. 5.3 m　　D. 3.7 m
9. 某大桥通航净空高度 30 m,富余高度为 1.2 m,本船总高 30.8 m,最小吃水 5.5 m,最大吃水 6.0 m,则允许船舶安全过桥所需的最大潮高为________。
   A. 3.5 m　　B. 3.0 m
   C. 2.0 m　　D. 4.5 m
10. 以下说法正确的是________。
    A. 越向上游,涨潮历时越长,落潮历时越短
    B. 越向上游,潮差也越来越大
    C. 越向下游,涨潮时间越早

D. 越向上游,低潮越低

11. 河口潮汐是由于河流受________引起的。

A. 月引潮力　　B. 日引潮力

C. 天体引潮力　　D. 海洋潮汐

12. 潮流在高潮或低潮时,通常________。

A. 河心比两岸先转流　　B. 河底比水面先转流

C. 弯曲河段凹岸比凸岸先转流　　D. 陡岸比坦岸先转流

13. 河口潮汐最显著的特点是:越向上游,涨潮历时越________,落潮历时越________,发生高潮的时刻越________,潮差也越来越________。

A. 短;长;落后;大　　B. 长;短;提前;小

C. 长;短;落后;小　　D. 短;长;落后;小

14. 下列关于河口潮汐特点的说法正确的是________。

A. 一般越临近海区,潮差越大　　B. 一般越临近河口上段,潮差越大

C. 一般越临近潮区界,潮差越大　　D. 一般越临近潮流界,潮差越大

15. 下列关于河口潮汐特点的说法错误的一项是________。

A. 同一条河流,潮流界和潮区界的位置并不是固定不变的

B. 同一条河流,潮流界和潮区界的位置是固定不变的

C. 同一条河流,潮流界和潮区界的位置与风的方向和大小有关

D. 同一条河流,潮流界和潮区界的位置与河流水位、潮汐的大小有关

16. 根据潮流界和潮区界的上下推移,涨潮流与落潮流随河流水位而变化,下列说法正确的是________。

A. 低水位时,伴有强进口风,则涨潮时间提前,流速增大,历时也长

B. 低水位时,伴有强进口风,则涨潮时间退后,流速增大,历时也长

C. 低水位时,伴有强进口风,则涨潮时间提前,流速减小,历时也短

D. 低水位时,伴有强进口风,则涨潮时间退后,流速减小,历时也短

17. 有关河口潮汐的潮流在低潮时的转流的说法正确的是________。

A. 河底比水面先转流,弯曲河段的凸岸比凹岸先转流

B. 河底比水面后转流,弯曲河段的凸岸比凹岸先转流

C. 河底比水面后转流,弯曲河段的凸岸比凹岸后转流

D. 河底比水面先转流,弯曲河段的凸岸比凹岸后转流

18. 潮流在低潮时的转流,河底比水面________转流,弯曲河段的凸岸比凹岸________转流。

A. 先;后　　B. 先;先

C. 后;先　　D. 后;后

19. 航行船舶在潮汐的利用中,下列不属于利用潮高的是________。

A. 船舶利用潮汐涨落选择时机通过浅区

B. 当泊位附近水深不足时,利用高潮时机靠泊

C. 利用潮汐选择航路,提高航速

D. 选择锚地水深时,充分考虑潮汐的影响

20. 关于船舶利用潮汐的做法,下述正确的是________。

①利用潮汐涨落中的水深变化,选择时机通过浅区;②在水流不涨不落或流速很小时,通过不正常水流区域;③搁浅船利用涨潮或高潮自力脱浅;④利用低潮坐滩检修船体水线以下部分

A. ①②③　　B. ①③④

C. ②③④　　D. ①②③④

参考答案

第一节　流速

1.D　2.A　3.A　4.B　5.A

第二节　流向

1.A　2.A　3.B　4.B　5.A　6.C　7.A　8.D　9.B　10.D
11.A　12.C　13.C　14.B

第三节　水位

1.A　2.A　3.B　4.C　5.D　6.C　7.B　8.B　9.A　10.D
11.B　12.C　13.A　14.A　15.A　16.B　17.D　18.A

第四节　流态

1.A　2.A　3.B　4.B　5.A　6.C　7.A　8.B　9.A　10.B
11.A　12.C　13.C　14.C　15.C　16.C　17.C　18.A　19.C　20.A
21.A　22.C　23.B　24.A　25.C　26.B　27.D　28.A　29.A　30.D

第五节　河口潮汐

1.D　2.A　3.C　4.D　5.A　6.C　7.C　8.D　9.A　10.C
11.D　12.B　13.D　14.A　15.B　16.A　17.A　18.B　19.C　20.D

第三章 气象常识

第一节 风

1. 空气在单位时间内流经的距离叫作风速。平常说的风速为________。
   A. 瞬时风速　　B. 最大风速
   C. 即时风速　　D. 平均风速
2. 以下说法错误的是________。
   A. 风向指风的来向　　B. 如风从东向西吹称为西风
   C. 陆上常用16个罗经点法表示风向　　D. 水上常用圆周法表示风向
3. 时速约为60千米的风级为________级。
   A. 6　　B. 7
   C. 8　　D. 9
4. 6级风速时速一般为________千米/小时。
   A. 29~38　　B. 39~49
   C. 50~61　　D. 62~74
5. 7级风速时速一般为________千米/小时。
   A. 29~38　　B. 39~49
   C. 50~61　　D. 62~74
6. 船舶航行时,会产生一种从船首方向吹来的风,其风向与航向相反,风速与船速相等,这种风称为船风。
   A. 对　　B. 错
7. 在航行中的船舶上,测者所观测到的风是真风。
   A. 对　　B. 错

第二节 能见度

1. ________是影响能见度的直接因素。
   A. 目标物的亮度　　B. 大气透明度
   C. 人的视觉感应能力　　D. 背景的亮度
2. 能见度是指正常视力,观测者能将________从背景中区别出来的最大距离及其相应的等级。
   A. 物标　　B. 物标轮廓
   C. 物标细节　　D. 物标颜色

3. 能见度是指________。
   A. 天色的明暗程度
   B. 正常目力能看到的最大水平距离
   C. 正常目力能看到的最远距离
   D. 正常目力通过望远镜能看到的最大距离
4. 把能见距离在________的称能见度不良。
   A. 1~2 km　　B. 2~4 km
   C. 4~10 km　　D. 0.5~2 km
5. 根据能见距离大小，能见度分为十个等级，能见度良好，规定其能见距离为大于________千米。
   A. 10　　B. 20
   C. 5　　D. 50
6. 当天气出现暴雨时，一般可视为________。
   A. 能见度低劣　　B. 能见度不良
   C. 能见度中等　　D. 能见度良好
7. 根据能见距离大小，能见度分为 0~9 共 10 个等级，其中能见度不良的能见距离小于________千米。
   A. 10　　B. 5
   C. 4　　D. 2
8. 根据能见距离大小，能见度分为 0~9 共 10 个等级，其中能见度低劣的能见距离小于________千米。
   A. 5　　B. 4
   C. 2　　D. 0.5
9. 根据能见距离大小，能见度分为________等级。
   A. 1~10 共 10 级　　B. 0~10 共 11 级
   C. 0~9 共 10 级　　D. 1~9 共 9 级
10. 据统计，引起船舶碰撞事故最多的气象环境因素是________。
   A. 风　　B. 浪
   C. 流　　D. 雾

第三节　雾

1. 辐射雾发生最频繁的季节在________。
   A. 秋冬　　B. 冬春
   C. 夏秋　　D. 春夏
2. 夜间冷空气沿谷坡下沉至谷底，当谷底湿度较大时，便发生凝结而形成雾。这种雾慢慢流出沟谷口而到达江面时便成为妨碍航行的雾。这种雾称为________。
   A. 辐射雾　　B. 蒸发雾
   C. 山谷雾　　D. 平流雾

3. 在晴朗、微风而又比较潮湿的夜间，由于地面冷却，气温降到露点以下而形成的雾，叫作________。

A. 辐射雾　　B. 平流雾

C. 蒸发雾　　D. 山谷雾

4. 关于辐射雾的特点，下列说法错误的是________。

A. 一年四季都会形成　　B. 通常在夜间形成

C. 冬季消散快，夏季消散慢　　D. 晴天是辐射雾形成的有利条件

5. 暖湿空气流经冷的下垫面，从而使水汽发生凝结而形成的雾称为________。

A. 辐射雾　　B. 平流雾

C. 蒸发雾　　D. 锋面雾

6. 平流雾形成的最关键的条件是________。

A. 晴天　　B. 夜间

C. 冬天　　D. 适宜风力

7. 关于平流雾的特点，下列说法错误的是________。

A. 平流雾出现的频率有明显的年变化，春末夏初多，秋冬少

B. 必须有强风吹动

C. 持续时间长，水平范围广，厚度大

D. 一日之中，任何时刻都会发生

8. 形成辐射雾的三个条件是________。

A. 晴夜、微风、高空气层中水汽充沛　　B. 晴夜、大风、近地面气层中水汽充沛

C. 晴夜、微风、近地面气层中水汽充沛　　D. 雨夜、微风、近地面气层中水汽充沛

9. 辐射雾一年四季都能产生，但以春季和冬季最多。

A. 对　　B. 错

10. 一般来说，辐射雾的浓度和厚度大，水平范围广，持续时间长。

A. 对　　B. 错

11. 蒸发雾浓度和厚度不大，多数情况贴近水面几米，常常不能遮蔽较高的桅杆。

A. 对　　B. 错

12. 一般来说，我国内陆霜降至立春期间的雾最多，其持续的时间也最长。

A. 对　　B. 错

13. 暖湿空气流经冷的下垫面，水汽发生凝结而形成的雾称为平流雾，其特点是________。

①出现的频率是春末夏初少，秋冬多；②一日中任何时候都可能发生，通常在阴天有云层时出现；③雾出现必须有风，风力 2~4 级为宜；④出现的水平范围广，浓度和厚度大，持续时间长

A. ①②③④　　B. ①②③

C. ①②④　　D. ②③④

14. 形成辐射雾的主要条件是________。

①晴夜；②阴天；③微风；④傍晚；⑤近地面气层中水汽充沛

A. ①③⑤　　B. ②④⑤

C. ①②③　　D. ③④⑤

15. 辐射雾一般出现在________季节。
A. 秋冬　B. 春夏
C. 春末夏初　D. 盛夏
16. 以下说法正确的是________。
A. 辐射雾主要出现在湖泊、江面上
B. 辐射雾一般夏季消散慢,冬季消散快
C. 辐射雾一年四季都能产生,以春末夏初居多
D. 辐射雾一般水平范围不大
17. 平流雾一般多出现在________季节。
A. 秋冬　B. 深秋
C. 春末夏初　D. 盛夏
18. 平流雾出现必须有风,但风力以________级为宜。
A. 1~2　B. 2~4
C. 4~5　D. 5~6
19. 蒸发雾一般多出现在________季节。
A. 秋冬　B. 深秋
C. 春末夏初　D. 盛夏
20. 以下说法错误的是________。
A. 蒸发雾出现的频率有明显的年变化,即春末夏初多,秋冬少见
B. 蒸发雾浓度和厚度不大,范围较小
C. 蒸发雾多在河湖上形成
D. 蒸发雾一日之中多在早晨出现,持续时间不长
21. “白天南风大,夜晚风息”符合________的形成条件。
A. 平流雾　B. 辐射雾
C. 蒸发雾　D. 山谷雾
22. 我国长江口一般在4—5月易受到________的影响。
A. 平流雾　B. 辐射雾
C. 蒸发雾　D. 山谷雾
23. 我国长江口一般在________月易受到平流雾的影响。
A. 1—3　B. 4—5
C. 7—9　D. 10—12
24. 平流雾主要特点有________。
①浓度大,厚度大;②一日中任何时刻都能出现;③范围小,持续时间短
A. ①②③　B. ①②
C. ①③　D. ②③
25. 冬季,最有利于辐射雾生成的天气和时间是________。
A. 晴朗的白天　B. 晴朗的夜晚
C. 阴天的夜晚　D. 阴雨的夜晚
26. 晴夜、微风和近地面层水汽比较充沛,是形成________的三个主要条件。

A. 蒸发雾　　B. 平流雾
C. 辐射雾　　D. 锋面雾

27. 辐射雾在一天中最浓的时间在________。
A. 中午　　B. 日落前后
C. 夜间　　D. 日出前

28. 在暖湿空气流经较冷的下垫面时,气温下降,达到饱和凝结形成的雾是________。
A. 锋面雾　　B. 蒸发雾
C. 平流雾　　D. 辐射雾

29. 在各种雾中,水平范围最广、持续时间最长的雾是________。
A. 辐射雾　　B. 蒸发雾
C. 平流雾　　D. 锋面雾

第四节　雷暴

1. ________不是雷雨大风来临前的征兆。
A. 电闪雷鸣　　B. 乌云密布如倒梨状向下突出
C. 气温突降　　D. 气压先降后突升

2. 雷暴、飑线、龙卷、冰雹等强对流天气统称为雷雨大风天气,出现的时间多在________季节。
A. 春夏　　B. 夏秋
C. 秋冬　　D. 冬春

3. 强雷暴天气通常伴有________。
①结冰;②阵性大风;③冰雹;④龙卷;⑤暴雨;⑥降雪
A. ①②③④⑤⑥　　B. ①②③④⑤
C. ②③④⑤⑥　　D. ②③④⑤

4. 雷暴一般发生在________。
A. 春季　　B. 夏季
C. 秋季　　D. 冬季

5. 以下说法错误的是________。
A. 雷暴雨天气多发生在南方河流
B. 雷暴雨天气一般时间长,来势迅猛
C. 就雷暴雨天气而言通常山区河流比平原河流影响大
D. 雷暴多出现在炎热的夏季

6. 以下说法错误的是________。
A. 雷暴雨天气多发生在南方河流
B. 雷暴雨天气一般持续时间短,来势迅猛
C. 就雷暴雨天气而言通常平原河流比山区河流影响大
D. 雷暴多出现在炎热的夏季

7. 船舶突遇雷暴雨天气时,下列做法错误的是________。
A. 鸣放雾航声号

B. 加速驶往锚地抛锚
C. 开启雷达、VHF
D. 必要时停车淌航，阶段性用车助舵调向

第五节 飑线

1. 飑线过境时的天气特征为________。
A. 气压骤升，气温陡降，风向突变　　B. 气压骤升，风速剧增，暴雨冰雹
C. 暴雪纷飞，气温骤降，风向突变　　D. 气压猛降，气温陡降，风向突变

2. 飑线过境时________。
A. 气压骤升，气温陡降　　B. 气压骤降，气温陡降
C. 气压骤降，气温陡升　　D. 气压骤升，气温陡升

3. 飑线过境时________。
①气压骤降；②气温陡降；③风向突变；④风速猛增
A. ①②③④　　B. ①②③
C. ①③④　　D. ②③④

4. 飑线过境时，常会出现________等剧烈的天气变化。
①风向突变；②风速猛增；③气温陡降；④气压骤升
A. ①③④　　B. ②③④
C. ①②③　　D. ①②③④

5. 飑线过境时的天气特征为________。
①风速剧增；②气温陡降；③风向突变；④气压骤升
A. ①②③　　B. ②③④
C. ①②③④　　D. ①③④

第六节 龙卷风

1. 龙卷风的特点主要包括________。
①水平范围小；②持续时间短；③气压极低；④风力甚强，破坏力极强
A. ①②③④　　B. ①②④
C. ①③④　　D. ②③④

2. 龙卷风的特点主要包括________。
A. 移动路径多抛物线　　B. 气压甚低，破坏力不大
C. 持续时间短　　D. 水平范围大

第七节 寒潮

1. 寒潮天气的主要特点是偏北大风、降水和霜冻。
A. 对　　B. 错

2. 目前中国气象局将寒潮标准定义为________。
①未来 48 h 责任区内最低气温下降 8 ℃以上;②最低气温不超过 4 ℃;③陆上平均风力为 5~7级;④海区平均风力为 7 级以上
A. ①③④　　B. ①②④
C. ①②③　　D. ①②③④

3. 我国中央气象台发布寒潮警报的标准是________。
A. 气温在 24 h 内下降 10 ℃以上,最低温度降至 5 ℃以下
B. 气温在 24 h 内下降 10 ℃以上,最低温度降至 4 ℃以下
C. 气温在 48 h 内下降 10 ℃以上,最低温度降至 5 ℃以下
D. 气温在 48 h 内下降 10 ℃以上,最低温度降至 4 ℃以下

4. 寒潮过境时,常伴随 6~8 级的________大风。
A. 偏北　　B. 偏南
C. 西南　　D. 东南

5. 寒潮天气的主要天气特征为________。
①气温骤降;②偏北大风;③风速猛增
A. ①②③　　B. ①②
C. ①③　　D. ②③

6. 寒潮带来的大风降温天气对船舶安全航行的影响极大,船舶应做好的预防工作包括________。
①大风雪或沙尘暴会使能见度降低,航行时应加强瞭望;②大风使船舶操纵困难,易产生严重的偏转和偏移,船舶应根据各自的抗风能力及时选择安全地点停泊避风;③做好防滑防冻工作,船舶管系用保暖材料包裹,并放空余水;④系固船上移动物品及货物
A. ①②③④　　B. ①②③
C. ②③④　　D. ①③④

7. 船舶防寒措施包括________。
①防滑;②防冻;③防风;④防雪;⑤防雾
A. ①②③④⑤　　B. ①②③④
C. ①③④⑤　　D. ②③④⑤

第八节 热带气旋

1. 台风对我国影响频繁的时期是每年的________。
A. 1—3 月　　B. 3—5 月
C. 7—9 月　　D. 9—12 月

2. 台风外围区天气特点是________。
A. 风力逐渐增强,气压下降,温度下降　　B. 风力逐渐增强,气压下降,温度上升
C. 风力变化不大,气压微降,温度上升　　D. 风力变化不大,气压微降,温度下降

3. 目前我国将西北太平洋(包括南海)的热带气旋分为________。
A. 热带低压、热带风暴、强热带风暴、台风、强台风、超强台风 6 级

B. 热带低压、热带风暴、强热带风暴、台风 4 级

C. 热带风暴、强热带风暴、台风、强台风 4 级

D. 热带低压、热带风暴、强热带风暴、台风、强台风 5 级

4. 最高级别的台风预警信号是台风________预警信号。

A. 蓝色　　B. 黄色

C. 橙色　　D. 红色

5. 台风的天气特点是________。

①大风;②暴雨;③风暴潮;④气温骤降

A. ①②③④　　B. ①②③

C. ①③④　　D. ②③④

6. 船舶防台措施主要有________。

①加强水密措施;②检查排水设施;③系固移动货物;④主辅设备应停修,保持备用状态;⑤做好停泊和航行中的安全措施;⑥防寒防冻

A. ①②③④⑤⑥　　B. ①②③④⑤

C. ②③④⑤⑥　　D. ③④⑤⑥

7. 船舶防台的准备工作有________。

①加强水密措施;②做好排水措施;③固定可移动的物体;④安置好易受破坏的东西

A. ①②③④　　B. ①②③

C. ①③④　　D. ②③④

8. 台风天气船舶尽量抛八字锚,且其锚链应一长一短,八字口始终背着最大风力的来向。

A. 对　　B. 错

9. 航行中的船队,万一遇到强风袭来,________。

①船长应亲自掌握船队的驾驶;②船驳之间应加强缆绳的系结和靠把的衬垫;③单排一列式吊拖船队可改为顶推形式;④应尽量赶赴安全避风锚地,当无法抵达锚地时要立即解队单独抛锚;⑤舱面工作人员要抓住船上固定物体稳步慢行,避免落水

A. ①②③④　　B. ①②④⑤

C. ②③④⑤　　D. ①②③④⑤

10. 停泊和航行中的船舶,收到台风紧急警报后,除做好水密、系固等抗风准备工作外,还应做到________。

①停泊船的船员一律不准离船;②抛锚在港外的船舶,至少要备足三日以上的食品和用品;③要加强值班,同时要备妥主机,保证随时能够启动

A. ①②③　　B. ①②

C. ①③　　D. ②③

第九节　灾害性天气预报

1. 预计灾害性天气在 48 小时以内将影响本地区,即发布________。

A. 消息　　B. 警报

C. 紧急警报　　D. 大风消息

2. 预计灾害性天气将在 24 小时内影响本地区，即发布________。

A. 消息　　B. 警报

C. 紧急警报　　D. 大风消息

3. ________天气预报是对未来 3～10 天的预报。

A. 短期　　B. 中期

C. 长期　　D. 中长期

4. 灾害性天气预报中预计在未来 48 小时之内本地平均风力可达六级或六级以上，最大风力在________级以上时发布大风消息。

A. 7　　B. 8

C. 9　　D. 10

5. 台风（寒潮）紧急警报是指台风（寒潮）将在________侵入本地。

A. 12 h 以内　　B. 24 h 以内

C. 24 h 以后　　D. 48 h 以后

6. 天气预报中的风力等级是按________确定的。

A. 阵风风速　　B. 瞬时风速

C. 平均风速　　D. 最大风速

7. 预计在未来 48 h 之内，本地平均风力可达 6 级或 6 级以上，最大风力在 8 级以上时，发布________。

A. 大风消息　　B. 台风消息

C. 暴风消息　　D. 台风警报

8. 预计灾害性天气在________小时以内将影响本地区，即发布警报。

A. 48　　B. 24

C. 12　　D. 6

9. 预计灾害性天气在 24 小时以内将影响本地区，即发布________。

A. 消息　　B. 警报

C. 紧急警报　　D. 预警信号

参考答案

第一节　风

1.D　2.B　3.B　4.B　5.C　6.A　7.B

第二节　能见度

1.B　2.B　3.B　4.D　5.A　6.B　7.D　8.D　9.C　10.D

第三节　雾

1.A　2.C　3.A　4.C　5.B　6.D　7.B　8.C　9.B　10.B
11.A　12.A　13.D　14.A　15.A　16.D　17.C　18.B　19.A　20.A
21.B　22.A　23.B　24.B　25.B　26.C　27.D　28.C　29.C

第四节　雷暴

1.C　2.A　3.D　4.B　5.B　6.C　7.B

第五节　飑线

1.A　2.A　3.D　4.D　5.C

第六节　龙卷风

1.A　2.C

第七节　寒潮

1.A　2.D　3.A　4.A　5.A　6.A　7.B

第八节　热带气旋

1.C　2.B　3.A　4.D　5.B　6.B　7.A　8.B　9.B　10.A

第九节　灾害性天气预报

1.B　2.C　3.B　4.B　5.B　6.C　7.A　8.A　9.C

第四章　内河助航标志

第一节　助航标志的作用

1. 国家标准《内河助航标志》适用于________。
   A. 大江、大河航道
   B. 湖泊、水库、支流、运河等水网地区航道
   C. 国内及国境的各江河、湖泊、水库航道
   D. 国内的各江河、湖泊、水库通航水域
2. 下列关于内河航标的作用说法错误的是________。
   A. 标示内河航道的方向、界限与碍航物
   B. 揭示有关航道信息
   C. 为船舶航行指出安全、经济的航道
   D. 指定航道的主要尺寸

第二节　河流左、右岸的确定原则

1. 确定河流左右岸的原则,正确的说法是________。
   A. 按水流方向确定河流的上下游,面向河流下游,左手一侧为左岸,右手一侧为右岸
   B. 按照船舶航行的方向,下水船左舷一侧为左岸,右舷一侧为右岸
   C. 按照河流走向,河道偏北或偏西一侧为左岸,偏南或偏东一侧为右岸
   D. 水流流向不明显或各河段流向不同的河流,不分左右岸
2. 当船舶顺着航道走向航行时,其左舷一侧为航道的左侧,右舷一侧为航道的右侧。
   A. 对　　　　B. 错
3. 河流流向不明情况下,以航线两端主要港埠间主要水流方向确定上、下游。
   A. 对　　　　B. 错
4. 决定河流左右岸的原则中,________,左手一侧为左岸,右手一侧为右岸。
   A. 面向入海口方向　　　　B. 面向上游方向
   C. 面向东方　　　　D. 面向南方
5. 对水流流向不明显或各河段流向不同的河流,按________顺序确定上、下游。
   ①通往主要干流的一端为下游;②通往海口的一端为下游;③航线两端主要港埠间主要水流方向确定上、下游;④以河流偏南或偏东的一端为下游
   A. ①—②—③—④　　　　B. ②—①—③—④
   C. ③—④—①—②　　　　D. ②—①—④—③

第三节　助航标志涂色和光色采用原则

1. 下列说法错误的是________。
   A. 需区分左右岸的航道,左岸航标的灯色为白色或绿色
   B. 需区分左右岸的航道,右岸航标的灯色为红色
   C. 背景明亮处为红色或黑色,背景深暗处为白色
   D. 面向上游,左手一侧为左岸,右手一侧为右岸
2. 不必区分左、右岸的内河航标,按背景的明暗确定,其颜色是________。
   A. 背景明亮处为红色,背景深暗处为白色
   B. 背景明亮处为红色,背景深暗处为黑色
   C. 背景明亮处为白色,背景深暗处为红色
   D. 背景明亮处为黑色,背景深暗处为红色
3.《内河助航标志》中,右岸航标涂色,正确的是________。
   A. 黑色　　B. 红色
   C. 黑色或红色　　D. 白色

第四节　助航标志灯质三要素

1.《内河助航标志》中,左岸航标光色,正确的是________。
   A. 绿光(白光)　　B. 红光
   C. 绿光(红光)　　D. 红光(白光)
2. 内河沿岸标的发光原则是________。
   A. 左红右绿　　B. 左白右红
   C. 左白右绿　　D. 左绿右白
3. 工作时间内颜色和亮度不变的长明不断灯光为________。
   A. 莫尔斯灯光　　B. 联闪光
   C. 定光　　D. 闪光和顿光
4. 灯光颜色不变,每隔一定时间熄灭一次,其熄灭的时间比发光的时间短的灯光为________。
   A. 莫尔斯灯光　　B. 定光
   C. 联闪光　　D. 顿光
5. 以明暗节奏、不变光色的灯光清楚地显示以短明(表明“点”)、长明(表明“划”)混合组成的闪光组为________。
   A. 定光　　B. 莫尔斯灯光
   C. 闪光　　D. 顿光
6.《内河助航标志》所采用的灯光颜色有________。
   A. 白、红两种　　B. 白、红、绿三种
   C. 白、红、绿、黄四种　　D. 白、红、绿、黄、紫五种

7.《内河助航标志》规定可以采用的发光方式有________。

A. 定光、闪光　　B. 单闪、双闪、三闪、快闪

C. 定光、闪光、顿光、莫尔斯闪光　　D. 红光、白光、黄光、紫光

8. 航标灯质三要素是指________。

A. 发光时间、发光周期、作用距离　　B. 发光周期、发光颜色、发光方式

C. 发光时间、发光周期、发光颜色　　D. 发光颜色、发光方式、发光时间

第五节　助航标志的作用距离

1.《内河助航标志》中,内河航标作用距离是指________。

A. 船舶航行时必须离开航标的最小安全距离

B. 航标灯光最大射程

C. 航标或其灯光最大可见距离

D. 设置相邻航标之间的最大距离

2. 岸标的作用距离从该标位置________的水沫线处起算。

A. 右边　　B. 左边

C. 对开　　D. 任意

3. 内河航标作用距离(又称最小安全航行距离)是指________。

A. 船舶航行时必须与航标应保持的最小安全距离

B. 航标灯光的最大射程

C. 驾驶员所能看到航标的最远距离

D. 船舶与航标应保持 2 倍船长的距离

4. 下列说法正确的是________。

A. 内河航标作用距离是为了充分发挥航标的功能而设置的

B. 岸标的作用距离一般从标位处起算

C. 浮标的作用距离一般从标位处的水沫线处起算

D. 内河航标作用距离应针对不同航区设置

第六节　助航标志的分类及其含义

1. 内河航标按功能分为航行标志、信号标志、专用标志和安全水域标志四种。

A. 对　　B. 错

2. 航行标志包括过河标、沿岸标、过渡导标、首尾导标、侧面标、示位标、________及桥涵标共 10 种。

A. 横流标、节制闸标、鸣笛标　　B. 左右通航标、横流标、节制闸标

C. 左右通航标、泛滥标、鸣笛标　　D. 导标、左右通航标、泛滥标

3. 下列全部属于航行标志的一组是________。

A. 过河标、导标、侧面标　　B. 导标、示位标、界限标

C. 侧面标、界限标、示位标　　D. 导标、沿岸标、管线标

4. 下列属于专用标志的有________。
①鸣笛标；②管线标；③界限标；④泛滥标；⑤示位标；⑥专用浮标
A. ①⑥　　B. ②⑥
C. ①②③④⑤⑥　　D. ②③

第七节　主要内河助航标志

1. 设在航道中个别河心障碍物或航道分叉处，标示该标两侧都是通航航道的标志是________。
A. 侧面标　　B. 左右通航标
C. 泛滥标　　D. 桥涵标

2. 下列关于桥涵标的说法错误的是________。
A. 设在通航桥孔迎船一面的桥梁中央，标示船舶通航桥孔的位置
B. 圆形标牌表示小轮通航的桥孔，包括非机动船，但不包括排筏
C. 正方形标牌表示大轮通航的桥
D. 正方形标牌为红色，圆形标牌为白色

3. 内河航标都是以标身形状和灯质来区别它们的功能的。
A. 对　　B. 错

4. 侧面标可采用的形状是________。
①柱形；②锥形；③罐形；④杆形；⑤桅顶装有球形顶标的灯船；⑥三角形
A. ①②③④⑤⑥　　B. ①②③④⑤
C. ①②③④　　D. ①②③

5. 关于沿岸标颜色的规定正确的是________。
A. 左岸顶标为白色（黑色），标杆为白色、黑色相间横纹
B. 左岸顶标为白色（红色），标杆为白色、红色相间横纹
C. 左岸顶标为黑色、标杆为白色
D. 左岸顶标为白色、标杆为黑色

6. 快闪光每分钟闪光________次。
A. 60　　B. 120
C. 240　　D. 30

7. 左右通航标的形状可采用________。
A. 柱形、锥形、灯船　　B. 柱形
C. 锥形　　D. 灯船

8. 侧面标的形状可采用柱形、锥形、罐形或灯船等。
A. 对　　B. 错

9. 需要用标志形状特征区分左右岸两侧时，左岸一侧浮标可用罐形，右岸一侧浮标可用锥形。
A. 对　　B. 错

10. 船舶在内河夜间航行，当上行船发现前方有一盏双闪绿光的灯标时，应将该灯标置于本船的右舷通过。

A. 对　　B. 错

11. 以下说法正确的是________。

A. 左岸过河标光色为白色或绿色，右岸过河标灯色为红色

B. 过河标的光色为白色

C. 过河标的发光形式为闪光

D. 过河标的发光周期不超过 6 s

12. 灯船顶标的形状为________。

A. 左岸为锥形，右岸为罐形　　B. 左岸为罐形，右岸为锥形

C. 截锥体　　D. 球形

13. 标示通航河口的示位标，优先选用莫尔斯信号________。

A. D　　B. F

C. E　　D. H

14. 航行中见如下图所示标志，判断是________。

A. 沿岸标　　B. 侧面标

C. 过河标　　D. 导标

15. 下图标志夜间发出的灯光可以是________光。

A. 绿色 3 闪　　B. 白色 2 闪

C. 红色 3 闪　　D. 绿色单闪

16. 下图所示标志是________。

A. 示位标　　B. 侧面标

C. 左右通航标　　D. 泛滥标

17. 如下图所示,夜间该灯标发出的灯光是________。

A. 绿色莫尔斯光一短一长闪　　B. 绿色莫尔斯光一长两短闪

C. 白色莫尔斯光一长一短闪　　D. 白色莫尔斯光两长闪

18. 泛滥标的灯光为________。

A. 左岸为白色或绿色闪光　　B. 右岸为红色闪光

C. 左岸为白色或绿色顿光　　D. 右岸为红色定光

19. 表示通航桥孔的标牌形状有________。

①圆形;②三角形;③正方形;④长方形;⑤菱形

A. ①②③④⑤　　B. ①②

C. ②③　　D. ①③

20. 下列说法错误的是________。

A. 右岸一侧横流标顶标的颜色为红色或黑色

B. 横流标可在标杆上端安装菱形顶标设在岸上

C. 左岸一侧横流标顶标的颜色为白色或黑色

D. 横流标标示航道内有横流,警告船舶注意

21. 菱形浮标或标杆为红黑(或黑白)相间斜纹,顶标为菱形的标志是________。

A. 界限标　　B. 横流标

C. 侧面标　　D. 沿岸标

22. 表示允许上行船通行的号型和号灯为________。

A. 红色箭头向下,黑或白色箭杆在上和垂直显示的绿、红定光灯

B. 红色箭头向上,黑或白色箭杆在下和垂直显示的红、绿定光灯

C. 黑色箭头向上，黑色箭杆在下和垂直显示的红、绿定光灯
D. 红色箭杆在上，红色箭头向下和垂直显示的绿、红定光灯

23. 表示禁止船舶通行的号型和号灯为________。
A. 两个尖端相对的红色锥体和垂直显示的两盏红色定光灯
B. 两个尖端向下的黑色锥体和垂直显示的两盏绿色定光灯
C. 两个尖端向上的黑色锥体和垂直显示的红、绿色定光灯
D. 两个尖端向上的红色锥体和垂直显示的两盏红色定光灯

24. 船舶从河上看去，水深信号杆的横桁左端和右端的号型或号灯分别表示________。
A. 水深的米和分米　　B. 水位的分米和米
C. 水深的分米和米　　D. 水位的米和分米

25. 下列关于鸣笛标的说法错误的是________。
A. 设置在通航控制河段的上、下游两端河岸上
B. 设置在上、下行船舶不能相互通视的急弯航道的上、下游两端河岸上
C. 标杆为白、黑色相间的斜纹
D. 标杆为白、黑色相间的横纹

26. 夜间通行信号杆显示上绿下红的定光灯，标示________通行。
A. 允许上水船
B. 允许下水船
C. 禁止
D. 上水船沿左岸航行，下水船沿右岸航行

27. 下列关于横流标的描述，错误的是________。
A. 横流标的顶标形状为截椎体
B. 横流标可在标杆上端安装菱形顶标设在岸上
C. 左岸一侧横流标顶标的颜色为白色或黑色
D. 横流标标示航道内有横流，警告船舶注意

28. 水底管线标应设在要标示的跨河管线两端（或一端）的河岸上，其功能是________。
①禁止船舶抛锚；②禁止船舶拖锚航行；③禁止船舶垂放重物
A. ①②　　B. ①③
C. ②③　　D. ①②③

29. 标示锚地、渔场、娱乐区、游泳场、水文测量、水下钻探、疏浚作业等特定水域或标示取水口、排水口、泵房以及其他航道界限外的水工构筑物的标志是________。
A. 水底管线标　　B. 架空管线标
C. 专用浮标　　D. 示位标

30. 以下说法正确的是________。
A. 专用标的颜色为黄色　　B. 专用标的光色为黄色
C. 专用标以助航为目的　　D. 管线标属于专用标

31. 管线标设在跨河管线的两端或一端岸上或设在管线的________。
A. 上、下游水面　　B. 上游适当距离的两岸或一岸
C. 下游适当距离的两岸或一岸　　D. 上、下游适当距离的两岸或一岸

32. 设在跨河管线的两端或一端岸上的管线标标牌与________。

A. 河岸平行　　B. 河岸垂直

C. 河岸斜交　　D. 河面平行

33. 设在跨河管线上、下游适当距离的两岸或一岸的管线标标牌与________。

A. 河岸平行　　B. 河岸垂直

C. 河岸斜交　　D. 河面平行

第一节　助航标志的作用

1.D　2.D

第二节　河流左、右岸的确定原则

1.A　2.A　3.A　4.A　5.D

第三节　助航标志涂色和光色采用原则

1.D　2.A　3.B

第四节　助航标志灯质三要素

1.A　2.B　3.C　4.D　5.B　6.C　7.C　8.B

第五节　助航标志的作用距离

1.A　2.C　3.A　4.D

第六节　助航标志的分类及其含义

1.B　2.D　3.A　4.B

第七节　主要内河助航标志

1.B　2.B　3.A　4.B　5.A　6.A　7.A　8.A　9.B　10.A
11.B　12.D　13.D　14.B　15.A　16.C　17.C　18.D　19.D　20.A
21.B　22.B　23.D　24.A　25.D　26.B　27.A　28.D　29.C　30.D
31.D　32.A　33.B

第五章　内河交通安全标志

第一节　交通安全标志的分类及其含义

1. 内河交通安全标志可分为________。
   A. 安全标志与辅助标志　　B. 安全标志与危险标志
   C. 主标志与辅助标志　　D. 航行标志与专用标志
2. 内河交通安全标志中，主标志有________。
   A. 警告标志、禁令标志、警示标志、指令标志、提示标志五种
   B. 警告标志、禁令标志、指令标志、提示标志四种
   C. 警告标志、禁止标志、警示标志、指令标志、提示标志五种
   D. 警告标志、禁令标志、限制标志、指令标志、提示标志五种
3. 警告标志是指________。
   A. 禁止或限制交通行为的标志　　B. 指令实施交通行为的标志
   C. 警告注意危险区域或地点的标志　　D. 说明设施位置起警示作用的标志
4. 可变信息标志字幕颜色所显示内容遵循的原则为________。
   A. 警告为黑色，禁止为红色，指令为蓝色，提示为绿色
   B. 警告为黄色，禁止为红色，指令为蓝色，提示为绿色
   C. 警告为黄色，禁止为红色，指令为绿色，提示为白色
   D. 警告为黄色，禁止为红色，指令为蓝色，提示为白色
5. 警示标志是指________。
   A. 禁止或限制交通行为的标志　　B. 指令实施交通行为的标志
   C. 警告注意危险区域或地点的标志　　D. 说明设施位置起警示作用的标志
6. 禁令标志包括________标志。
   ①禁止；②警告；③限制；④警示；⑤解除禁止
   A. ②④⑤　　B. ④⑤
   C. ①③⑤　　D. ①②③⑤
7. 下列说法错误的是________。
   A. 提示标志指传递与交通有关信息的标志
   B. 指令标志指令实施交通行为的标志
   C. 警告标志指标明设施位置起警示作用的标志
   D. 禁令标志指禁止或限制交通行为的标志
8. 指令标志的作用是________。

A. 警告注意危险区域或地点　　B. 禁止或限制某种交通行为
C. 指令实施某种交通行为　　D. 传递与交通安全有关的信息

9. ________的作用是警告注意危险区域或地点。
A. 警告标志　　B. 禁令标志
C. 指令标志　　D. 提示标志

10. ________的作用是禁止或限制某种交通行为。
A. 警告标志　　B. 禁令标志
C. 指令标志　　D. 提示标志

11. ________的作用是传递与交通有关的信息。
A. 警告标志　　B. 禁令标志
C. 指令标志　　D. 提示标志

12. 内河交通安全标志分为主标志和辅助标志两大类。
A. 对　　B. 错

13. 内河交通安全标志中的辅助标志是可以单独使用的。
A. 对　　B. 错

14. 内河交通安全标志中的主标志有警告标志、禁令标志、指令标志和限制标志 4 种。
A. 对　　B. 错

第二节　主要内河交通安全标志

1. 警告标志的颜色为________。
A. 白底、红边框、红斜杠、黑图案(文字)
B. 黄底、黑边框、黑图案(文字)
C. 黄底、红边框、红斜杠、黑图案(文字)
D. 白底、黑边框、黑图案(文字)

2. 右图所示标志为________标志。

A. 取水口　　B. 渡口
C. 高度受限　　D. 注意危险

3. 右图所示标志为________标志。

A. 取水口　　B. 渡口
C. 高度受限　　D. 注意危险

4. 右图所示标志为________标志。

A. 禁止追越　　B. 禁止通行
C. 禁止掉头　　D. 禁止停泊

5. 右图所示标志为________标志。

A. 靠泊区　　B. 限制靠泊范围
C. 停航受检　　D. 锚地

6. 右图所示标志为________标志。

A. 靠泊区　　B. 限制靠泊范围
C. 停航受检　　D. 锚地

7. 黄底黑边,中间黑色图案的标志是________。
A. 警告标志　　B. 禁令标志
C. 指令标志　　D. 提示标志

8. 下图属于________标志。

A. 限制　　B. 禁止
C. 解除禁止　　D. 解除限制

9. 蓝底、白色图案的一般是________。
A. 警告标志　　B. 禁令标志
C. 指令标志　　D. 提示标志

10. 绿底、白色图案的一般是________。
A. 警告标志　　B. 禁令标志
C. 指令标志　　D. 提示标志

11. 下图标志的含义是________。

A. 禁止通航　　　　B. 禁止驶入

C. 禁止停泊　　　　D. 停航受检

12. 下图标志的含义是________。

A. 左舷会船　　　　B. 右舷会船

C. 分道通航　　　　D. 交叉会让

13. 下图标志的含义是________。

A. 禁止掉头

B. 解除禁止掉头

C. 向前 1 000 m 内解除禁止掉头

D. 向前 1 000 m 内禁止掉头

14. 下图标志的含义是________。

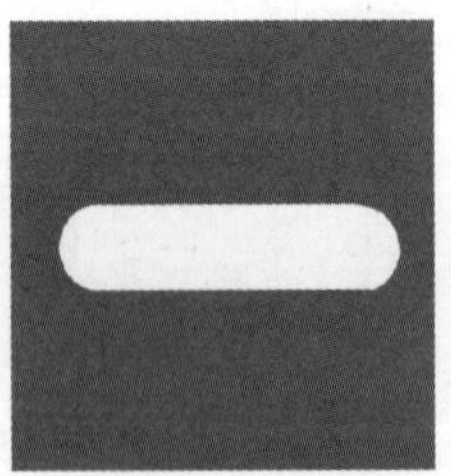

A. 停航受检　　　　B. 禁止驶入

C. 禁止通行　　　　D. 停航让行

15. 下图标志的含义是________。

A. 紊流　　　　B. 禁止掉头
C. 解除禁止掉头　　　　D. 掉头区

16. 下图标志的含义是________。

A. 靠泊区　　　　B. 禁止停泊
C. 限制靠泊范围　　　　D. 解除禁止停泊

17. 下图标志的含义是________。

A. 锚地　　　　B. 禁止用锚
C. 禁止船舶拖锚航行　　　　D. 禁止船舶抛锚

18. 下图标志的含义是________。

A. 横道线　　　　B. 横驶区
C. 交通横行通道　　　　D. 禁止交会区

19. 下图标志的含义是________。

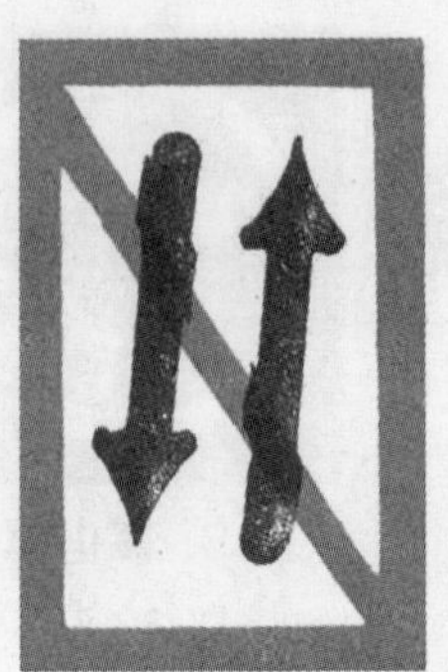

A. 禁止追越　　　　B. 禁止并列行驶
C. 解除禁止会船　　D. 禁止会船

第一节　交通安全标志的分类及其含义

1.C　2.A　3.C　4.B　5.D　6.C　7.C　8.C　9.A　10.B
11.D　12.A　13.B　14.B

第二节　主要内河交通安全标志

1.B　2.C　3.A　4.C　5.B　6.A　7.A　8.C　9.C　10.D
11.B　12.C　13.D　14.A　15.D　16.B　17.A　18.B　19.D

第六章　内河航行图

第一节　航行图基本要素

1. 某航道图上的比例尺为 1∶5 000 或 1/5 000,若在图上量得某处航宽为 4 cm 则实际航宽为________。
   A. 20 m　　B. 400 m
   C. 200 m　　D. 2 000 m
2. 航行图中下图符号表示________。

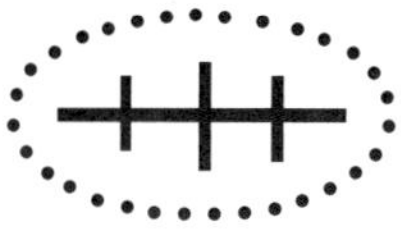

   A. 深度超过 6.5 m 的沉船　　B. 深度不及 6.5 m 的沉船
   C. 深度不明的沉船　　D. 性质不明的障碍物
3. 航行图中下图符号表示________。

   A. 明礁　　B. 暗礁
   C. 干出礁　　D. 适淹礁
4. 航行图上的水深数字“56”表示________。
   A. 绘图基准面以上的水深为 5.6 m　　B. 绘图基准面以下的水深为 5.6 m
   C. 未到底水深　　D. 扫测水深
5. 航行图中下图符号表示________。

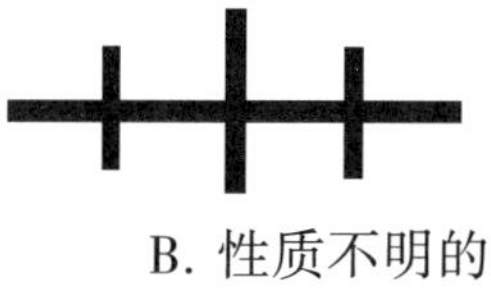

   A. 暗礁　　B. 性质不明的障碍物
   C. 沙滩　　D. 深度超过 6.5 m 的沉船
6. 航行图中水深数据“ $\underline{3}_4$”表示________。
   A. 此处水深为 34 m　　B. 此处水深为 3.4 m
   C. 此处水深为零上 3.4 m　　D. 此处水深为零上 34 m
7. 航行图中图式“$+(\underline{3}_2)$”表示________。

A. 干出礁,干出高度 3.2 m　　B. 暗礁上水深 3.2 m

C. 浅滩上水深 3.2 m　　D. 明礁,高程 3.2 m

8. 深度不明的沉船图式是________。

A.　　B.

C. 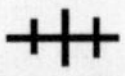　　D.

9. 部分露出基准面的沉船图式是________。

A.　　B.

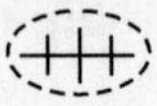

C. 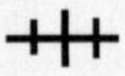　　D.

10. 深度不及 6.5 m 的沉船图式是________。

A.　　B.

C. 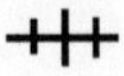　　D.

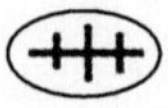

11. 深度超过 6.5 m 的沉船图式是________。

A.　　B.

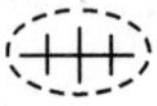

C. 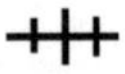　　D.

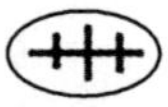

12. 航行图中图式“6 船”表示________。

A. 沉船上水深为 6 m　　B. 沉船上水深超过 6 m

C. 沉船上水深不及 6 m　　D. 沉船露出基准面高度为 6 m

13. 图式“ 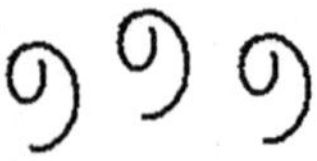　”表示________。

A. 回流　　B. 急流

C. 夹堰水　　D. 旋涡

14. 图式“碍  (5_3)”表示的含义有________。

①沉船;②不明性质障碍物;③干出礁;④此处图注水深 5.3 m

A. ①②③　　B. ①②④

C. ①④　　D. ②④

15. 图式“  (1_3) ”表示________。

A. 暗礁　　B. 干出礁

C. 不明性质障碍物　　D. 明礁

16. 图式“ 　”表示________。

A. 回流　　B. 急流

C. 夹堰水　　　　D. 旋涡

17. 图式“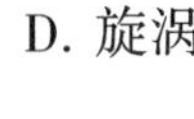”表示________。

A. 过河标　　　　B. 沿岸标

C. 示位标　　　　D. 界限标

18. 表示过河标的图式是________。

A.　　　　B. 

C.　　　　D. 

19. 表示沿岸标的图式是________。

A.　　　　B. 

C.　　　　D. 

20. 表示侧面标的图式是________。

A.　　　　B. 

C.　　　　D. 

21. 表示左右通航标的图式是________。

A. 　　　　B. 

C. 　　　　D. 

第二节　航行图种类及其特点

1. 下列有关航行图的说法不正确的是________。

A. 航行图中的等深线越密越好

B. 通常比例尺小的航行图比比例尺大的航行图资料详细

C. 航行图的图式应简单、清晰，符合统一颁布的标准

D. 航行图应有连续不断的岸线

2. 航行图由图页部分和文字说明两部分组成。
A. 对　　B. 错
3. 定线制航行参考图中常标明有航道边线、分隔带（线）、上下行通航分道、航行警戒区等内容，但未标明交通流方向。
A. 对　　B. 错
4. 航行图全面反映了水道的情况，驾引人员利用航行图可以________。
①熟悉河道地形；②确定航道尺度和粗估水流流态；③记录航向，测定船位与航速；④选择、计划航路
A. ①②③　　B. ①②③④
C. ②③④　　D. ①③④
5. 通过查阅航行参考图可以获得________信息。
①航标位置；②航道通电；③航道宽度；④航行警告；⑤礁石位置
A. ①⑤　　B. ①③⑤
C. ①②③⑤　　D. ①②③④⑤
6. 通过查阅船舶定线制航行参考图可以获得________信息。
①航道位置；②水道平面形态；③航行警戒区位置；④气象信息；⑤当地水位
A. ①②　　B. ①②③
C. ①②③④　　D. ①②③④⑤
7. 目前的航行图主要有________。
①航行参考图；②船舶定线制航行参考图；③雷达航行参考图；④电子江图
A. ①②④　　B. ②③④
C. ①②③　　D. ①③④
8. 在AIS（船舶自动识别系统）中所使用的航行图，也是电子江图。
A. 对　　B. 错

参考答案

第一节　航行图基本要素

1.C　2.B　3.A　4.A　5.D　6.C　7.A　8.D　9.A　10.B
11.C　12.B　13.D　14.D　15.A　16.B　17.A　18.A　19.B　20.C
21.D

第二节　航行图种类及其特点

1.B　2.A　3.B　4.B　5.B　6.B　7.A　8.A

第七章　引航基本要领

第一节　航行条件

1. 航行条件是指船舶航行区域内的________等客观因素。
①航道;②水文;③气象;④航标配布;⑤船舶会让;⑥定位
A. ①②③④　　B. ①②③④⑤
C. ①②③④⑤⑥　　D. ①②③
2. 航道的水文特征是指________。
①航道水深;②主流与缓流分布;③不正常水流的特征、分布及对航行船舶的影响
A. ①②　　B. ①③
C. ②③　　D. ①②③
3. 航行条件是指船舶行驶水域内各种客观因素的综合构成情况,包括________。
①河段内航道尺度、滩险、碍航物,以及桥梁、船闸等限制性航道情况;②河流各段的流速、水深、流态、潮汐等特征;③可供利用的天然和人工助航标志;④各地区雾、风、降水及灾害天气的发生和变化的特点;⑤通航密度、各类船舶活动规律
A. ①②③④　　B. ①②④
C. ①②③　　D. ①②③④⑤
4. 属于天然助航标志的有________。
①暗礁;②岸嘴;③流态;④沉船;⑤树木
A. ②⑤　　B. ①②③
C. ④⑤　　D. ①②③④⑤
5. 对________的分析,是船舶引航中的一个重要环节。
A. 水文　　B. 航道
C. 航行条件　　D. 气象条件
6. 在分析航行条件时应考虑河段内的气象要素特点,这里所指的气象要素主要是指________。
A. 雾、风、降水　　B. 雨、云、风
C. 云、霜、雾　　D. 降水、能见度
7. 分析航行条件时,对河流的底质可以不做考虑。
A. 对　　B. 错
8. 分析航行条件时的助航标志是指可供利用的天然和人工助航标志。
A. 对　　B. 错

第二节　航路的选择

1. 引导船舶以最佳航线航行于内河水道的过程称为内河引航，最佳航线是指省时、快速及安全的航线。

A. 对　　B. 错

2. 引航要领的实质是船舶航行的准确定位和避让。

A. 对　　B. 错

3. 引航要领是指________。

①对航行条件进行准确分析；②对航路、船位、转向点、吊向点等引航要素进行正确分析；③采取正确的避让方法

A. ①②　　B. ①③

C. ②③　　D. ①②③

4. 当过河终点位于不正常水流处时，为避免事故的发生，要求过河船舶过河时摆脱不正常水流，达到该水流以上的指定目标点，这种过河方法称为________。

A. 借势过河　　B. 搭跳

C. 恰过　　D. 盖过

5. 逆流航路的选择，其基本原则是沿缓流或航道一侧行驶，俗称________。

A. 找主流，丢主流　　B. 找主流，跟主流

C. 找缓流，走主流　　D. 找缓流，走缓流

6. “过河”是指________。

A. 船舶从河的一侧航道过渡到另一侧航道

B. 船舶从航道穿过主流，过渡到另一侧

C. 上行船从航道一侧穿过主流，过渡到航道的另一侧

D. 下行船从航道一侧穿过主流，过渡到航道的另一侧

7. 下列说法错误的是________。

A. 下行船“抓主流，走主流”是指在任何航道上的下行船都应走主流

B. 吊向点是指船舶在保持定向航行时，船首方的显著物标

C. 船舶首尾线平行或接近平行计划航线时，即为顺向

D. 一个优秀的驾驶员不仅要会引航，更主要的是要会正确避让各种船舶

8. 船舶在感潮河段顺流航行时，应________航行。

A. 靠航道左侧　　B. 靠航道右侧

C. 在主流或航道中央　　D. 尽可能沿本船右舷一侧航道

9. 顺直河段下行应尽可能选择在定向距离长的主流位置上，少做折线航行，减少用舵次数。

A. 对　　B. 错

10. 航行参考图上所标示的基本航线和航向并不是必须依照的航线和航向的。

A. 对　　B. 错

11. 下行找主流指在任何航道下行船应走主流。

A. 对　　B. 错

12. 顺流航路的选择，其基本原则是以主流为依据，将航路选择在主流范围外或航道中间行驶。

A. 对　　B. 错

13. 逆流船选择航路应本着“找主流，丢主流”的原则，在主流两侧均有缓流可以利用时，应综合比较，合理选择________。

①水深合适、流速较小、流态正常的缓流；②上、下缓流能互相衔接，减少过河次数；③在航道狭窄或弯曲系数较大的河段应选水势低的一侧缓流

A. ①②　　B. ①③

C. ②③　　D. ①②③

14. 船舶在有船舶定线制规定或特殊规定的水域航行，选择航路应遵循________。

A. 上行船应选择沿缓流或者航道一侧行驶

B. 下行船应选择沿主流或者航道中间行驶

C. 任何船应尽可能沿本船右舷一侧航道行驶

D. 按分道通航制或特殊规定行驶

15. 下行船航路选择应注意________。

①将航路选择在主流范围内或航道中间；②少做折线航行；③选择水流平缓地带；④减少用舵次数；⑤选择高流势一侧

A. ①②④⑤　　B. ①②④

C. ③⑤　　D. ①②③④⑤

16. 在湖泊、水库等平流区域航行，任何船舶应当尽可能选择________航行。

A. 水流平缓地带　　B. 主流带

C. 在航道中间　　D. 沿本船右舷一侧航道

17. 有关过河航行的说法错误的是________。

A. 过河点通常是不固定的

B. 过河航行以不妨碍顺航道行驶船舶为前提

C. 船舶是否选择过河航行应根据当时航行情况决定

D. 过河航行通常是针对上行船而言的

18. 有关过河航行的说法正确的是________。

A. 过河点通常是不固定的

B. 过河航行通常指船舶由一岸过河到另一岸

C. 船舶是否选择过河航行主要依据当时水流情况

D. 过河航行通常是针对上行船而言的

19. 船舶过河主要考虑的因素有________。

①航道情况；②水流情况；③水位情况；④货物情况；⑤船舶会让；⑥有关规定

A. ①②③④⑤　　B. ①②③④⑤⑥

C. ①②③⑤　　D. ①②③⑤⑥

20. 当航道较宽或水流较缓时，用大舵角转向，使航向和流向呈较大夹角，船身略成横向穿越主流摆到彼岸，这种过河方法称为________。

A. 摆过　　B. 顺过

C. 盖过　　　　D. 恰过

21. 当航道较宽或水流较缓时，用大舵角转向，使航向和流向呈较大夹角，船身略成横向穿越主流摆到彼岸，这种过河方法称为________。

A. 指定目标点过河法　　　　B. 借势过河法

C. 小角度过河法　　　　D. 大角度过河法

22. 当航道较窄或水流较急时，用小舵角转向，使航向与流向呈较小夹角，这种过河方法称为________。

A. 指定目标点过河法　　　　B. 借势过河法

C. 小角度过河法　　　　D. 大角度过河法

23. 关于过河方法，下列说法错误的是________。

A. 小角度过河的优点是穿越动作较快

B. 小角度过河法安全性较好，是最常见的过河方法

C. 大角度过河法的缺点在于驶过彼岸扬出船首、调顺船身的操作较难

D. 当航道较窄或水流较急时通常用小角度过河

24. 下列说法正确的是________。

A. 顺过法的优点是穿越动作较快

B. 大角度过河法安全性较好，是最常见的过河方法

C. 小角度过河法的缺点在于驶过彼岸扬出船首、调顺船身的操作较难

D. 当航道较窄或水流较急时通常用顺过法

25. 按照水位期划分，航路可分为________。

A. 枯水航路、中水航路、洪水航路

B. 顺流航路、逆流航路

C. 过河航路、规定航路

D. 顺流航路、逆流航路、过河航路、规定航路

第三节　内河船舶定线制

1. ________是指交通安全主管机关（部门）或技术性组织用法律规定或推荐形式指定船舶在水上某一区域航行时所遵循或采用的航线、航路或通航分道。

A. 分边通航制　　　　B. 船舶定线制

C. 单向通航制　　　　D. 分道通航制

2. 在长江干流航道内，实行分边通航制主要是________。

A. 因为水位下落，航道变窄　　　　B. 为了满足枯水期船舶在急弯段航法的需要

C. 为了保证船舶航行和会让安全　　　　D. 为了保证追越的安全

3. 我国内河通航水域实行的船舶定线制规定，总体原则有________。

①大船小船分流；②不同船型分开；③各自靠边航行；④各自靠右航行；⑤避免航路交叉；⑥过错责任制

A. ③④⑤⑥　　　　B. ①②③④

C. ①②③⑤　　D. ①④⑤⑥

4. 实施船舶定线制的目的在于改善船舶在交通密集区、有限水域中活动自由受到限制、水深有限或气象条件不佳的区域的________。

A. 航行安全　　B. 通航条件

C. 会让　　D. 通行

5. 船舶定线制中的警戒区是________。

A. 船舶必须避离的水域　　B. 航行安全的水域

C. 船舶必须谨慎驾驶的水域　　D. 没有危险的水域

6. 分道通航制一般由________构成。

①分隔带(线);②通航分道;③指定或推荐的交通流方向;④外边界线;⑤内边界线;⑥障碍物

A. ①②③④⑤　　B. ①②③④

C. ①②③④⑤⑥　　D. ①③④⑤

7. 在通航分道内,船舶的追越行动应保持在________。

A. 通航分道内　　B. 自己的通航分道内

C. 分隔带(线)上　　D. 外边界线内

8. 在定线制水域,如果某规定的区域界限内,要求船舶必须非常谨慎地驾驶,则该区域称为________。

A. 环行区　　B. 避航区

C. 警戒区　　D. 通航分道

9. 一般分道航行规则是按________建立分道航制、分边通航制和单向通航制的。

A. 航道宽度　　B. 航道深度

C. 船舶尺度　　D. 船舶(队)宽度

10. 船舶在分道通航制区域航行时,应尽量靠近分隔线或分隔带。

A. 对　　B. 错

11. 分道通航制区域中用以分隔通航分道或通航分道与相邻沿岸通航带的带或者线称为分隔带或分隔线。

A. 对　　B. 错

12. 分道通航制是建立通航分道的具体措施,分隔________的一种强制做法。

A. 交叉的船舶交通流　　B. 同向的船舶交通流

C. 相反的船舶交通流　　D. 不同方向的船舶交通流

13. 目前,我国内河水域实施的船舶定线制形式主要有________和________两种。

A. 单向航路;双向航路　　B. 分道通航;分边通航

C. 推荐航路;规定航路　　D. 小船航路;大船航路

14. 目前,我国内河水域实施的船舶定线制中,推荐航路通常用作________航路。

A. 小型船　　B. 大型船

C. 油船　　D. 特种船

第四节　船位的摆法

1. 在内河中，驾驶员做引航工作的基础是正确地________。
   A. 判断船位　　B. 选择航向
   C. 选择航路　　D. 掌握本船操纵性能
2. 船位是判断船舶是否处于预定航线上、是否安全的依据，也是继续航行时，选择航线、叫舵时机、用舵多少等决策的前提。
   A. 对　　B. 错
3. 以下说法错误的是________。
   A. 船位是判断船舶是否处于预定航线上、是否安全的依据
   B. 船位是叫舵时机、用舵多少等决策的前提
   C. 船位是测算航速的依据
   D. 船位与航线选择无关
4. 在内河中，驾驶员做引航工作的基础是正确地选择航路。
   A. 对　　B. 错
5. 船位与航线选择无关。
   A. 对　　B. 错
6. 落位的标准是________。
   ①航向与流向的夹角要大；②离岸距离要适当；③尽量拉长定向航行距离
   A. ①②　　B. ①③
   C. ②③　　D. ①②③
7. 船舶在顺直河段航行，做到“航向与流向的夹角要小”的好处是________。
   ①可以减小因水流作用而发生的漂移和航向不稳定；②确保船舶航行在预定航线上；③下行船舶可以充分利用水流提高航速
   A. ①②　　B. ①③
   C. ②③　　D. ①②③
8. ________是指驾驶人员根据航行条件和船舶性能，采取符合客观实际的引航操作方案，将船位摆在既安全又能提高航速的合理位置上。
   A. 顺向　　B. 航线
   C. 摆船位　　D. 落位
9. 下列说法正确的是________。
   A. “岸距要适当”是指上行船越近岸边航行越好
   B. “岸距要适当”是指下行船应走在航道中间
   C. “岸距要适当”是指上行船越近岸边航行越好，下行船应走在航道中间
   D. “岸距要适当”是指上行船应走在缓流内或航道一侧，下行船应走在主流或航道中间
10. 内河引航时，测量船舶与岸的横距时，最常用的方法是雷达测量法。
    A. 对　　B. 错
11. 岸距要适当，有些航段有量化规定，驾引人员主要以顺向为前提，以主流、缓流合理利用为

依据来确定。

A. 对　　B. 错

12. 上行船沿岸线或平行浮标连线航行时，略使船首斜向河心的操作方法即为扬头。

A. 对　　B. 错

13. 在上行引航时，尽可能沿滩边缓流和汊道、捷水道行驶的引航方法称为抱滩走夹。

A. 对　　B. 错

14. 内河引航中，驾驶员首要考虑的是________。

A. 判断船位　　B. 本船操纵性能

C. 选择航向　　D. 选择航路

15. "落位"的判定标准主要有________。

①航向与流向间的夹角要适当；②船舶距某航道起点的距离；③岸距要适当；④尽量拉长定向航行距离；⑤舵角大小

A. ①③④　　B. ②③④

C. ①③⑤　　D. ③④⑤

16. "航向与流向间的夹角要小"的优点在于________。

①减小漂移；②降低航速；③挂高船位；④提高航向稳定性

A. ①②③④　　B. ①②③

C. ②③④　　D. ①④

17. 船舶离岸横距大小应考虑________等。

①航道等级；②岸形结构或可航程度；③船舶尺度；④船舶操纵性；⑤气象情况

A. ①②③④⑤　　B. ①②

C. ①②③　　D. ①②③④

18. "尽量拉长定向航行距离"意味着________。

A. 定向航行距离越长越好

B. 定向航行距离越短越好

C. 在航行条件允许的情况下，船舶尽量做较长距离航行

D. 定向航行距离视上下水而定

19. 下列说法正确的是________。

A. 不论上下行船，定向航行距离越长越好

B. 航行中最重要的是正确确定本船航向

C. 岸距要适当是"落位"的主要标准之一

D. "尽量拉长定向航行距离"主要针对上水船而言

20. "三七分心"意思是________。

A. 船舶与左岸横距保持三成，与右岸横距保持七成

B. 船舶与左岸横距保持七成，与右岸横距保持三成

C. 上水船的通常航法

D. 船舶与左岸横距保持三成，与右岸横距保持七成；或者船舶与左岸横距保持七成，与右岸横距保持三成

第五节　转向点与吊向点

1. 当在驾驶台恰能看清前方航道岸形或驾驶员与前方航道中的两浮标三点成一线时，这种情况称为________。

A. 串视（开门）　　B. 闭视（关门）

C. 开视（开门）　　D. 开视（关门）

2. ________选择正确与否，对船舶能否“落位”的关系较大。

A. 过河点　　B. 转向点

C. 吊向点　　D. 侧向点

3. 航行中，偏离计划航线的船舶可以通过调整________来纠正。

A. 转向时机　　B. 吊向点

C. 过河点　　D. 岸距

4. 操舵人员通常利用________作为稳向航行的一种可靠依据，检验船舶是否偏离航线。

A. 转向点　　B. 吊向点

C. 过河点　　D. 航标

5. 作为转向点、吊向点或过河点的物标，应________。

①轮廓清楚、色泽明显；②容易辨认；③最好能在夜间发挥作用

A. ①②　　B. ①③

C. ②③　　D. ①②③

6. ________的选择对“落位”影响较大。

A. 过河点　　B. 转向点

C. 吊向点　　D. 观测点

7. 转向点可以是________。

①岸嘴；②山角；③航标；④航行中的船舶；⑤泡水

A. ①②③④⑤　　B. ①②③⑤

C. ②③④⑤　　D. ①②③

8. 转向点应根据船位与水流情况适当调整，下行流速较大时应________。

A. 提前转向　　B. 推迟转向

C. 按原计划转向　　D. 不转向

9. 转向点应根据船位与水流情况适当调整，离转向侧物标横距过大，则应________。

A. 提前转向　　B. 推迟转向

C. 按原计划转向　　D. 不转向

10. 选择“吊向点”的主要目的是________。

A. 提高航速　　B. 保持航向稳定

C. 减小漂移　　D. 缩小旋回半径

11. 可以作为吊向点的较为理想的物标有________。

①山头；②岸嘴；③树木；④烟囱；⑤航标；⑥船舶

A. ①②③④⑤⑥　　B. ①②③④⑤

C. ①③④⑤⑥　　D. ②③④⑤⑥

12. 有关吊向点的说法错误的是________。
    A. 流态不可作吊向点用
    B. 所选用的吊向点，应是容易辨认的物标
    C. 利用吊向点可以检验船舶是否偏离航线
    D. 吊向点是作为稳向航行的一种可靠依据
13. "点向结合"是指船舶航行时________相结合。
    A. 船位与航向、转向点与吊向点　　B. 船位与航向、转向点与过河点
    C. 船位与航向、吊向点与过河点　　D. 落位与航向、转向点与吊向点
14. 在内河水道中，常采用________作为转向参照点。
    ①岸嘴、山脚；②航标；③岸上固定物标；④横流、泡水等各种流态
    A. ①②③　　B. ②③④
    C. ①②④　　D. ①②③④

参考答案

第一节　航行条件

1.B　2.D　3.D　4.A　5.C　6.A　7.B　8.A

第二节　航路的选择

1.A　2.A　3.D　4.D　5.A　6.C　7.A　8.D　9.A　10.A
11.B　12.B　13.A　14.D　15.A　16.D　17.A　18.D　19.D　20.A
21.D　22.C　23.A　24.D　25.A

第三节　内河船舶定线制

1.B　2.C　3.D　4.A　5.C　6.C　7.B　8.C　9.A　10.B
11.A　12.C　13.B　14.A

第四节　船位的摆法

1.C　2.A　3.D　4.A　5.B　6.C　7.D　8.D　9.D　10.B
11.A　12.A　13.A　14.D　15.A　16.D　17.A　18.C　19.C　20.D

第五节　转向点与吊向点

1.A　2.B　3.A　4.B　5.D　6.B　7.B　8.A　9.A　10.B
11.B　12.A　13.A　14.D

第八章　助航设备的操作

第一节　船用雷达

1. 雷达关机时应注意将________关至最小位置。

A. 聚焦旋钮　　B. 辉度旋钮

C. 增益旋钮　　D. 调谐旋钮

2. 雷达开机时应特别注意________。

A. 将“调谐”旋钮逆时针旋到底　　B. 将“亮度”旋钮关至最小位置

C. 将“照明亮度”旋钮旋至最小　　D. 将“量程开关”放到适中位置

3. 为减小雨雪干扰波的影响，可使用________达到去除杂波的目的。

A. 增益旋钮　　B. 雨雪抑制旋钮

C. 调谐旋钮　　D. 波浪抑制旋钮

4. 雷达天线高度影响________的使用性能。

A. 方位分辨力　　B. 测方位精度

C. 盲区大小　　D. 距离分辨力

5. 一艘大船平行靠近本船航行时，在雷达屏幕上可能产生________。

A. 间接回波　　B. 旁瓣回波

C. 二次扫描回波　　D. 多次反射回波

6. 在荧光屏上看到来船正横方向有几个等间距、亮度逐个变暗的光点，它们是一个物标的________回波。

A. 间接　　B. 多次反射

C. 旁瓣　　D. 波浪

7. 在雷达引航中，对一个合格驾驶员的基本要求有________。

①能正确判断船舶所在位置；②能正确选择航向；③能保持船舶航行在所选的航线上；④能识别常见的雷达回波；⑤能维修雷达

A. ①②③④　　B. ①③⑤

C. ①②③④⑤　　D. ①②④⑤

8. 你船雾航，航速为 12 千米/小时，在雷达上观测到回波在正前方 6 千米处，5 分钟后该回波仍在正前方，但距离为 5.5 千米，则该物标是________。

A. 同向船　　B. 与你船航向相反的船

C. 固定目标　　D. 被追越船

9. 近距离避让时，应开启________量程挡，并注意盲区的影响。

A. 小　　B. 中

C. 大　　D. 固定

10. 已知本船航速为 8 千米/小时，在雷达上观测到回波在正前方 6 千米处，5 分钟后该回波仍在正前方，但距离变为 5.9 千米，则该物标可能是________。

A. 同速同向船　　B. 静止物标

C. 对遇船　　D. 比本船速度慢的同向船

11. 在雷达荧光屏上，有碰撞危险的回波信号是舷角减小，距离减小。

A. 对　　B. 错

12. 当发现某物标的回波，________时，存在碰撞危险。

A. 舷角增大，距离增加　　B. 舷角减小，距离减小

C. 舷角不变，距离减小　　D. 舷角不变，距离增加

13. 本船航速为 15 千米/小时，0830 测得某物标在本船正前方 5 千米，3 分钟后测得该物标仍然在正前方 5 千米处，判断该船属于________。

A. 同向同速船　　B. 静止物标

C. 对遇船舶　　D. 被追越船

14. 本船航速 15 千米/小时，0830 测得某船舶在本船正前方 5 千米，3 分钟后测得该船舶在正前方 4.5 千米处，判断该船属于________。

A. 同向船　　B. 静止物标

C. 对遇船舶　　D. 被追越船

15. 内河船舶使用雷达避碰常用的方法是利用方位线和距标圈交点判断碰撞危险。

A. 对　　B. 错

16. t 时刻观测到雷达图像上来船 M，用活动距标圈和活动方位线之交点重合于 M 如下图所示。经 Δt 后再进行观测，若 M 到达了 A 位置，则可判断________。

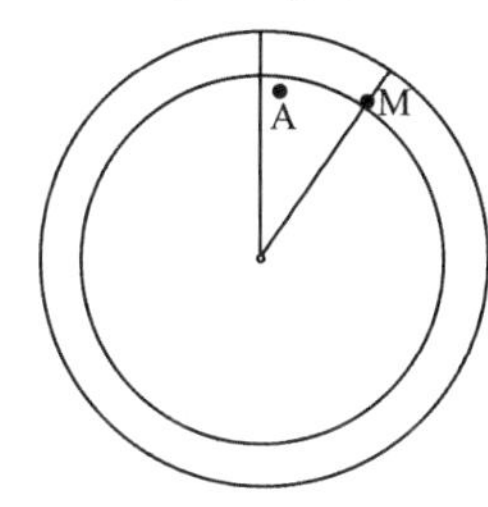

A. M 从本船船尾通过，与本船无碰撞危险

B. M 从本船船首通过，与本船无碰撞危险

C. M 与本船同向或反向行驶，或 M 为抛锚船

D. M 与本船有碰撞危险

17. t 时刻观测到雷达图像上来船 M，用活动距标圈和活动方位线之交点重合于 M 如下图所示。经 Δt 后再进行观测，若 M 到达了 B 位置，则可判断________。

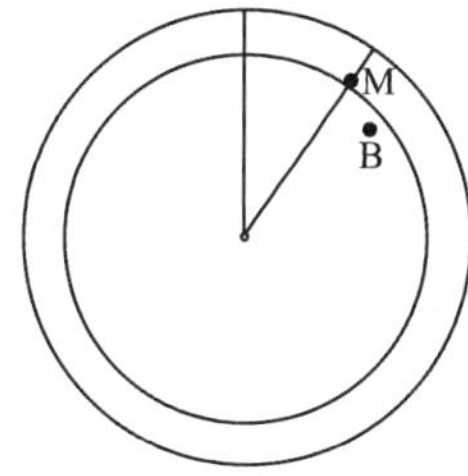

A. M 与本船无碰撞危险

B. M 从本船船首通过，与本船无碰撞危险

C. M 与本船同向或反向行驶，或 M 为抛锚船

D. M 与本船有碰撞危险

18. 船舶利用雷达导航时，还应运用________，以核对航向，进一步保障航行安全。

A. 驾驶技术　　B. 实践经验

C. 船用罗经　　D. 内河航标

19. 船舶锚泊时，值班驾驶员可以开雷达检查锚位，以防________。

A. 走锚　　B. 拖锚

C. 碰撞　　D. 搁浅

20. 利用雷达距离避险线航行，应使船舶保持在距离避险线和陆地的________，以保证船舶安全航行。

A. 远距离　　B. 近距离

C. 内侧　　D. 外侧

第二节　船舶自动识别系统（AIS）

1. AIS 船载系统提供的自动识别信息中不包括________。

A. 航线信息　　B. 静态信息

C. 动态信息　　D. 航次数据

2. ________属于 AIS 接收和发送的船舶静态信息。

A. 航速　　B. 船长

C. 航向　　D. 航迹

3. 船舶在航行、停泊和作业中对 AIS 的开机要求为________。

A. 常开机　　B. 航行时开机

C. 停泊时关机　　D. 作业时开机

4. 船载 AIS 设备中，能够提供精确船位信息的设备是________。

A. 雷达　　B. GPS 导航仪

C. VHF　　D. 无线电测向仪

5. 船载 AIS 传输的信息中，下列属于船舶静态信息的是________。

A. 船位　　B. 对地航向

C. 对地速度　　D. 船长和船宽

6. 船载 AIS 传输的信息中，下列属于船舶动态信息的是________。

A. 船长　　B. 船名

C. 船位　　D. MMSI 码

7. AIS 可以用于船与船之间的________。

①识别；②监视；③避碰；④定位；⑤通信

A. ①②③　　B. ①③④

C. ①②③④　　D. ①②③④⑤

8. AIS 用于船舶避碰，可以克服雷达避碰的________的缺陷。

A. 盲区　　B. 捕捉目标慢
C. 数据精度低　　D. 操作烦琐

9. AIS 用于船舶避碰,可以克服雷达避碰的________的缺陷。
A. 物标遮挡　　B. 捕捉目标慢
C. 数据精度低　　D. 操作烦琐

10. AIS 传输的静态信息包括________。
①水上移动通信业务标识码;②呼号和船名;③船舶类型;④船速
A. ①②③④　　B. ①②③
C. ①②④　　D. ①③④

11. AIS 传输的与航次有关的信息包括________。
①船舶吃水;②货物种类;③目的港和预计到达时间;④在船人数
A. ①②③④　　B. ①②③
C. ①②④　　D. ①③④

12. AIS 用于船舶避碰,可以克服雷达________方面的缺陷。
A. 盲区　　B. 量程
C. 显示方式　　D. 运动模式

13. AIS 用于船舶避碰,可以克服雷达________方面的缺陷。
A. 量程　　B. 显示方式
C. 假回波　　D. 运动模式

14. 在 AIS 提供的信息中________信息的可信度较高。
A. 船型　　B. 船舶编号
C. 定位天线在船上的位置　　D. 船首向

15. 在 AIS 提供的信息中________信息的可信度较高。
A. 航行状态　　B. 船舶吃水
C. 船名与呼号　　D. 危险货

16. ________信息是 AIS 播发的静态信息。
A. 船位　　B. 对地航向
C. 船舶类型　　D. 对地速度

17. AIS 播发和接收信息的方式是________。
A. 人工连续　　B. 自动连续
C. 人工定时　　D. 自动定时

18. ________信息是 AIS 播发的航次信息。
A. 转向率　　B. 船首向
C. 船长和船宽　　D. 船舶吃水

19. AIS 播发的船位信息来自________。
A. 雷达　　B. GPS
C. 罗兰 C　　D. 台卡

第三节　甚高频无线电话(VHF)

1. 调整 VHF 无线电话静噪控制旋钮,可以控制静噪电平,以便消除噪声,但应调整适当(以刚好消除噪声为好),因为在降低噪声的同时也降低了________。

A. 音量　　B. 接收功率
C. 发射功率　　D. 接收信号的灵敏度

2. 使用 VHF 无线电话时,在与船舶或岸台建立联络困难的情况下,应________再重新呼叫;不应长时间占用信道进行重复呼叫,或者频繁切换信道进行呼叫。

A. 马上　　B. 等待一段时间
C. 第二天　　D. 不再

3. 船上的甚高频仅能用于船舶安全、生产等业务。

A. 对　　B. 错

4. ________频道既可用于无线电话国际遇险、安全和呼叫频道,也可用于呼叫与回答。

A. 16　　B. 6
C. 8　　D. 12

5. VHF ________频道是公共频道,是遇险与呼叫的专用频道。

A. 16　　B. 17
C. 18　　D. 19

6. 我国内河水域船舶避让所使用的 VHF 频道是________。

A. 06 频道　　B. 13 频道
C. 16 频道　　D. 70 频道

第四节　磁罗经

1. 内河船用磁罗经在________情况时应重新消除自差。

①自差有较大变化;②自差绝对值小于 5°;③自差绝对值大于 5°

A. ①②　　B. ②③
C. ①③　　D. ①②③

2. 磁罗经中罗盘的主要作用是________。

A. 贮存液体　　B. 存放校正器
C. 指示方向　　D. 测方位

3. 磁罗经能够指示方向的部件是________。

A. 罗经柜　　B. 罗盘
C. 罗盆　　D. 浮室

4. 罗盆、减振系统等一切活动摩擦部分,要经常加润滑油。

A. 对　　B. 错

5. 磁罗经的自差有较大变化或者自差绝对值大于________时应予以消除。

A. 2°　　B. 3°

C. 5°　　　　D. 7°

6. 船用磁罗经的定期检查通常包括________等内容。

①活动部分的润滑情况检查;②气泡检查;③迟钝性检查;④半周期检查

A. ①②　　　　B. ③④

C. ①②④　　　　D. ①②③④

7. 新船上的或新装上的罗经必须在消除自差后才能使用。

A. 对　　　　B. 错

8. 消除磁罗经自差后,平时保养不得移动自差校正器的位置。

A. 对　　　　B. 错

第一节　船用雷达

1.B　2.B　3.B　4.C　5.D　6.B　7.A　8.A　9.A　10.D
11.B　12.C　13.A　14.A　15.A　16.B　17.A　18.C　19.A　20.D

第二节　船舶自动识别系统(AIS)

1.A　2.B　3.A　4.B　5.D　6.C　7.D　8.A　9.A　10.B
11.A　12.A　13.C　14.B　15.C　16.C　17.B　18.D　19.B

第三节　甚高频无线电话(VHF)

1.D　2.B　3.A　4.A　5.A　6.A

第四节　磁罗经

1.C　2.C　3.B　4.A　5.C　6.D　7.A　8.A

第九章 不同条件下的引航

第一节 顺直河段

1. 顺直河段,主流位置的判断主要看________。

A. 水面波纹　　B. 岸形

C. 水生植物的倾斜方向　　D. 水中漂浮物

2. 顺直航道航行,最不利的因素是________。

A. 风的影响　　B. 江心洲横流

C. 礁石　　D. 航道分叉

3. 顺直河段,沿"老岸"一侧航行,通常是针对________而言的。

A. 上水船　　B. 下水船

C. 航行中的船舶　　D. 过河船

4. 顺直河段航路的选择,可根据航道中主、缓流的位置来确定。

A. 对　　B. 错

5. ________不是顺直河段常采取的方法。

A. 少用舵,用小舵角　　B. 挂高

C. 少做过河航行　　D. 适当拉长定向航行距离

6. 顺直河段的引航操作要点是________。

①辨明主缓流位置,下行船要跟主流,上行船则丢主流,恰当用舵,尽可能做到用舵要少、舵角要小;②上行船尽量少过河;③航经江心洲的上、下端时,要防止受不正常水流的影响致船舶偏移;④顺直河段浪大,大风天要做好防范工作,特别是下行顶浪航行船舶尤要注意

A. ①②③　　B. ①②④

C. ②③④　　D. ①②③④

7. 船舶在顺直河段航行时,要求做到"用舵要少,舵角要小"的理由是________。

①提高航速;②避免航迹弯曲;③减小操作复杂性;④防止搁浅

A. ①②④　　B. ①③④

C. ②③④　　D. ①②③

8. 在顺直河段,上行船提高航速的途径有________。

①用舵要少,舵角要小;②正确选择航向;③适当拉长定向航距;④岸距要小;⑤少做过河航行

A. ①②③④⑤　　B. ②③④

C. ①②④　　D. ①②③⑤

9. "恰当用舵,少用舵,用小舵角"是船舶在________的引航操作方法之一。

A. 弯曲河段　　B. 夜间

C. 浅滩河段　　D. 顺直河段

10. 船舶在利用缓流上行过程中,进出缓流时,均不宜使其艏艉线与流向的夹角过大。

A. 对　　B. 错

11. 顺直河段航行要求少用舵,用小舵,是因为航道本身顺直,水流平缓,用舵会增加航行阻力,额外延长航程。

A. 对　　B. 错

第二节　弯曲河段

1. ________河段凹岸的水深通常大于凸岸,主流通常偏近于凹岸。

A. 顺直　　B. 弯曲

C. 浅滩　　D. 河口

2. 弯曲河段的航行不利因素有________。

①弯曲半径大;②水深分布不均匀;③流态紊乱

A. ①③　　B. ②③

C. ①②　　D. ①②③

3. 弯曲河段通常会出现________,给下行船舶带来威胁。

A. 二流水　　B. 两来水

C. 夹堰水　　D. 扫弯水

4. 急弯河段的主流在凸岸________偏靠凸岸,过凸嘴后逐渐趋向凹岸,并沿凹岸________扫弯而下。

A. 下半段;上半段　　B. 上半段;下半段

C. 左半段;右半段　　D. 右半段;左半段

5. 上行通过弯曲河段常采用的引航方法有________。

A. 定向航行距离要拉长　　B. 少用舵

C. 修正流压差　　D. 开门叫舵

6. 以下说法正确的是________。

A. 挂高只针对下行船而言　　B. 上行船只可沿凸岸航行

C. 下行船不挂高可能导致"挖岸"　　D. 下行船也可利用"开门叫舵"

7. 下行船通过弯曲河段时要做到"调整车速",其目的是________。

A. 减小动吃水　　B. 储备回转能力

C. 抵抗横流影响　　D. 防止漂移

8. 挂高的含义是以________为依据,使沿程船位置于主流线的上侧,即高流势一侧航行。

A. 缓流　　B. 岸形

C. 沱楞　　D. 主流

9. 弯曲河段的上行航路一般选择在________一侧的缓流处。

A. 凹岸　　B. 凸岸

C. 左岸　　D. 右岸

10. 平弯河段中，上行船舶采取的引航方法是________。

A. 分段平行航法　　B. 循主流驶过航法

C. 直线航法　　D. 过河航法

11. 船舶下行经过弯曲河段时，关于“挂高”的理解正确的是________。

A. 挂高就是将船位摆在凸岸

B. 挂高就是将船位摆在凹岸

C. 挂高就是将船位摆在横流水势较高的一侧

D. 挂高就是将船位摆在水流动力轴线上方

12. 在弯道航行，挂高不仅针对下行船，上行船也要求挂高，由于船舶过弯道时的离心力，下行船大于上行船，故挂高对于下行船更为重要。

A. 对　　B. 错

13. 上行船舶沿凸岸边滩上行时，发现跑舵，应立即用舵加以纠正，不让其跑舵。

A. 对　　B. 错

14. 上、下行船舶在弯道对驶相遇时，上行船在凸嘴或碛翅下等候时，应尽量向主流外侧靠，把主流内侧航道让给下行船。

A. 对　　B. 错

15. 开门叫舵是指船舶在刚驶抵能看清前方转弯航道内的具体情况（即“开门”的地点）时，就叫舵转向。

A. 对　　B. 错

16. 落弯就是指下行过弯道时因挂高不当而使船舶垮向凸岸。

A. 对　　B. 错

17. 船舶通过弯曲河段常采用“开门叫舵”航法，其航法仅使用于下行航行。

A. 对　　B. 错

18. 船舶下行通过弯曲河段，如果在弯道段挂高不及时，就有可能出现背脑的危局。

A. 对　　B. 错

19. 下行船过弯道操作不当将会造成________现象。

A. 打枪　　B. 打张

C. 挖岸　　D. 钻套

20. 下行船过弯道操作不当将会造成________现象。

①背脑；②挖岸；③落弯；④打张；⑤打枪；⑥吊钩

A. ①③⑤⑥　　B. ②④

C. ①②③④⑤　　D. ①②③④⑤⑥

21. 上行船过弯道操作不当将会造成________现象。

①背脑；②挖岸；③落弯；④打张；⑤打枪；⑥吊钩

A. ③⑤　　B. ②④

C. ①⑤　　D. ⑤⑥

第三节　浅滩河段

1. 倒套一般出现在________。
   A. 弯曲河段凹岸　　B. 浅滩河段
   C. 顺直河段　　D. 潮流河段
2. 以下不能用来判断浅滩位置的是________。
   A. 流向　　B. 河槽形态
   C. 航行图　　D. 航标配布
3. 船舶在浅水区航行时,会出现________的现象。
   ①航速提高;②吃水增大,产生艉纵倾;③船舶操纵性能变差
   A. ①②　　B. ①③
   C. ②③　　D. ①②③
4. 船舶通过浅滩河段,当“交角要大”“航向力求平行流向”两个要求不能兼顾时,应________。
   A. 以“交角要大”的要求为主　　B. 以“航向力求平行流向”的要求为主
   C. 根据具体情况而定以何者为主　　D. 由驾驶员决定以何者为主
5. 使用“冲沙包”方法过浅区的条件是________。
   ①沙包体积不大;②沙包是新淤积的;③航速要快
   A. ①②　　B. ①③
   C. ②③　　D. ①②③
6. 船舶沿浅滩或边滩行驶时,当发现因浅水效应而自动偏转时,如偏转一侧有足够水深和航宽,应________。
   A. 让其向浅水一侧偏转　　B. 立即纠正
   C. 让其自由偏转到一定程度后再稳向　　D. 让其向内侧偏转
7. 船舶上行过浅滩河段时,最好________ 3~5 cm。
   A. 艏倾　　B. 艉倾
   C. 左倾　　D. 右倾
8. 过沙脊的引航操作要点是________。
   ①交角要小;②力求航向平行于流向;③控制车速和测深
   A. ①②　　B. ①③
   C. ②③　　D. ①②③
9. 上行船沿边滩航行时,如果突然发生偏转,应立即减速,并应适当让其偏转。
   A. 对　　B. 错
10. 上行船舶通过浅槽时,浅水效应使航速加快而形成赶浪。
   A. 对　　B. 错
11. 船舶经过浅滩河段时,通常要减速,其主要目的是减小航行阻力。
   A. 对　　B. 错
12. 船舶过浅脊前应减速,过浅脊后应加速,这种“早减速,早加车”是船舶过浅区的用车原则。
   A. 对　　B. 错

13. 下行船舶通过浅滩航道时，除保持一定剩余水深外，最好艏倾 3~5 cm。

A. 对　　B. 错

14. 船舶下行驶过横流较强的交错浅滩时，过浅脊时既要防止转向过早，背困下沙嘴，又要防转向迟了，随流漂移，船垮下深槽凹岸。

A. 对　　B. 错

15. 浅滩在变迁过程中，活动的泥沙往往在航道中形成沙包，会对安全航行产生一定影响。

A. 对　　B. 错

16. 船舶通过正常浅滩的沙脊时，下述引航方法错误的是________。

A. 尽量使航向与流向的夹角大些

B. 过沙脊时必须减速以减小动吃水量

C. 勤测水深，及时调整船位使其行驶在水深最大的鞍槽上

D. 过沙脊后加大车速利于乘迎横流和转向

17. 船舶________时称“落弯”。

A. 下行过弯道时因挂高不当而使船舶跨向凹岸

B. 使用大弯航法时正好行驶在计划航线上

C. 使用小弯航法时正好行驶在计划航线上

D. 上行过弯道时出现船舶碰擦凸岸边滩的局面

18. 上行船舶通过沙脊时，要求其航向平行于流向，其目的是防止________。

A. 回流影响　　B. 船位偏移

C. 阻力增加　　D. 吃水增加

19. 船舶进入浅水区时，会出现________现象。

①艉倾；②跑舵；③艏倾；④吃水减少；⑤吃水增加

A. ①②⑤　　B. ②③⑤

C. ①②③④　　D. ②③④⑤

20. 船舶经过浅滩河段时，通常要减速，这主要是为了________。

A. 减小阻力　　B. 减小动吃水

C. 防止偏转　　D. 观察周围环境

第四节　桥区河段

1. 桥区河段的碍航因素包括________。

①横流；②航道宽度变小；③水位变小；④通航高度受限；⑤能见度变差；⑥急流

A. ①②④　　B. ①②③④

C. ①②④⑤　　D. ①②③④⑤⑥

2. 水流流向与桥梁轴线水平垂线存在交角，在桥区形成________，使船舶在过桥时发生偏移，增加操纵的困难。

A. 横流　　B. 回流

C. 泡水　　D. 花水

3. 下列关于桥区河段航行的不利条件叙述，正确的是________。

①航道尺度缩减;②出现了不正常的水流;③流向与桥梁水平垂线交角的影响;④桥区管理规则的约束

A. ①②③④　　B. ①②③

C. ①③④　　D. ①②④

4. 桥梁水平垂线与主流流向的夹角不宜太大,否则主流就成为一股强大的________,使船舶在驶过桥孔的过程中发生显著的偏移,甚至因此而发生碰桥墩事故。

A. 出水　　B. 扫弯水

C. 旺水　　D. 横流

5. 桥区河段的航行条件给船舶航行带来的困难主要体现在________等方面。

①航道尺度缩减;②出现了不正常水流;③流向与桥梁水平垂线交角的影响;④桥区交通安全管理规则的约束

A. ①②③　　B. ①②③④

C. ①②④　　D. ①③④

6. 船舶驶过大桥时,通常做法是进入两墩后加车快速通过。

A. 对　　B. 错

7. 风天过桥时发现船位漂移,应立即纠正,多向上风一侧调向,必要时将浮标关在一侧航行。

A. 对　　B. 错

8. 船舶在桥区河段航行,操作难度主要体现在下行过桥,其操作的基本方法可归纳为________。

①挂高船位、减小与流向的夹角;②充分利用桥墩下方的旺水;③掌握船位,发现异常及时纠正;④将桥墩上方的壅水置于右舷

A. ①②③　　B. ①②④

C. ①②③④　　D. ①③

9. 船舶在桥区河段航行和过桥过程中,操作难度大,不易控制的情况是________。

①壅水的影响;②较强横流的影响;③上行船逆风过桥;④下行船顺流顺风过桥

A. ①③　　B. ①④

C. ②③　　D. ②④

10. 船舶过桥时的主要困难,下述说法错误的是________。

A. 横流的影响

B. 桥墩上方壅水的影响

C. 桥梁净空高度和桥墩间航宽的限制

D. 强风方向与横流作用一致

11. 下行船舶过桥时,其操作方法错误的是________。

A. 调整船位,使艏艉线与流向成较大夹角从桥下通过

B. 正确判断风、流压对船舶偏移的影响,适时调整航速以抑制船舶偏转

C. 当风力较小时,应挂高船位,将航路选择在上流水一侧

D. 发现异常应迅速判断船位偏移方向并及时纠正,无法纠正或过桥没有把握时应及时掉头,将船位提高后再掉头下驶

12. 船舶在桥区航行和过桥时应充分了解有关情况,掌握要点有________。

①桥区航道情况、助航标志的相对位置；②过桥时的水位与桥梁净空高度；③桥区航道内的流速、流向及其对船舶的影响；④风向、风力对船舶的作用

A. ①②③④　　B. ②③④

C. ③④　　D. ①②③

13. 关于桥区河段引航的叙述正确的是________。

①过桥前必须掌握桥区航道情况及通航特点；②下行过桥时挂高船位、减少与流向的夹角；③掌握船位，发现异常及时纠正；④掌握各种风向、风力对船舶的作用

A. ①②③④　　B. ①②③

C. ①③④　　D. ①②④

14. 船舶通过桥区航段，为了降低偏航程度，通常采取________措施。

A. 降低车速　　B. 加大车速

C. 停车利用船舶惯性　　D. 压载航行

第五节　河口河段

1. 入海河口的特点有________。

①锚泊条件较好；②避风条件良好；③流速流向发生周期性变化；④受辐射雾影响大；⑤航道不稳定

A. ③⑤　　B. ④⑤

C. ①②　　D. ②③

2. 支流河口最易产生急流的情况是________。

A. 支流涨水，干流退水　　B. 支流涨水，干流涨水

C. 支流退水，干流退水　　D. 支流退水，干流涨水

3. 支流河口的特点包括________。

①夹堰水；②横流；③船舶会遇局面复杂；④通航密度较高；⑤通视条件好

A. ①②③④⑤　　B. ①②③④

C. ①②　　D. ①②③

4. 在入湖河口处，一般岔道多，且________，航行较困难。

A. 水深小，航宽小　　B. 水深大，航宽小

C. 水深小，航宽大　　D. 水深大，航宽大

5. 入海河口区一般是河流航道尺度最大的河段，受径流、潮流和风浪等因素的影响，通常航道出现________特点。

A. 航槽分汊　　B. 航道稳定少变

C. 水深较小　　D. 深泓位置固定

6. 出湖河口附近的淤积小于冲刷，河道水深与宽度均较大，航行条件比入湖河口好。

A. 对　　B. 错

7. 入海河口段，涨潮流阶段，下行船通常应沿________下驶。

A. 河心　　B. 凹岸

C. 凸岸　　D. 主流

8. 当两河水流形成大角度交汇时，由干流上行进入支流，船首达支流来的水流时，操内舵迎流

转向，待下岸嘴背脑水不影响时，边走边转向进入支流缓流带上行。

A. 对　　B. 错

9. 如果支流水流以较大的夹角进入干流，航行于干流的上、下行船舶经过支流河口，应当作为强横流的条件进行操作。

A. 对　　B. 错

10. 入海河口段引航时，开航前应当掌握始发港的高、低潮时，向上游航行的船舶为提高航速应在________开航。

A. 高潮或高潮稍前　　B. 低潮或低潮稍前

C. 停潮或停潮稍前　　D. 平潮或平潮稍前

第六节　船闸河段

1. 船闸河段的航行条件变化主要包括________。

①航道尺度发生变化；②闸区与港口码头系泊设施不同；③船闸上、下引航道，闸室水文特征及淤积亦有自身特点；④船闸河段交通安全管理规则的约束

A. ①②③④　　B. ①②④

C. ①②③　　D. ①③④

2. 当闸室内充放水时，闸室内________。

A. 水位变化急剧，水流紊动　　B. 水流平稳

C. 易产生横流　　D. 有坡降阻力

3. 当闸室放水时，产生水面波动，使________等待进闸船舶产生摆荡和垂荡。

A. 上、下引航道　　B. 下引航道

C. 上引航道　　D. 闸室

4. 船舶在闸室内引航操作，以下说法正确的是________。

A. 船舶在主机起动时产生的漂距较大

B. 船舶在静水中停车调向时产生的漂距较小

C. 船舶排水量愈大漂距愈大

D. 漂距与航速关系不大

5. 船闸河段引航操作要点可归纳为________。

①挂高船位；②控制船速；③准确定位，正确取向；④掌握好漂距

A. ①②④　　B. ①②③④

C. ①②③　　D. ②③④

6. 船舶通过船闸的操作要点和注意事项主要有________。

①船舶驶近通行控制信号时应注意过闸信号；②过闸前必须准备好碰垫、撑篙及系缆设备；③船舶应控制航速，目测闸室的中线沿河道中线慢速行速；④船舶进入闸室关好闸门充水或放水时，应密切注视系泊的位置和动态，防止拉断缆绳

A. ①②③　　B. ①②④

C. ②③④　　D. ①②③④

7. 进闸时应特别注意掌握船舶的________。

A. 重心　　B. 稳性
C. 漂距　　D. 转心

8. 关于船舶进出船闸，下列说法错误的是________。
A. 船闸有效宽度有限，影响船舶操作
B. 进出船闸操作复杂，难度大
C. 进出船闸的时间较长，影响船舶营运效率
D. 船闸闸室内流态坏，不易控制船舶

9. 船舶过船闸时应注意________。
①船闸河段航道情况和通航特点；②风和流对船舶影响；③过船闸信号和有关规定
A. ①　　B. ①②
C. ②③　　D. ①②③

10. 有较强横风时，船队进闸应保持在________位置。
A. 中间　　B. 靠右
C. 上风　　D. 下风

11. 船舶进闸如果操作不太熟练，为保证安全宁可早停车，把航速控制得较常规小一些。
A. 对　　B. 错

第七节　急流滩河段

1. 上水船过急流滩受到的阻力主要由________和________构成。
A. 水流阻力；兴波阻力　　B. 坡降阻力；兴波阻力
C. 水流阻力；坡降阻力　　D. 浅水阻力；兴波阻力

2. 当紊动区水流紊动剧烈，不存在夹堰缓流带，沱楞上泡水汹涌，枕头泡内压力强，回流出水无力，上行船舶通常选择________。
A. 循夹堰缓流带航法　　B. 挂主流航法
C. 循分界面航法　　D. 循回流航法

3. 下行船在岸嘴、碛坝等上方搁浅主要是受________的作用。
A. 斜流　　B. 回流
C. 泡水　　D. 背脑水

4. 滑梁水主要具有________的特点。
A. 夹堰水　　B. 回流
C. 旺水　　D. 横流

5. 船舶在滩嘴迎流上滩时，用舵过多，转势过猛，受________冲压而倒头撞于岸嘴。
A. 拔头水　　B. 回流
C. 泡水　　D. 斜流

6. 急流滩的当地水位上升或下降到某一高程时，滩势最为汹恶，比降和流速最大，流态紊乱，碍航最严重，这个临界水位高程称为该滩的________。
A. 成滩水位　　B. 当季水位
C. 消滩水位　　D. 漂滩水位

7. 急流滩的当地水位上升或下降到某一高程时，由于河槽的过水断面开始增大，滩势逐渐减弱，这个水位高程为该滩的________。

A. 成滩水位　　B. 当季水位
C. 消滩水位　　D. 漂滩水位

8. 航道弯曲、狭窄，礁石星罗棋布，水势汹涌狂乱，这是________的特点。

A. 急弯河道　　B. 浅滩河道
C. 山区河流　　D. 河口河道

9. 在急流滩突嘴下方，由于过水断面放宽，急流区两侧会产生________。

A. 斜流　　B. 漩流
C. 回流　　D. 泡水

10. 水位暴涨、暴落是山区河流的重要水文特点。

A. 对　　B. 错

11. 上行船过对口滩时，为能充分利用沱内缓流，一般多沿________一岸上驶。

A. 滩嘴较大　　B. 滩嘴较小
C. 河心　　D. 河岸一侧

12. 急流滩河段，下行船，原则上判断急流滩河岸水势高低，________一岸下行。

A. 挂高　　B. 深水
C. 主流　　D. 缓流

13. 山区河流，上行船舶航路选择应以主流为依据，沿程船位处于水势较高一侧的缓流区航行。

A. 对　　B. 错

14. 当急流滩下夹堰区扰动较弱，夹堰流带较宽时，上行船舶一般采用外穿里(循夹堰航法)方法进滩。

A. 对　　B. 错

15. 船舶________时，如向内侧用舵过猛、过多、转势过猛容易产生挖岸的危险。

A. 上行沿岸航行　　B. 下行离岸较近
C. 上行过急流滩嘴　　D. 下行过急流滩嘴

16. 船舶在滩嘴迎流上滩时，用舵过多，转势过猛，受披头水冲压而倒头撞于岸嘴称为________。

A. 吊钩　　B. 打抢
C. 打张　　D. 挖岸

17. 下行船舶，若发现有“吊钩打枪”的隐患，一般应采取加大车速，操外满舵调直船身措施。

A. 对　　B. 错

第八节　险槽河段

1. 以下说法错误的是________。

A. 弯、窄、浅险槽河段一般出现在洪水期的宽谷河段
B. 弯、窄、浅险槽河段有较强的横流

C. 弯、窄、浅险槽河段有时河面较宽阔

D. 弯、窄、浅险槽河段一般水位越低航槽越险

2. 关于弯、窄、浅险槽，下列说法正确的是________。

①河面有时较宽阔；②横流较弱；③水位越高，航槽越险

A. ①　　B. ②

C. ①③　　D. ①②

3. 山区河流中的“险槽”包括________险槽。

①弯、窄、浅；②滑梁；③流态恶劣；④急流滩

A. ①②④　　B. ①③④

C. ②③④　　D. ①②③

4. 弯、窄、浅险槽多产生于________河段内。

A. 枯水期的宽谷　　B. 枯水期的狭谷

C. 洪水期的宽谷　　D. 洪水期的狭谷

5. 弯、窄、浅险槽河段一般________，航槽越险。

A. 水位越高　　B. 水位急退

C. 水位越枯　　D. 水位急涨

6. 关于弯、窄、浅险槽的特点，下列说法错误的是________。

A. 一般出现在枯水期的宽谷河段

B. 水位越高，航槽越险

C. 河面有时较宽，但可供船舶航行的航道很窄

D. 流态复杂

7. 按水位划分，有弯、窄、浅险槽，航槽流态恶劣的险槽和滑梁险槽。

A. 对　　B. 错

8. 一般水位越枯，弯、浅、险槽越险，随着水位上升，险槽逐渐消失。

A. 对　　B. 错

9. 流态恶劣的险槽多出现于宽谷河段的________期和峡谷河段的________期。

A. 洪水；枯水　　B. 洪水；洪水

C. 枯水；枯水　　D. 枯水；洪水

10. 由于河床两岸石梁、河心石梁及孤石等淹没，其上不能过船，存在由河心指向岸边的横向分速水流，这样的险槽称为________险槽。

A. 弯、窄、浅　　B. 流态恶劣

C. 滑梁　　D. 急流滩

11. 滑梁险槽碍航最严重的时候是洪水期。

A. 对　　B. 错

12. 上行船过弯、窄、浅险槽应________。

①调顺船身；②减小与水流的夹角；③挂高

A. ①②　　B. ①③

C. ②③　　D. ①②③

13. 在弯、窄、浅险段引航中，下行船进槽前降速是安全通过的保证。

A. 对　　B. 错

14. 在弯、窄、浅险段引航中,上行船在过槽前应调顺船身减小与水流的夹角使船归位,进槽沿水势高的一边行驶。

A. 对　　B. 错

15. 无论单滑梁或双滑梁险槽,上、下行船舶航路基本一致。

A. 对　　B. 错

16. 无论单滑梁或双滑梁险槽,船舶航行均应避开滑梁水势弱的一侧,选择水势较高一侧航行。

A. 对　　B. 错

17. 航行于弯、窄、浅险槽难以解决的矛盾是:为了克服船舶偏转应加车助舵,为防止动吃水增加应减速。

A. 对　　B. 错

18. 下行船进弯、窄、浅险槽前________是关键。

①了解水深;②摆正船位;③观察流态

A. ①　　B. ②

C. ①③　　D. ②③

第九节　雷雨大风天引航

1. 就雷暴雨天气而言,从其对船舶安全航行的危害程度来看,一般在________危害最大。

A. 平原河流　　B. 山区河流

C. 海洋　　D. 水库

2. 船舶在航行中突遇雷雨大风天气时,下列安全措施错误的是________。

A. 不论重载还是空载,立即减速

B. 立即向船长报告

C. 必要时控速、停车,阶段性用车助舵调向

D. 密切注意周围船舶动态

3. 夏季的雷雨大风天气多出现在________。

A. 午后　　B. 凌晨

C. 早上　　D. 上午

4. 雷雨天来临时,应立即减速,并鸣放________声号。

A. 掉头　　B. 减速

C. 雾航　　D. 锚泊

5. 遇雷雨天气,以下说法正确的是________。

A. 立即减速抛锚　　B. 立即加车驶离雷雨区

C. 开启雷达,加强瞭望　　D. 一般不需要报告船长

6. 雷暴雨天气的主要特点有________。

①大风;②风向急转;③风暴持续时间较长;④较大降水;⑤电闪雷鸣

A. ①②③④⑤　　B. ①③④⑤

C. ①②④⑤　　D. ①②③④

7. 在港船舶防雷雨和大风，除做好航行船舶的各种预防措施外，还应________。

①服从当地海事管理机构和港口部门的指挥、调度；②已开舱装卸但港方已停止作业时，应迅速盖上舱盖并用帆布封盖好；③系泊船要加强系缆，缆绳易磨损处要做衬垫和包扎处理，船体与码头间要增添靠把；④锚泊船可适当加长锚链，必要时单锚泊船可改为抛双锚

A. ①②③　　B. ①③④

C. ②③④　　D. ①②③④

8. 雷暴雨天气的特点有________。

①常出现在春、夏季节；②持续时间长，预报难度大；③伴随着大风、强降雨，能见度极差；④有时会伴有冰雹

A. ①②③　　B. ②③④

C. ①②③④　　D. ①③④

9. 雷暴雨天气中的航行船舶最容易受外界因素影响的是船上的________助航设备。

A. 电子海图　　B. 雷达

C. 船舶自动识别系统　　D. 全球定位系统

10. 内河船在雷暴雨天气中，应________。

①制定灾害性天气的应急预案；②密切关注天气变化；③立即报告船长，备车、备锚；④加强瞭望，增加瞭望人员

A. ①②③④　　B. ①③④

C. ①②④　　D. ②③④

11. 内河船在雷暴雨天气中，应________。

①减速行驶；②开启航行灯；③按章鸣放雾号；④勤测船位

A. ①②③　　B. ②③④

C. ①③④　　D. ①②③④

12. 内河船在雷暴雨天气中，对雷达的使用，正确的是________。

①大小量程交替使用；②对雷达图像保持连续的观察；③要了解雷达受雨雪干扰的局限性；④对一些小物标有可能探测不到，要心中有数

A. ①②③　　B. ①②③④

C. ②③④　　D. ①③④

13. 内河船在雷暴雨天气中，应________。

①根据风向风力的大小选择好风压差角；②确保船舶航行在正确的航路上；③立即开往锚地抛锚；④服从海事管理机构指挥

A. ①②③　　B. ①②④

C. ①②③④　　D. ②③④

14. 雷暴雨天气对航行船舶的危害有________。

①使能见度严重不良；②使雷达失去了应有的作用；③使一些小功率、大吨位的船无法控制船位

A. ①②　　B. ①②③

C. ①③　　D. ②③

15. 夜间航行,接班人员应在交班人员________后,方能接班。
①交清航道情况、船舶动态;②摆正船位;③稳定航向;④减速;⑤备车
A. ①②③　　B. ①②③④
C. ①②③④⑤　　D. ③④⑤

16. 驾驶员在夜间引航前应做好的准备工作有________。
①熟知将要经过河段的航道情况;②熟记航向和航标;③熟知主要物标的位置、特征;④接班前应适应驾驶台光线环境;⑤喝酒提神
A. ①②③④　　B. ①②④⑤
C. ②③④⑤　　D. ①②③④⑤

17. 夜航中驾驶台正确使用灯光的措施有________。
①遮蔽有碍航行的灯光不使其外露;②采用弱光或闪光;③采用不耀眼的弱光;④加强驾驶台照明;⑤降低各种仪器面板亮度
A. ①②③④⑤　　B. ①③⑤
C. ②③④⑤　　D. ①②③⑤

18. 夜间航行中容易出现的问题是________。
①物标辨认不清;②容易产生视觉误差;③精神紧张、疲劳
A. ①②　　B. ①③
C. ②③　　D. ①②③

19. 下列关于夜航的说法错误的是________。
A. 在强的灯光照射下,首先发现光芒,然后才能看到实光
B. 远望时有色灯光可能误认为白色,有时则把白色看成红色
C. 习惯上以灯光明亮判断远近,这容易产生错觉
D. 沿江城镇光力都很强,十分耀眼,往往很容易看到实光

20. 船舶在夜间航行,熟记航向和航段内的标志配布,熟知物标的位置及特征,是夜航中________的重要依据。
①叫舵、转向;②校核船位;③校核航向
A. ①②　　B. ①③
C. ②③　　D. ①②③

21. 夜航中交接班时,应待交班人________后再接班。
①交清航道等情况;②摆正船位;③稳定航向
A. ①②　　B. ①③
C. ②③　　D. ①②③

22. 船舶在________河段夜航时,在不妨碍他船航行的情况下,可用探照灯助航。
①山区河流;②狭窄河道;③近岸航行
A. ①②　　B. ①③
C. ②③　　D. ①②③

23. 船舶夜航中,切忌在________会让船舶。
①急弯河段;②狭窄河段;③横流强的河段
A. ①②　　B. ①③

C. ②③　　D. ①②③

24. 夜间航行中避让他船时应________,统一会让意图,以便会让船舶双方安全互让。
①及早鸣笛;②显示避让方向的闪光灯;③加车行驶
A. ①②③　　B. ①③
C. ②③　　D. ①②

25. 在漆黑的夜晚,船舶近岸航行时,应及时抓住显著物标校正船位。
A. 对　　B. 错

26. 在山区河流航行的船舶,在黑夜中可开启两舷探照灯照清两岸岸形航行。
A. 对　　B. 错

27. 在漆黑的夜晚,近岸航行时,船首线略与岸线保持平行,并根据地形特征,及时转舵扬头,岸距应大于日间航行岸距。
A. 对　　B. 错

28. 船舶雾航时的措施包括________。
①按章鸣笛,通知机舱备车;②报请船长;③关闭驾驶台门窗;④充分利用助航仪器;⑤采用安全航速;⑥保持正规瞭望
A. ①②③④⑤⑥　　B. ①②③④⑤
C. ①②④⑤⑥　　D. ①②③⑤

29. 以下说法错误的是________。
A. 船舶在轻雾中航行可以适当抓住岸形,以便掌握船位
B. 船舶在雾中航行,应使用雷达连续观测
C. 雾航中根据雾号的强弱便可立即判断离岸距离的远近
D. 雾航时应通知机舱备车

30. 以下说法正确的是________。
A. 雾航时可以根据雾号声音的来向准确判断物标所在的方向
B. 雾航时船舶完全可以依靠雷达进行导航
C. 通常来讲,如果水域允许,对正横前方的船舶应立即大角度避让
D. 雾航中应加强测深

31. 船舶突遇浓雾,应采取的措施包括________。
①立即减速;②立即掉头;③立即抛锚;④报告船长;⑤开启雷达;⑥鸣放雾号
A. ①④⑤⑥　　B. ②④⑤⑥
C. ①③④⑤⑥　　D. ①②③④⑤⑥

32. 航行中船舶突遇浓雾,应立即________。
A. 抛锚扎雾　　B. 掉头转向
C. 减速航行　　D. 打开探照灯

33. 能见度不良时,船舶航行可以利用________,稳住航向,摆正船位,勤测勤算,做好应变的准备。
①岸形;②航标;③山头;④边滩;⑤岸嘴;⑥流态
A. ③④⑤⑥　　B. ①②③④
C. ①②③⑤　　D. ①②④⑤

34. 雾航中的主要措施有________。
①稳住航向;②摆正船位;③勤测,勤算;④增加吃水;⑤按章鸣笛;⑥减速航行
A. ①②③⑤⑥　　B. ②③④⑤⑥
C. ①②③④⑤　　D. ①③④⑤⑥
35. 船舶雾中锚泊后,值班人员应注意四周环境及他船动态,并鸣放雾号。
A. 对　　B. 错
36. 船舶雾航时,应利用一切有效手段保持正规瞭望,具体体现在________。
①瞭望时一定要保持在能获得瞭望效果的最佳位置;②坚持利用一切可利用的手段全方位、不间断瞭望;③正确使用各种助航仪器,并要了解各种仪器的局限性、使用特点;④要及早发现来船和获取一切有碍航行的信息
A. ①③④　　B. ①②③④
C. ①②④　　D. ①②③
37. 船舶在雾中航行,下列说法错误的是________。
A. 驾驶员应根据各河段的航道情况、雾的级别、船舶上行或下行决定是否航行或锚泊
B. 下行船雾中安全操作的难度比上行船大
C. 在条件复杂、雾多发地区,即使是轻雾也应认真对待,不可冒险航行
D. 在平常河流,上行船沿浅水坡岸航行,更有利于抓点稳船
38. 船舶遇雾应减速行驶,按章鸣笛,并报请________,同时通知机舱________。
A. 船长;停车　　B. 船长;备车
C. 大副;完车　　D. 公司;备车
39. 在雾中航行,抓________比抓浮标容易。
A. 主流　　B. 岸形
C. 物标　　D. 缓流
40. 湖泊的航行条件,主要体现在________。
①湖泊水面一般较河流水面宽阔;②湖泊流速缓慢;③难以确定流向;④湖泊的滨湖地区,常有许多串沟,可选作沿岸航道用;⑤湖泊受风浪影响较小
A. ①②③④⑤　　B. ②③④⑤
C. ①③④⑤　　D. ①②③④
41. 船舶在湖泊中航行的有利因素是________。(只考三类)
A. 湖泊水面宽阔,难以定位　　B. 湖泊流速缓慢,难以确定流向
C. 过流湖淤积严重,浅区多　　D. 湖泊的滨湖地区,常有许多串沟
42. 船舶在湖泊、水库中航行时,常可分成________两条航路。
A. 缓流航路和急流航路　　B. 近程航路和沿岸航路
C. 短捷航路和迂回航路　　D. 逆流航路和顺流航路
43. 运河航行时通常会遇到________现象。
①岸推;②岸吸;③赶浪;④船吸
A. ①②④　　B. ①②③④
C. ②③④　　D. ①③④
44. 在宽度、水深均有限的运河中,会让船舶要谨慎,须减速并用舵防止偏转,其原因

是________。

A. 防止船吸　　B. 防止浪损

C. 防止岸吸　　D. 防止岸推

45. 岸推与岸吸现象显著是运河航行的不足之处。

A. 对　　B. 错

第一节　顺直河段

1.B　2.A　3.A　4.A　5.B　6.D　7.D　8.D　9.D　10.A
11.A

第二节　弯曲河段

1.B　2.B　3.D　4.B　5.D　6.D　7.B　8.D　9.B　10.A
11.C　12.A　13.B　14.B　15.A　16.B　17.B　18.B　19.A　20.A
21.B

第三节　浅滩河段

1.B　2.A　3.C　4.B　5.A　6.C　7.A　8.C　9.A　10.B
11.B　12.A　13.B　14.A　15.A　16.A　17.A　18.B　19.A　20.B

第四节　桥区河段

1.A　2.A　3.B　4.D　5.A　6.A　7.A　8.D　9.D　10.B
11.A　12.A　13.A　14.B

第五节　河口河段

1.A　2.A　3.B　4.A　5.A　6.A　7.C　8.A　9.A　10.B

第六节　船闸河段

1.D　2.A　3.B　4.C　5.D　6.D　7.C　8.D　9.D　10.C
11.A

第七节　急流滩河段

1.C	2.B	3.D	4.D	5.A	6.B	7.C	8.C	9.C	10.A
11.A	12.A	13.A	14.A	15.C	16.D	17.A			

第八节　险槽河段

1.A	2.A	3.D	4.A	5.C	6.B	7.B	8.A	9.D	10.C
11.B	12.D	13.B	14.A	15.A	16.B	17.A	18.B		

第九节　雷雨大风天引航

1.B	2.A	3.A	4.C	5.C	6.C	7.D	8.D	9.B	10.A
11.D	12.B	13.B	14.C	15.A	16.A	17.B	18.D	19.D	20.D
21.D	22.D	23.D	24.D	25.A	26.A	27.A	28.C	29.C	30.D
31.A	32.C	33.C	34.A	35.A	36.B	37.D	38.B	39.B	40.D
41.D	42.B	43.A	44.A	45.A					

第十章　舵设备及其运用

第一节　舵设备的组成

1. 螺旋桨设备是船舶在航行过程中保持航向和改变航向的主要设备。
   A. 对　　B. 错
2. 舵机和转舵装置，一般安装在________。
   A. 艏尖舱内　　B. 艉尖舱内
   C. 驾驶室内　　D. 船尾舵机室内
3. 舵设备是船舶在航行过程中保持航向和改变航向的主要设备。
   A. 对　　B. 错
4. 船舶在航行中，保持航向或改变航向，主要是依靠舵来实现的。
   A. 对　　B. 错
5. 舵设备可用来协助船舶制动。
   A. 对　　B. 错
6. 舵角限位器是为了防止________。
   A. 操舵时的实际舵角太大　　B. 操舵时的有效舵角太大
   C. 实际舵角超过最大有效舵角　　D. 实操舵角超过有效舵角
7. 舵设备是操纵船舶的主要设备之一。
   A. 对　　B. 错

第二节　舵的种类及特点

1. 在舵的分类中，按舵叶剖面形状可将舵分为________两类。
   A. 流线型舵和平板舵　　B. 平衡舵和不平衡舵
   C. 悬挂舵和半悬挂舵　　D. 叶面舵和平板舵
2. 流线型平衡舵的优点主要体现在________。
   A. 舵面积宽阔，舵压力大　　B. 阻力小，舵效高
   C. 操作可靠，舵角范围大　　D. 密封性能高，转动灵活
3. 目前内河大型船舶上普遍使用的舵为________。
   A. 平衡舵　　B. 流线型平衡舵
   C. 流线型舵　　D. 平板舵

第三节　操舵装置的种类与特点

1. 内河小型船舶的应急操舵装置可由________。
   A. 动力操纵　　B. 电力操纵
   C. 人力操纵　　D. 柴油机操纵

第四节　舵压力及其影响因素

1. 舵速指的是________。
   A. 航速　　B. 船速
   C. 舵叶对水速度　　D. 舵叶的转动速度
2. 操舵后，舵力对船舶运动产生的影响，下面说法错误的是________。
   A. 使船产生艉倾　　B. 使船速降低
   C. 使船发生偏转　　D. 使船横倾
3. 操舵后，舵压力对船舶运动产生的影响，下面说法错误的是________。
   A. 使船漂移　　B. 使船降速
   C. 使船横倾　　D. 使船速增大
4. 舵压力转船力矩是舵压力与舵压力作用中心至船舶________垂直距离的乘积。
   A. 重心　　B. 转心
   C. 浮心　　D. 漂心
5. 航行中船舶舵压力的转船力矩，其作用支点是________。
   A. 重心　　B. 转心
   C. 浮心　　D. 系泊点
6. 船舶系泊时舵压力的转船力矩，其作用支点是________。
   A. 重心　　B. 转心
   C. 浮心　　D. 系泊点
7. 航行中的船舶，提高舵压力转船力矩的措施包括________。
   A. 提高舵速　　B. 增大舵角
   C. 提高舵速和减小舵角　　D. 增大舵角和提高舵速
8. 在影响舵压力的诸因素中，________对舵压力的影响最大。
   A. 舵面积　　B. 舵叶对水相对速度和舵角
   C. 舵角　　D. 舵叶的展弦比
9. 舵设备中舵的作用是承受水的作用力，以产生________。
   A. 舵力　　B. 舵效
   C. 功率　　D. 转船力矩
10. 关于水流对舵压力、舵效的影响，下列说法正确的是________。
   A. 逆流或顺流航行时，舵压力一样大　　B. 逆流舵压力大
   C. 顺流舵压力大　　D. 顺流的舵效比逆流的舵效好

11. 在静水船速和流速不变时,舵角相同的情况下,舵压力和舵效的情况是________。
    A. 逆流时,舵压力比顺流大,舵效比顺流好
    B. 逆流时,舵压力比顺流大,舵效比顺流差
    C. 逆流时,舵压力与顺流相同,舵效比顺流好
    D. 逆流时,舵压力与顺流相同,舵效比顺流差
12. 在流速和舵角相同时,水流对舵压力和舵压力转船力矩的影响是________。
    A. 逆流和顺流时,舵压力和舵压力转船力矩一样大
    B. 顺流舵压力大,舵压力转船力矩也大
    C. 逆流舵压力大,舵压力转船力矩也大
    D. 逆流和顺流时,舵压力和舵压力转船力矩无法比较
13. 船舶后退时,舵叶对水速度小,舵叶压力________,舵压力转船力矩________。
    A. 增大;增大　　B. 增大;减小
    C. 减小;增大　　D. 减小;减小

第五节　舵效及其影响因素

1. 舵角的大小,影响舵效,一般来说,________舵效越好。
   A. 舵角越大　　B. 舵角越小
   C. 舵角在某个极限值内,舵角越大　　D. 舵角达到90°时
2. 同一船舶一般在________情况下舵效最好。
   A. 上水　　B. 下水
   C. 平水　　D. 横流
3. 同一满载船舶,________情况下舵效最好。
   A. 平吃水　　B. 适当艏倾
   C. 适当艉倾　　D. 横倾
4. 在受限水域,用“以车助舵”提高舵效,通常是在船速________时,通过________主机转速的方法来实现的。
   A. 较低;降低　　B. 较高;降低
   C. 较低;提高　　D. 较高;提高
5. 内河船员所谓的“以车助舵”是指________。
   A. 提高船速
   B. 缩小转舵时间
   C. 在船速较低时短时间内提高主机转速,增加舵效
   D. 增大舵角
6. 船舶满载时,船舶的排水量越大,其转动惯量________,舵效________。
   A. 越大;越好　　B. 越小;越好
   C. 越大;越差　　D. 越小;越差
7. 影响船舶舵效的因素包括________。

①转舵时间;②舵角;③舵叶对水速度;④船体水下侧面积

A. ①②④　　B. ②③④

C. ①②③④　　D. ①②③

8. 驾驶员通常所说的船舶舵效好指的是________。

A. 船舶能在较短时间内、较小水域内船首转过较大角度

B. 船舶能在较短时间内、较大水域内船首转过较大角度

C. 船舶能在较长时间内、较大水域内船首转过较大角度

D. 船舶能在较长时间内、较小水域内船首转过较大角度

9. 对于同一艘船舶,________情况舵效最好。

A. 船首水下侧面积分布多　　B. 适量的艏倾

C. 适量的艉倾　　D. 船尾水下侧面积分布少

10. 风、流、污底及浅水对船舶舵效的影响是________。

①浅水中航行舵效较深水中变差;②船舶污底严重舵效变差;③急流中航行,逆流舵效比顺流好,常流舵效比乱流好;④风中航行,满载舵效比轻载好

A. ①②③　　B. ①②③④

C. ②③④　　D. ①③④

11. 对同一船而言,下述错误的是________。

A. 进车比倒车舵效好　　B. 吃水越大舵效越好

C. 深水比浅水舵效好　　D. 顶流时舵效比顺流时好

第六节　操舵与舵令

1. 内河船舶的舵角校正中,"对三针"是指________。

①舵角指示器;②舵机控制机构;③舵柄

A. ①②　　B. ①③

C. ①②③　　D. ②③

2. 内河船舶驾驶操作人员应注意做好液压操舵装置开航前的准备工作,主要包括________等几项内容。

①将舵置于正舵位置;②关闭旁通阀,拉开舵轮座上的制动销,进行活舵;③校对舵角;④更换舵机油

A. ①②③④　　B. ①②③

C. ①②④　　D. ①③

3. 当操舵者所操舵舵角过大,船首偏转过快时,应采取________的操纵方法,减小船首的偏转角速度。

A. 稳舵　　B. 减速、回舵

C. 满舵　　D. 中舵

4. 当接到驾驶员变换航向口令时,应根据变更航向幅度的大小和航速的快慢,来决定操舵角的大小,当________时,可用小舵角。

A. 航向变动幅度小,航速快 B. 航向变动幅度小,航速慢
C. 航向变动幅度大,航速快 D. 航向变动幅度大,航速慢

5. 所需操舵舵角较小,从而使船首缓慢偏转的舵令是________。
A. 左(右)微舵 B. 左(右)舵
C. 左(右)满舵 D. 中(正)舵

6. 要求将转动着的船首迅速稳定在下达舵令时所要求的航向上操舵,称为________。
A. 稳舵 B. 回舵
C. 左舵 D. 右舵

7. 操舵中指令"稳舵"的含义是指________。
A. 回到中舵 B. 回到较小舵角减缓偏转
C. 回到正舵抑制偏转 D. 稳定航向

8. 稳舵就是迅速将舵角置于0°位置。
A. 对 B. 错

9. 回舵是减小舵角,以减缓船首偏转的速度。
A. 对 B. 错

10. 回舵是指舵轮回到正舵位置。
A. 对 B. 错

11. 船舶驾驶人员可以下达的按舵角操舵的舵令包括________。
A. 左(右)微舵、左(右)舵、左(右)满舵、正舵
B. 左(右)慢舵、左(右)中舵、左(右)快舵、正舵
C. 左(右)小舵、左(右)中舵、左(右)大舵、正舵
D. 左(右)微舵、左(右)转舵、左(右)满舵、正舵

12. 要提高操舵技能,不仅要了解舵令、操舵的基本方法和技巧,更要了解________。
A. 人性、浮性和水性 B. 稳性、船性和水性
C. 人性、船性和操纵性 D. 人性、船性和水性

13. 为了提高操舵技能,操舵者应了解"船性","船性"的含义是________。
A. 本船的舵效、舵性、操纵性,以及驾驶员操纵船舶的技术等
B. 本船的舵效、舵性、操纵性,以及水流状况
C. 本船的舵效、舵性、操纵性,以及船舶的航行性能等
D. 本船的舵效、舵性、操纵性,以及驾驶员的性格、心理素质等

14. 满载大型船在进行操纵转向时,一般宜________。
A. 晚用舵,晚回舵,用小舵角 B. 早用舵,早回舵,用大舵角
C. 早用舵,晚回舵,用小舵角 D. 晚用舵,早回舵,用大舵角

15. 操舵者应熟悉本船操舵装置的转换开关,当主操舵系统发生故障时能迅速地转换备用舵或应急舵。
A. 对 B. 错

16. 船舶在靠、离码头时,操舵者应按船长指令操舵,并随时报告当时舵角所在位置。
A. 对 B. 错

参考答案

第一节　舵设备的组成

1.B　2.D　3.A　4.A　5.A　6.D　7.A

第二节　舵的种类及特点

1.A　2.B　3.B

第三节　操舵装置的种类与特点

1.C

第四节　舵压力及其影响因素

1.C　2.A　3.D　4.A　5.A　6.D　7.D　8.B　9.D　10.A
11.C　12.A　13.D

第五节　舵效及其影响因素

1.C　2.A　3.C　4.C　5.C　6.C　7.C　8.A　9.C　10.B
11.B

第六节　操舵与舵令

1.C　2.B　3.B　4.A　5.A　6.A　7.D　8.B　9.A　10.B
11.A　12.D　13.C　14.B　15.A　16.A

第十一章　螺旋桨及其运用

第一节　船舶阻力

1. 船体表面应尽可能光顺，以减少________。

A. 航行时的船体受风面积　　B. 航行时的船体摇荡

C. 航行时的船体起伏　　D. 航行时的船体阻力

第二节　螺旋桨推力

1. 吃水深或重载的船舶最明显的特征是________。

A. 螺旋桨推进效率降低　　B. 螺旋桨水面效应横向力减小

C. 应舵时间短、舵效好　　D. 旋回直径较小，旋回性能较好

2. 右旋单桨船进车时，水面效应横向力推船尾向右偏转。

A. 对　　B. 错

3. 右旋单桨船进车时，水面效应横向力推船尾向左偏转。

A. 对　　B. 错

4. 右旋单桨船倒车时，水面效应横向力推船尾向右偏转。

A. 对　　B. 错

5. 左旋单桨船进车时，水面效应横向力推船首向左偏转。

A. 对　　B. 错

6. 螺旋桨尾流（排出流）的特点是________。

A. 流速较快，水流线几乎平行　　B. 流速较慢，水流线几乎平行

C. 流速较快，水流线旋转　　D. 流速较慢，水流线旋转

7. 右旋单桨单舵船，正舵进车启动时，船首________。

A. 向右偏　　B. 向左偏

C. 不偏　　D. 偏向不定

第三节　双螺旋桨船推力偏心效应横向力

1. 前进中的双车船，采取________操纵方法，才能使船舶向右旋回圈最小。

A. 右满舵，左车和右车全速进车

B. 右满舵，右车停车，左车全速进车

C. 右满舵，左车全速倒车，右车全速进车

D. 右满舵，右车全速倒车，左车全速进车

2. 对于双桨双舵船而言，采取________的操纵方法，可以减小旋回所需的水域。
   A. 一正车一倒车，操舵　　B. 双进车操舵
   C. 一正车一倒车　　D. 一车进一车停，操舵
3. 外旋式双车船左、右两个螺旋桨的类型属于________。
   A. 左车是右旋车，右车是左旋车　　B. 左车是左旋车，右车是右旋车
   C. 左车是左旋车，右车是左旋车　　D. 左车是右旋车，右车是右旋车
4. 内旋式双车船左、右两个螺旋桨的类型属于________。
   A. 左车是右旋车，右车是左旋车　　B. 左车是左旋车，右车是右旋车
   C. 左车是左旋车，右车是左旋车　　D. 左车是右旋车，右车是右旋车

第四节　双螺旋桨船与单螺旋桨船的优缺点

1. 双螺旋桨船与单螺旋桨船相比，具有________的优点。
   ①应急能力强；②航向稳定性好；③旋回性能好
   A. ②③　　B. ①③
   C. ①②　　D. ①②③
2. 当双螺旋桨船两螺旋桨以相同的工况工作时，比单螺旋桨船具有更好的________；以不同的工况工作时，比单螺旋桨船具有更好的________。
   A. 航向稳定性；旋回性　　B. 航向稳定性；追随性
   C. 旋回性；航向稳定性　　D. 追随性；航向稳定性

参考答案

第一节　船舶阻力

1.D

第二节　螺旋桨推力

1.B　2.A　3.B　4.B　5.B　6.C　7.B

第三节　双螺旋桨船推力偏心效应横向力

1.D　2.A　3.B　4.A

第四节　双螺旋桨船与单螺旋桨船的优缺点

1.D　2.A

第十二章　锚设备

第一节　锚设备的组成

1. 锚设备是由________组成的。
   A. 锚链、锚机
   B. 锚、锚链、锚机、导链滚轮
   C. 锚、锚链、锚机、制链器、离合器
   D. 锚、锚链、锚链筒、制链器、锚机、锚链管、弃链器等
2. 锚链管上口设有盖，其目的是________。
   ①保证人员安全；②防止水进入锚链舱；③防止杂物进入锚链舱
   A. ①②　　B. ①③
   C. ②③　　D. ①②③
3. 锚链主要用来连接锚和船体，传递锚的抓力。
   A. 对　　B. 错
4. 内河船舶的锚机是抛、起锚的机械装置，也可兼作绞缆之用。
   A. 对　　B. 错
5. 锚链管一般垂直安装在锚链舱顶部中央，以利锚链自由进出锚链舱。
   A. 对　　B. 错
6. 船舶锚泊时为了保护锚机，常常将制链器刹紧以避免锚机直接受力。
   A. 对　　B. 错
7. 在锚设备各组成部分中，锚泊时用以刹紧锚链，将锚链的拉力传递到船体，不使锚机受力，从而保护锚机的部件是________。
   A. 锚机　　B. 刹车
   C. 弃链器　　D. 制链器
8. 锚设备的主要作用是________。
   ①锚泊时系留船舶；②船掉头必要时，可抛锚带头；③急流中靠泊时，抛“拎水锚”可减小靠泊船趸船负荷；④紧急制动
   A. ①②③④　　B. ①②④
   C. ①②③　　D. ①
9. 锚链附属设备中弃链器的作用是________。
   A. 使末端锚链固定　　B. 使末端锚链不乱
   C. 在紧急情况下能迅速解脱锚链　　D. 便于锚链拆修
10. 制链器的主要作用是________。

①承受锚的负荷;②承受锚链的负荷;③保护锚机

A. ①②　　B. ①③

C. ②③　　D. ①②③

11. 锚泊时用制链器刹紧锚链,将锚链的拉力传递到船体,不使锚机受力,从而保护锚机。

A. 对　　B. 错

12. 船舶锚泊时为了保护制链器,常常将制链器打开以避免受力。

A. 对　　B. 错

13. 卧式锚机也称作绞盘,它的动力部分设在甲板下面,以节省甲板面积。

A. 对　　B. 错

14. 锚设备的作用可以分为________三方面。

A. 停泊用锚、操纵用锚、抛锚掉头　　B. 靠离用锚、操纵用锚、应急用锚

C. 停泊用锚、操纵用锚、应急用锚　　D. 停泊用锚、制动用锚、应急用锚

15. 抛锚制动是指用锚设备控制船舶速度和冲程。

A. 对　　B. 错

16. ________不属于操纵用锚。

A. 抛锚制动　　B. 抛锚靠离泊

C. 抛锚扎雾　　D. 抛锚掉头

17. 船舶应急用锚不包括________。

A. 为避免碰撞或触礁、搁浅,在全速倒车或满舵旋回时,同时抛锚制动

B. 为避大风或扎雾抛锚待航

C. 大风浪中拖锚或拖锚链漂航或滞航

D. 搁浅后抛开锚固定船体及脱浅

18. 锚设备按其用途可分为________。

①停泊用锚;②操纵用锚;③应急用锚

A. ①②　　B. ②③

C. ①②③　　D. ①③

19. 内河船操纵用锚主要有________。

①抛锚制动;②抛锚靠离码头;③抛锚掉头;④拖锚倒行

A. ①②③④　　B. ①②③

C. ①③④　　D. ②③④

20. 应急用锚包括________。

①避免船舶发生碰撞、触礁、搁浅;②船舶搁浅时固定船体和协助脱浅;③协助掉头

A. ②③　　B. ①③

C. ①②　　D. ①②③

21. 内河船在使用倒车结合抛锚制动时,主要有________的作用。

①控制船速;②减小冲程;③抑制船首偏转

A. ①②　　B. ②③

C. ①③　　D. ①②③

第二节　锚的种类与特点

1. 下列锚中被广泛用作首锚的是________。

A. 霍尔锚　　B. 海军锚

C. 大抓力锚　　D. 特种锚

2. 适合于工程船的锚是________。

A. 无杆锚　　B. 有杆锚

C. 大抓力锚　　D. 特种锚

第三节　锚链的组成与标记

1. 在锚链末端链节的末端和锚端链节的前端都装有转环,目的是________。

A. 防止锚链产生跳动　　B. 防止锚链卡孔

C. 防止锚链发生过分扭绞　　D. 增加锚链局部强度

2. 锚链的锚端链节和末端链节中的转环环栓朝向________。

A. 锚　　B. 船内

C. 锚链中央　　D. 锚机

3. 锚链末端链节与锚端链节基本相同,目的是________。

A. 便于制作　　B. 便于做标记

C. 便于与中间链节相连　　D. 便于调换使用

4. 锚链的长度以节为单位。

A. 对　　B. 错

5. 锚链的规格常用链节中普通链环的直径来表示。

A. 对　　B. 错

6. 有挡链环锚链比无挡链环锚链强度大,但容易绞扭,通过链轮时工作可靠性较差。

A. 对　　B. 错

7. 锚链只在连接锚的一端装设一个转环,以便于起锚。

A. 对　　B. 错

8. 内河大中型船舶均使用有挡锚链,主要原因是________。

①有挡锚链强度大;②有挡锚链伸长变形小;③锚链不易发生绞扭;④制造工艺简单

A. ①②③④　　B. ①②③

C. ①②　　D. ③④

9. 锚链长度以节为单位,每节锚链的长度为________。

A. 20 m　　B. 27.5 m

C. 30 m　　D. 32.5 m

10. 在锚链的链节标志中,________可涂红或黄等醒目的标志,作为预示锚链即将至________的危险信号。

A. 最后一至二节;末端　　B. 最前一节;出水
C. 最后一节;断裂　　D. 中间一节;末端

11. 锚链中连接链环(或连接卸扣)的主要作用是________。
A. 增加锚链的强度
B. 便于锚链拆解
C. 便于节与节之间区别
D. 抛锚后,制链器卡在连接卸扣(或连接链环)上

12. 最后一至二节锚链大都涂上红色或黄色等醒目油漆标记的目的是________。
A. 防锈　　B. 美观
C. 便于操作　　D. 警惕有丢锚危险

13. 锚和锚链的配备只与船舶大小有关,与船舶舾装数无关。
A. 对　　B. 错

第四节　锚泊力及影响因素

1. 一般情况下,河船利用锚设备控制航速时,出链长度宜为水深的________倍。
A. 1.5　　B. 2.5
C. 3　　D. 5

2. 锚泊是指利用锚和锚链的系留力,使船安全停泊的方法。
A. 对　　B. 错

3. 单锚泊时,锚的总抓力是________。
①锚爪抓力;②卧底锚链与河床底的摩擦力;③悬垂锚链的重力;④锚爪的重量
A. ①　　B. ①②
C. ①②③　　D. ①②③④

4. 船舶停泊抛锚,是靠________把船停住。
A. 锚的抓力　　B. 锚链的抓力
C. 锚抓力和链抓力　　D. 锚的重力

5. 对链抓力起到作用的是________。
A. 入水锚链　　B. 平卧水底的锚链
C. 悬垂水中的锚链　　D. 出舱锚链

6. 搁浅用锚,一般用锚链________。
A. 尽量短　　B. 尽量长
C. 根据水深估算　　D. 根据风流估算

7. 锚泊系留力等于锚重加上锚的抓力。
A. 对　　B. 错

8. 锚抓力用于抵抗船舶在锚泊时所受的外力,如风、流、浪对船舶的冲击力。
A. 对　　B. 错

9. 船舶用同一种方法锚泊,影响锚抓力的因素,下述错误的是________。

A. 水深越大,抓力越大　　B. 出链长度越长,抓力越大

C. 锚越重,抓力越大　　D. 泥沙底质比卵、砾石底质抓力大

10. 单锚泊船的出链长度,应根据锚地的实际情况而定,在________的情况下,出链长度也应相应增长。

①风速增大;②流速较大;③水深较浅;④河床底质较差

A. ①②③　　B. ①③④

C. ①②③④　　D. ①②④

11. 操纵用锚的出链长度,下述错误的是________。

A. 抛锚制动时一次出链不可太多,以 1.5 倍水深为宜,待锚抓牢再松链使船停住

B. 顺流抛锚掉头,若航速较大,松链先短些,约为水深 1.5 倍长时刹住,待船速减慢后再松链让锚抓牢

C. 靠泊用锚,出链长度以不超过 1 节为宜,以便靠妥后绞起

D. 搁浅用锚,锚链或钢缆都应尽可能短一些,以便固定船身防止向岸漂移和脱浅

12. 影响锚爪的抓力的因素有________。

①锚型、锚重;②链长;③抛锚方法;④水深、底质和水底地形

A. ①③④　　B. ②③④

C. ①②③　　D. ①②③④

13. 锚泊力是由________组成的。

A. 锚的抓驻力

B. 锚链与河底的摩擦力

C. 悬垂锚链与卧底锚链的合力

D. 锚的抓驻力和锚链与河底的摩擦力的合力

14. 锚链的抓力是由________产生的。

A. 悬垂锚链　　B. 卧底锚链

C. 悬垂锚链和卧底锚链　　D. 卧底锚链与河底的摩擦

15. 锚的抓力是由________决定的。

①锚型、锚重和抛锚方法;②海底底质、地形和水深;③船舶排水量;④出链长度

A. ①②③④　　B. ①②③

C. ②③④　　D. ①②④

16. 单锚泊的船舶,锚链中有一段悬垂链长,这一段链长有________的作用。

A. 保证有足够的锚抓力

B. 抑制船舶偏荡

C. 保证锚充分发挥最大抓力和缓冲作用在船体上的外力

D. 稳定船首,防止打横

17. 内河船抛锚制动时,一般的出链长度是________水深。

A. 1 倍　　B. 1.5 倍

C. 2.0 倍　　D. 0.5 倍

参考答案

第一节　锚设备的组成

1.D　2.D　3.A　4.A　5.A　6.A　7.D　8.A　9.C　10.D
11.A　12.B　13.B　14.C　15.A　16.C　17.B　18.C　19.A　20.C
21.D

第二节　锚的种类与特点

1.A　2.C

第三节　锚链的组成与标记

1.C　2.C　3.D　4.A　5.A　6.B　7.B　8.B　9.B　10.A
11.B　12.D　13.B

第四节　锚泊力及影响因素

1.A　2.A　3.B　4.C　5.B　6.B　7.B　8.A　9.A　10.D
11.D　12.D　13.D　14.D　15.D　16.C　17.B

第十三章 系缆种类与作用

第一节 缆绳种类与特点

1. 在六股钢丝绳中间加一根油麻绳，每股中间也加有油麻绳的是________。
   A. 钢丝绳　　B. 硬钢丝绳
   C. 半硬钢丝绳　　D. 软钢丝绳
2. 钢丝绳的大小主要用________来表示。
   A. 最大直径　　B. 最大周长
   C. 每捆长度　　D. 每捆重量
3. 钢丝绳 6×24+7 中“7”的含义是________。
   A. 7 股钢丝绳　　B. 7 根钢丝绳
   C. 7 根油麻芯　　D. 每股有 7 根钢丝
4. 常用的型号为 6×19+1、6×37+1 等的钢丝绳属半硬钢丝绳。
   A. 对　　B. 错
5. 船用钢丝绳通常按照股内钢丝的粗细和油麻芯的多少不同，分为________。
   ①硬钢丝绳；②半硬钢丝绳；③软钢丝绳；④粗钢丝绳；⑤细钢丝绳
   A. ①②③④⑤　　B. ①②③
   C. ②③④　　D. ③④⑤
6. 船舶拖缆和起重用缆等不能使用钢丝绳。
   A. 对　　B. 错

第二节 系缆名称与作用

1. 艏缆的主要作用是________。
   A. 使船舶不随水流下移并使船首贴靠码头
   B. 防止船舶向前移动，抵抗来自船尾的风动力和水动力的作用
   C. 当采用开尾法驶离码头时，该缆是关键的系缆
   D. 防止船身向外移动
2. 船舶靠泊时，防止船舶向前移动，并抵抗来自船尾的风动力和水动力作用的系缆是________。
   A. 艏缆　　B. 艉缆
   C. 艉倒缆　　D. 横缆
3. 河船驶靠码头，横缆的主要作用是防止船舶________。

A. 前移　　B. 后移

C. 外移　　D. 内移

4. 艉倒缆除了防止船身后退外，当采用坐缆驶离时，该缆是关键的系缆。

A. 对　　B. 错

5. 河船驶靠码头，艏缆的主要作用是防止船舶后移和船首外扬。

A. 对　　B. 错

6. 船舶靠码头时，艉缆的作用是不使船舶后移。

A. 对　　B. 错

7. 船舶靠码头时，前、后横缆的作用是不使船首、尾外张。

A. 对　　B. 错

8. 船舶靠码头时，艉倒缆的作用是不使船舶前移。

A. 对　　B. 错

9. 系缆在船舶操纵中的作用包括________。

①控制船舶的前后运动；②控制船舶靠离泊位的横移速度；③使船首或船尾贴拢或离开码头；④配合车舵的运用

A. ①②④　　B. ①③④

C. ①②③　　D. ①②③④

10. 内河船舶驶靠码头，尾缆的主要作用是防止船舶________。

A. 前移　　B. 后移

C. 外移　　D. 内移

11. 系浮筒用缆包括________。

A. 单头缆、回头缆、艉缆、横缆　　B. 回头缆、艉缆、横缆

C. 单头缆、回头缆　　D. 单头缆、艉缆、横缆

12. 系缆在船舶操纵中的作用主要包括________。

①控制船舶的前后运动；②控制船舶靠拢泊位的横移速度；③使船舶安全地系靠在泊位；④使船首或船尾贴拢或者离开码头

A. ①②③　　B. ①②④

C. ①②③④　　D. ①③④

13. 可防止船舶向前移动的系缆有________。

①艏缆；②艉缆；③艏倒缆；④艏横缆

A. ①④　　B. ②③

C. ③④　　D. ②④

14. 内河船停泊时，用缆应注意的是________。

①保持各缆绳均匀受力；②缆绳与各导缆孔之间的摩擦部位要包扎衬垫；③艏艉系缆与船舶艏艉线的夹角不宜过大；④各系缆与水平面的夹角应尽量小

A. ①②③④　　B. ①②③

C. ②③④　　D. ①②④

15. 内河船在靠码头时，艏倒缆的作用是________。

A. 使船首靠拢，控制船身前移　　B. 使船首靠拢，控制船身后移

C. 使船首外移，控制船身前移　　D. 使船首外移，控制船身后移

参考答案

第一节　缆绳种类与特点

1.D　2.A　3.C　4.A　5.B　6.B

第二节　系缆名称与作用

1.A　2.B　3.C　4.A　5.A　6.B　7.A　8.B　9.D　10.A
11.C　12.C　13.B　14.A　15.A

第十四章　船舶操纵性能及影响因素

第一节　船舶变速性能

1. 船舶驾驶员掌握本船的冲程，就能在实际操船中，较为准确地把握________。
   A. 用车时机　　B. 用舵时间
   C. 抛锚时机　　D. 掉头时机
2. 船舶在深水航道中航行的停车冲程________在浅水航道中航行的停车冲程。
   A. 大于　　B. 小于
   C. 等于　　D. 有时大于，有时小于
3. 关于冲程，下列说法正确的是________。
   A. 船舶满载比轻载的冲程要短
   B. 同一船舶航行在深水中比在浅水中冲程要短
   C. 船舶顺风、顺流航行时，冲程增大
   D. 船舶污底越严重，相应冲程越大
4. 船舶冲程包括停车冲程和倒车冲程。
   A. 对　　B. 错
5. 船舶由全速前进改为全速倒车时的船舶的冲程，称为________，它是操纵船舶的重要数据。
   A. 停车冲程　　B. 倒车冲程
   C. 最短停船距离　　D. 最小冲程
6. 船舶的最小冲程是________。
   A. 船舶由全速前进改为停车时的船舶冲程
   B. 船舶由半速前进改为停车时的船舶冲程
   C. 船舶由半速前进改为全速快倒车时的船舶冲程
   D. 船舶由全速前进改为全速快倒车时的船舶冲程
7. 用船舶冲程和冲时来衡量船舶的________。
   A. 制动性能　　B. 启动性能
   C. 航向稳定性　　D. 保向性
8. 影响船舶冲程的因素有________。
   ①船舶排水量；②船速；③船舶主机倒车功率及类型；④船型及外界因素
   A. ①②③　　B. ①②③④
   C. ②③④　　D. ①③④
9. 关于船舶冲程，下列说法正确的是________。

①在船速一定时，排水量越大，冲程越大；②其他条件一定时，船速越大，冲程越大；③船舶主机倒车功率大，倒车冲程就小；④其他条件相同时，方形系数大的船，停船冲程就小

A. ①②③　　B. ②③④

C. ①②④　　D. ①②③④

10. 下列说法正确的是________。

A. 船舶顺风、顺流航行时冲程增大，反之减小

B. 在浅水中航行的船舶，其冲程较深水中大

C. 船体污底严重，船舶阻力增加，船舶冲程相应增大

D. 船舶主机换向时间越短，倒车冲程越大

11. 下列说法正确的是________。

A. 船舶顺风、顺流航行时冲程增大，反之减小

B. 在浅水中航行的船舶，其冲程较深水中小

C. 船体污底严重，船舶阻力增加，船舶冲程相应减小

D. 船舶主机换向时间越短，倒车冲程越大

12. 在其他条件相同的情况下，船舶倒车冲程与排水量和船速有关，________。

A. 排水量越大，船速越小，倒车冲程越大

B. 排水量越大，船速越大，倒车冲程越大

C. 排水量越小，船速越小，倒车冲程越大

D. 排水量越小，船速越大，倒车冲程越大

13. 船舶在顺流航行时，船舶冲程________静水时的冲程，因此停船时应________停车。

A. 小于；延迟　　B. 小于；提前

C. 大于；提前　　D. 大于；延迟

第二节　船舶旋回性能

1. 船舶装载不合理，重物装在高处时，将使初稳性高度（*GM* 值）________，在旋回运动中外倾角________。

A. 增大；加大　　B. 增大；减小

C. 减小；加大　　D. 减小；减小

2. 船舶大舵角快速转向时，会产生横倾，它是________。

A. 内倾　　B. 外倾

C. 先内倾后外倾　　D. 先外倾后内倾

3. 船舶在旋回运动的机动阶段产生的内倾现象，其________。

A. 倾角很小，且持续的时间长　　B. 倾角很小，且持续的时间短

C. 倾角很大，且持续的时间短　　D. 倾角很大，且持续的时间长

4. 船舶在旋回运动过程中，如果船舶出现较大的外倾角，正确的措施是________。

A. 立即回舵　　B. 向另一舷操满舵

C. 立即慢车、停车，慢速回舵　　D. 立即倒车

5. 为防止船舶在旋回运动过程中倾覆，装载重大件时应________。

①避免装在高处;②装在船舶底舱;③装在靠近艏艉中线附近;④尽量靠近两舷装载

A. ①②④　　B. ①②③

C. ②③④　　D. ①②③④

6. 船舶在旋回掉头过程中如发现横倾角过大,为防止船舶发生倾覆的危险,应________。

A. 先抛锚后回舵　　B. 立即减速或停车,缓慢回舵

C. 加舵　　D. 压舵

7. 在实际操作中,估计航道是否允许船舶顺利掉头的重要依据是________。

A. 旋回初径　　B. 旋回直径

C. 偏距　　D. 纵距

8. 船舶在旋回运动中,出现较大横倾角时,应立即慢车、停车,待船速下降后再缓慢回舵。

A. 对　　B. 错

9. 掌握船舶纵距,对船舶避碰操作可较准确地考虑用舵的提前量。

A. 对　　B. 错

10. 航行中有人落水时,为了防止落水人被卷入船尾螺旋桨,应立即向落水者一侧转舵,使船尾摆开。

A. 对　　B. 错

11. 反移量在实际操船时应用在________。

①救助落水者时;②近距离避让前方障碍物时;③船舶自力离泊驶离码头时;④两船近距离对驶相遇,横距较近时

A. ①②③④　　B. ②③④

C. ①②③　　D. ①③④

12. 航行中的船舶发现在本船右前方、距离较近处有一碍航物,应________。

A. 先操左舵,使船首让开,再操右舵,使船尾摆开

B. 先操右舵,使船首让开,再操左舵,使船尾摆开

C. 先操左舵,使船首让开,再加速

D. 先操右舵,使船首让开,再加速

第三节 船舶航向稳定性与保向性

1. 船舶重载时吃水增加,则________。

A. 航向稳定性好,旋回性能变差　　B. 航向稳定性差,旋回性能变差

C. 航向稳定性好,旋回性能变好　　D. 航向稳定性差,旋回性能变好

2. 船舶艉倾比艏倾时的________。

A. 航向稳定性差,旋回直径大　　B. 航向稳定性差,旋回直径小

C. 航向稳定性好,旋回直径大　　D. 航向稳定性好,旋回直径小

3. 航向稳定性好的船舶是指船舶在________。

①航进中即使很少操舵也能较好地保向;②操舵改向时,能较快地应舵;③旋回中正舵,能较快地使航向稳定下来

A. ①③　　B. ①②

C. ②③　　D. ①②③

4. 船舶保持稳定圆周运动的能力，称为航向稳定性。

A. 对　　B. 错

5. 船舶为保向航行，操舵次数越多，所用舵角越大，这意味着航向稳定性越好。

A. 对　　B. 错

6. 同一船舶艉倾比艏倾时的________。

A. 航向稳定性差，旋回圈大　　B. 航向稳定性差，旋回圈小

C. 航向稳定性好，旋回圈大　　D. 航向稳定性好，旋回圈小

7. 船舶适当艉倾时，则________。

A. 舵效好，航向稳定性差　　B. 舵效好，航向稳定性好

C. 舵效差，航向稳定性好　　D. 舵效较慢，航向稳定性差

8. 顺风、顺流航行时，船舶的保向性________、舵效________。

A. 较好；较差　　B. 较差；较好

C. 较差；较差　　D. 较好；较好

9. 顶风、顶流航行时，船舶的保向性________、舵效________。

A. 较好；较差　　B. 较差；较好

C. 较差；较差　　D. 较好；较好

10. 重载船舶________。

A. 应舵快、追随性好　　B. 应舵慢、追随性差

C. 应舵慢、追随性好　　D. 应舵快、追随性差

11. 下列说法不正确的是________。

A. 船舶的应舵时间短，航向稳定性好

B. 船舶转向过程正舵，船首向能很快稳定，航向稳定性好

C. 船舶航行中，每分钟操舵次数多，航向稳定性好

D. 船舶航行中，用大舵角才能保向航行，航向稳定性差

12. 航向稳定性好的船舶是________。

A. 瘦长型船舶　　B. 带球鼻艏的船舶

C. 艏纵倾船舶　　D. 船首水下侧面积较大的船舶

第四节　风对船舶操纵的影响

1. 船舶所受风动力的大小________。

A. 与风舷角有关，与相对风速无关　　B. 与风舷角有关，与相对风速有关

C. 与风舷角无关，与相对风速无关　　D. 与风舷角无关，与相对风速有关

2. 静止中的船舶，正横前来风，会使________。

A. 船首顺风偏转，直至船舶处于横风状态

B. 船首逆风偏转，直至船舶处于顶风状态

C. 船首顺风偏转，直至船舶处于顶风状态

D. 船首逆风偏转，直至船舶处于横风状态

3. 静止中的船舶，受风的影响，最终会使船舶转向________。

A. 船首顶风　　B. 船尾迎风

C. 右舷30°附近受风　　D. 正横附近受风

4. 静止中的船舶，风从正横前吹来，则该船偏转的情况是________。

①顺风偏转，直到船舶处于横风状态；②顺风偏转，直到船舶处于顺风状态；③逆风偏转，直到船舶处于顶风状态

A. ①　　B. ②

C. ③　　D. ①②③

5. 对于艏艉受风面积均匀分布的静止船舶而言，风自正横后吹来，则船舶偏转情况是________。

A. 船首顺风偏转，直至处于横风状态　　B. 船首逆风偏转，直至处于横风状态

C. 船首顺风偏转，直至处于顺风状态　　D. 船首逆风偏转，直至处于顶风状态

6. 静止中的船舶，若风从正横后吹来，船首顺风偏。

A. 对　　B. 错

7. 一般情况下，船舶重心________。

A. 接近船中　　B. 在船中稍前

C. 在船中稍后　　D. 接近转心

8. 船舶受风作用，若保向航行，所需压舵舵角的大小取决于________。

①相对风速；②船速；③相对风向

A. ①②　　B. ②③

C. ①③　　D. ①②③

9. 空载、艏楼式船舶，在航行中受正横前来风，其偏转规律是船首“逆风偏”。

A. 对　　B. 错

10. 船舶在前进中，受斜顺风作用，船首逆风偏。

A. 对　　B. 错

11. 船舶前进中遇正横后来风，会发生“船首顺风偏”现象。

A. 对　　B. 错

12. 船舶在前进中，受斜顶风作用时，船尾受风面积大的船，船首迎风偏转。

A. 对　　B. 错

13. 船舶前进中，风从正横前来，船首可能出现迎风偏转。

A. 对　　B. 错

14. 船舶前进中，风从正横前来，船首可能出现顺风偏转。

A. 对　　B. 错

15. 船舶前进中，风从正横后来，船首出现迎风偏转。

A. 对　　B. 错

16. 船舶在后退中遇到正横后吹来的风，则船舶的动态为________。

A. 船首向逆风偏，船尾向顺风偏　　B. 船首向上风偏，船尾向下风偏

C. 偏转到横风状态然后向下风漂移　　D. 船首向顺风偏，船尾向逆风偏

17. 船舶在后退中，无论风从正横前来还是风从正横后来，船尾均出现迎风偏转，船员称为“尾

找风”。

A. 对　　B. 错

18. 强风中，大型空载船或船队，可利用倒车尾找风的现象来实现船舶掉头操纵。

A. 对　　B. 错

19. 船在风中漂移，一般漂移速度________风速。

A. 大于　　B. 等于

C. 小于　　D. 有时大于，有时小于

第五节　流对船舶操纵的影响

1. 船舶水动力的大小________。

A. 与漂角有关，与船速无关　　B. 与漂角有关，与船速有关

C. 与漂角无关，与船速无关　　D. 与漂角无关，与船速有关

2. 船舶水动力的大小________。

A. 与漂角有关，与船体水下面积无关　　B. 与漂角无关，与船体水下面积无关

C. 与漂角有关，与船体水下面积有关　　D. 与漂角无关，与船体水下面积有关

3. 船舶水动力的大小________。

A. 与漂角有关，与船体水上面积无关　　B. 与漂角无关，与船体水上面积无关

C. 与漂角有关，与船体水上面积有关　　D. 与漂角无关，与船体水下面积有关

4. 船舶在有流航道中顺流航行，其航速________船速。

A. 大于　　B. 小于

C. 等于　　D. 有时大于，有时小于

5. 航行船舶正横前受流时，流速越快，流舷角越大，船速越慢，横向漂移速度________。

A. 越大　　B. 越小

C. 为零　　D. 有时大，有时小

6. 船舶逆流回转的纵距________静水回转的纵距。

A. 等于　　B. 小于

C. 大于　　D. 有时小于，有时大于

7. 水流对舵效的影响表现为________。

A. 顺流舵效好　　B. 顺流舵效不变

C. 逆流舵效好　　D. 逆流舵效不变

8. 船舶在有流水域内旋回或转向时，应注意________。

①有流时，掌握转向时机与静水时不同；②顺流航行时应比在静水中转向时机提早；③逆流航行时应比在静水中转向时机延迟；④顺流时旋回掉头水域比逆流时要大

A. ①②③　　B. ②③④

C. ①③④　　D. ①②③④

9. 关于水流对船舶舵效的影响，下列说法正确的是________。

A. 在舵角等条件相同时，逆流舵效和顺流舵效的好坏不一定

B. 在舵角等条件相同时，顺流舵效比逆流舵效好

C. 在舵角等条件相同时，逆流舵效比顺流舵效好

D. 在舵角等条件相同时，逆流舵效和顺流舵效相同

第六节　受限水域对船舶操纵的影响

1. 船舶进入浅水区航行，船舶航行速度________。

A. 增大　　B. 减小

C. 不变　　D. 增减不定

2. 船舶进入浅区，会出现航速________，船体下沉，舵效________。

A. 减小；变差　　B. 增大；变差

C. 增大；变好　　D. 减小；变好

3. 船舶沿边滩缓流航行时，驶入浅水区域时，则会出现船首________现象。

A. 向浅水一侧偏转　　B. 无偏转

C. 向深水一侧偏转　　D. 任意一侧偏转

4. 船舶在浅水区航行时，因船底流速加快，水动压力降低，以致船舶吃水进一步增加的现象称为________。

A. 船体下沉　　B. 船体跳动

C. 船体偏转　　D. 赶浪

5. 浅水对船舶操纵性能的影响表现为________。

A. 旋回性变好，航向稳定性变差　　B. 旋回性变好，航向稳定性变好

C. 旋回性变差，航向稳定性变好　　D. 旋回性变差，航向稳定性变差

6. 船在浅水区中航行，下述错误的是________。

A. 船速下降　　B. 船体下沉和纵倾

C. 舵效差，转向不灵　　D. 首向浅水一侧偏转

7. 船舶进入浅水区后，若水道两侧水深不等，船舶会出现"跑舵"现象，下述说法正确的是________。

①船首向深水侧偏转；②船首向浅水侧偏转；③出现跑舵应及时用舵抑制偏转，以便稳定其原航向；④让其跑舵，必要时减速，使船向深水区航行一段距离后，再调顺航向继续航行

A. ①③　　B. ②③

C. ①④　　D. ②④

8. 船舶进入浅水区，下述做法错误的是________。

A. 连续测深，探明航路水深，保持船舶有足够的富余水深

B. 在常车的基础上适当提高航速，以利冲浅和尽快驶离浅水区

C. 早用舵，早回舵，用舵舵角适当增大，慢车与常车交替使用

D. 备锚航行，以便应急时使用

9. 船舶在浅水中航行会发生的现象包括________。

①船速降低；②船体发生下沉与跳动；③兴波变形，流水声失常；④船首发生偏转

A. ①②③　　B. ②③④

C. ①③④　　D. ①②③④

10. 船舶在浅水区航行，船首会发生偏转，下列说法正确的是________。
A. 船首向岸边一侧偏转　B. 船首向浅水一侧偏转
C. 船首向深水一侧偏转　D. 船首偏转方向不定

11. 船舶由深水区进入浅水区，出现的现象包括________。
①船体下沉；②冲程减小；③旋回性能下降；④航向稳定性变差
A. ①②③④　B. ①②③
C. ②③④　D. ①③④

12. 船舶由深水区进入浅水区，浅水对船舶操纵性的影响是________。
A. 旋回性变差，航向稳定性变差　B. 旋回性变好，航向稳定性变差
C. 旋回性变差，航向稳定性变好　D. 旋回性变好，航向稳定性变好

13. 船舶在浅水区航行，为了预防浅水效应的发生，应________。
①保持足够的富余水深；②减速行驶；③提高船舶的控制能力和备锚；④连续测深
A. ②③④　B. ①②③
C. ①③④　D. ①②③④

14. ________统称为岸壁效应。
A. 岸推和船吸　B. 船吸和岸吸
C. 岸推和岸吸　D. 岸推和吸拢

15. 当船舶发生岸推和岸吸现象时，其操纵方法是________。
A. 减小车速，并用小舵角使船驶离岸边
B. 减小车速，并用大舵角使船驶离岸边
C. 增大车速，并用小舵角使船驶离岸边
D. 增大车速，并用大舵角使船驶离岸边

16. 发生岸推、岸吸现象的顺序是________。
A. 岸推、岸吸同时发生　B. 先发生岸推，继而发生岸吸
C. 先发生岸吸，继而发生岸推　D. 岸推、岸吸单独发生

17. 当船舶发生岸壁效应时，应减小车速，并操大舵角使船驶离岸边。
A. 对　B. 错

18. 船舶沿岸壁航行，船速越快，岸吸、岸推力越小。
A. 对　B. 错

19. 为防止岸推、岸吸现象的发生，船舶驶离岸壁时，应用小舵角慢慢摆开，不宜操大舵角。
A. 对　B. 错

20. 船舶在受限水域航行，预防岸壁效应的措施有________。
①保持适当岸距；②减速行驶；③驶离岸壁时应用小舵角，不宜操大舵角；④船舶接近岸壁航行时，要向岸壁方向压舵
A. ①②③　B. ①③
C. ②③④　D. ①②③④

21. 船舶在受限水域航行，影响岸壁效应的主要因素包括________。
①岸距；②船速；③船舶的水深吃水比；④船舶主机功率
A. ①②③④　B. ①③④

C. ①②④　　D. ①②③

22. 船舶在受限水域航行,下列说法正确的是________。
A. 如果过分靠近岸壁航行,船首会向岸一侧偏转
B. 如果过分靠近岸壁航行,船首会向河心一侧偏转
C. 如果过分靠近岸壁航行,船尾会向河心一侧偏转
D. 如果过分靠近岸壁航行,船尾会远离岸边

23. 岸推、岸吸现象,下列说法不正确的是________。
A. 离岸越近越明显　　B. 吃水越小越明显
C. 航速越快越明显　　D. 船长越长越明显

第七节　船间效应

1. 两船并列行驶时,船吸作用的影响是________。
A. 航速越大越明显　　B. 两船吃水越大影响越小
C. 两船速度差越小影响越小　　D. 船速越小越明显

2. 两船对遇,相互之间距离因限于航道条件时,为防止船吸现象的产生,下列说法正确的是________。
①双方应先以缓速行驶,待船首相互通过后,可加车以增加舵效;②双方应先加车行驶,待船首相互通过后,适当减速;③双方应先操内舵,待船首通过后,再操外舵
A. ①　　B. ②
C. ③　　D. ①②③

3. 横距较近的两船同向行驶时,两船的航速越________,它们的相对速度越________,最易发生船吸现象。
A. 大;小　　B. 小;小
C. 大;大　　D. 小;大

4. 追越船与被追越船,若两船横距过近产生船吸现象,追越船应采取________措施避免碰撞。
A. 减速　　B. 加速
C. 操外舵　　D. 操内舵

5. 一大船从小船左舷追越,当大船首平小船尾时,小船易发生________。
A. 艏向右转　　B. 艏向左转
C. 船身平行吸扰　　D. 船身平行排斥

6. 大小不同的两船之间发生船间效应,两船受到的影响相似。
A. 对　　B. 错

7. 两船齐头并进,横距过近,将发生船吸现象;两船在追越过程中,不会发生船吸现象。
A. 对　　B. 错

8. 两船对驶相遇,若间距较小,当两船船首接近时,会出现船首向外偏转的现象,此时应________。
A. 操大舵角抑制船首外偏　　B. 保持原速,操小舵角抑制船首外偏
C. 减小船速,稳定船首向　　D. 适当加车,稳定船首向

9. 在追越局面中，当横距较近，追越船首驶达被追越船尾时，________。
   A. 追越船将向外偏转，被追越船将向内偏转
   B. 追越船将向内偏转，被追越船将向内偏转
   C. 追越船将向外偏转，被追越船将向外偏转
   D. 追越船将向内偏转，被追越船将向外偏转

10. 在对驶局面中，当横距较近，两船船首平行时，________。
    A. 各自向内偏转，且相互排斥　　B. 各自向外偏转，且相互排斥
    C. 各自向内偏转，且相互吸引　　D. 各自向外偏转，且相互吸引

11. 船间效应现象最容易出现在________。
    A. 两船速度较大，相对速度较小的对驶局面中
    B. 两船速度较大，相对速度较小的追越局面中
    C. 两船速度较小，相对速度较小的对驶局面中
    D. 两船速度较小，相对速度较小的追越局面中

12. 影响船间效应的因素包括________。
    ①两船间距；②两船航速；③两船的排水量；④航道尺度
    A. ①②③　　B. ②③④
    C. ①②④　　D. ①②③④

13. 关于船间效应，下列说法正确的是________。
    ①两船间距越小，船间效应越明显；②两船船速越大，船间效应越明显；③船舶排水量越大，船间效应越明显；④浅窄的航道比深水中船间效应更明显
    A. ①②③　　B. ②③④
    C. ①②③④　　D. ①③④

14. 当在追越过程中，由于船间效应的作用而使两船有碰撞危险，正确的措施是________。
    A. 追越船加速尽快追过他船　　B. 被追越船应减速
    C. 追越船应减速或停车　　D. 被追越船应立即倒车

15. 船吸效应与________等因素有关。
    ①两船的横距；②两船的航速；③两船的吃水；④两船的大小
    A. ①②　　B. ①②③
    C. ②③④　　D. ①②③④

参考答案

第一节　船舶变速性能

1.A　2.A　3.C　4.A　5.D　6.D　7.A　8.B　9.D　10.A
11.D　12.B　13.C

第二节　船舶旋回性能

1.C　2.C　3.B　4.C　5.B　6.B　7.A　8.A　9.A　10.A
11.A　12.A

第三节　船舶航向稳定性与保向性

1.A　2.C　3.D　4.B　5.B　6.C　7.B　8.C　9.D　10.B
11.C　12.A

第四节　风对船舶操纵的影响

1.B　2.A　3.D　4.A　5.B　6.B　7.C　8.D　9.B　10.A
11.B　12.A　13.A　14.A　15.A　16.D　17.A　18.A　19.C

第五节　流对船舶操纵的影响

1.B　2.C　3.A　4.A　5.A　6.B　7.C　8.D　9.C

第六节　受限水域对船舶操纵的影响

1.B　2.A　3.C　4.A　5.C　6.D　7.C　8.B　9.D　10.C
11.B　12.C　13.D　14.C　15.A　16.A　17.B　18.B　19.A　20.D
21.D　22.B　23.B

第七节　船间效应

1.A　2.A　3.A　4.A　5.B　6.B　7.B　8.D　9.A　10.B
11.B　12.D　13.C　14.C　15.D

第十五章　船舶掉头作业

第一节　掉头地点及掉头时机

1. 为加速船舶掉头回转，减小旋回直径，帮助船舶安全掉头，掉头船应遵循________。
①顺流船掉头为逆流船时，应从主流向缓流掉头；②顺流船掉头为逆流船时，应从缓流向主流掉头；③逆流船掉头为顺流船时，应从主流向缓流掉头；④逆流船掉头为顺流船时，应从缓流向主流掉头
A. ①③　　B. ②③
C. ①④　　D. ②④
2. 内河船顺流航行时掉头，应________。
A. 从缓流区向主流区掉头　　B. 从主流区向缓流区掉头
C. 从回流区向主流区掉头　　D. 从主流区向回流区掉头
3. 内河船顺流航行时掉头，选择从主流区向缓流区掉头，是因为________。
①船首处于缓流区，船尾处于主流区；②水动力转船力矩和舵压力转船力矩方向相同；③能减小船舶旋回直径；④加速船舶回转
A. ①②③④　　B. ①②③
C. ②③④　　D. ①②④
4. 内河船逆流航行时掉头，应________。
A. 从缓流区向主流区掉头　　B. 从主流区向缓流区掉头
C. 从回流区向主流区掉头　　D. 从主流区向回流区掉头
5. 船舶掉头所需水域的大小，一般用船舶的________的大小来衡量。
A. 定常旋回直径　　B. 旋回初径
C. 旋回圈进距　　D. 旋回圈心距
6. 从风致船舶偏转来看，无论逆风掉头还是顺风掉头，风动力转船力矩都存在________作用。
A. 助转　　B. 碍转
C. 助转和碍转　　D. 风致偏转
7. 顺流船为靠泊指定泊位而需掉头时，若航速大，则操舵时机应较航速小时________。
A. 提前　　B. 延迟
C. 不变　　D. 按习惯选择操作时机
8. 风力较强时掉头，事先应特别注意________情况。
A. 风致偏转　　B. 风致漂移
C. 流致漂移　　D. 流致偏转

9. 在潮流河段港内掉头时，应选择适当的掉头时机，使船舶抵达掉头地点时，潮流为________。

A. 急涨　　B. 急落

C. 平流前后　　D. 任意时刻

10. 船舶在水域狭窄、船舶密集、情况复杂的港口，必须在指定供船舶掉头的专用区域掉头。

A. 对　　B. 错

11. 船舶顺流掉头时回转范围小，逆流掉头时回转范围大。

A. 对　　B. 错

12. 船舶在主流与缓流流速差异较大的航道掉头，水动力是供选择回转掉头方向的主要因素。

A. 对　　B. 错

13. 在弯曲航道中进行掉头作业的下行船________。

A. 应从主流向缓流掉头　　B. 应从缓流向主流掉头

C. 应从中间向岸边掉头　　D. 可向任意一舷掉头

14. 船舶在掉头前减速是为了减小冲程，储备舵力，以便在必要时加车助舵缩小掉头所需水域。

A. 对　　B. 错

15. 船舶掉头前降低船速，是为了减少回转运动的纵距、旋回初径和横倾。

A. 对　　B. 错

第二节　掉头方向

1. 船舶掉头时，为减小旋回直径，右旋单桨船在采用连续进车掉头时应选择向________掉头，采用进、倒车掉头时则应选择向________掉头。

A. 左；左　　B. 左；右

C. 右；左　　D. 右；右

2. 船舶掉头操纵应根据本船操纵性能、航道条件、风流影响等因素来决定，下述掉头操纵方法错误的是________。

A. 右旋单桨船无论采取进车掉头，还是采用进、倒车掉头，均应选择向右掉头

B. 双桨船可向任意一舷掉头，确定掉头方向视其他因素决定

C. 在侧风中掉头，一般应选择逆风掉头

D. 顺流船掉头为逆流船时，应从主流向缓流掉头，逆流船掉头为顺流船时，应从缓流向主流掉头

3. 内河船在决定船舶掉头方向上，应根据________因素来决定。

①本船的装载情况；②航道的条件；③外界风流等因素；④本船的操纵性能

A. ①②③　　B. ②③④

C. ①③④　　D. ①②③④

4. 内河船掉头，下列说法正确的有________。

①在采用连续进车掉头时，单螺旋桨船应向回转圈直径较小的一舷掉头；②在采用进倒车

掉头时,右旋单螺旋桨船应向右掉头,左旋单螺旋桨船应向左掉头;③双螺旋桨船可向任意一舷掉头,视其他因素而定;④在采用连续进车掉头时,单螺旋桨船应向回转圈直径较大的一舷掉头

A. ①②③　　B. ②③④
C. ②④　　D. ①②④

5. 内河船在侧风中掉头时,一般选择________。

A. 顺风掉头　　B. 逆风掉头
C. 任意一舷都可以　　D. 横风掉头

6. 船舶逆风掉头时,应从________方向掉头回转。

①下风岸向上风岸;②上风岸向下风岸;③任意

A. ①　　B. ②
C. ③　　D. ①②③都不对

7. 在微弯航道中进行掉头作业的下行船________。

①应从主流向缓流掉头;②应从缓流向主流掉头;③可向任意方向掉头

A. ①　　B. ②
C. ③　　D. ①②③都不对

8. 在微弯航道中进行掉头作业的上行船________。

①应从主流向缓流掉头;②应从缓流向主流掉头;③可向任意方向掉头

A. ①　　B. ②
C. ③　　D. ①②③都不对

9. 在横风的影响下船舶掉头时,顺风掉头比逆风掉头所需水域范围________。

A. 大　　B. 小
C. 相同　　D. 大小不定

10. 在不考虑其他外界因素的条件下,双螺旋桨船________掉头。

A. 宜向左舷　　B. 宜向右舷
C. 可向任意一舷　　D. 按习惯而定

第三节　掉头方法

1. 内河船掉头常用的操纵方法有________。

①抛锚掉头;②进退车掉头;③连续进车掉头;④顶岸掉头;⑤双螺旋桨正倒车掉头

A. ①②③④　　B. ①②③④⑤
C. ①②③⑤　　D. ②③④⑤

2. 单螺旋桨船在采用连续进车掉头法进行掉头操纵时,当船转过35°~40°时,需要进行的操作是________。

A. 拉大档子　　B. 减速
C. 加车助舵　　D. 直舵提尾

3. 在航道宽度大于船舶旋回初径的条件下,可以采用连续进车掉头方法。

A. 对　　B. 错

4. 操作最为简便、用时最短的掉头方法是________。

A. 连续进车掉头　　B. 进、倒车掉头

C. 抛锚掉头　　D. 码头系缆掉头

5. 内河船掉头常用的操纵方法中，操作耗时最短的是________。

A. 正倒车掉头　　B. 抛锚掉头

C. 连续进车掉头　　D. 顶岸掉头

6. 在采用连续进车掉头法进行掉头操纵时，首先要进行的操作是拉大挡子。

A. 对　　B. 错

7. 在掉头过程中，需要利用"尾找风"的掉头方法是连续进车掉头法。

A. 对　　B. 错

8. 内河船，在掉头时，选择连续进车掉头的方法，该方法的特点是________。

①操作简便；②需时最短；③航道宽度要大于船舶旋回初径

A. ①②　　B. ②③

C. ①②③　　D. ①③

9. 在有强风时，如果船舶前部上层建筑受风面积大，航道宽度又较窄时，多采用________方法掉头。

A. 连续进车掉头　　B. 进、倒车掉头

C. 拖船协助掉头　　D. 抛锚掉头

10. 船舶在采用进、倒车掉头时，应了解本船螺旋桨反转时向后拉力能否克服当时风动力对船尾的作用和船舶的后退惯性。

A. 对　　B. 错

11. 在强风中，如果船舶前部上层建筑物受风面积大，航道又较窄，多采用________方法进行掉头。

A. 连续进车掉头　　B. 进、倒车掉头

C. 抛锚掉头　　D. 顶岸掉头

12. 内河船员所谓的"鸳鸯车"掉头是指________。

A. 连续进车掉头　　B. 停、倒车掉头

C. 顶岸掉头　　D. 正倒车掉头

13. 内河双车船正倒车掉头的特点是________。

①适用于航道较窄水域；②所需旋回初径较小；③掉头所需时间比较长；④若用车得当，可在原地掉头

A. ①②③　　B. ①③④

C. ①②③④　　D. ②③④

14. 双桨船利用一进车一倒车掉头操作时，应采用内舷进车，外舷倒车的方法。

A. 对　　B. 错

15. 双螺旋桨船采用一进车一倒车掉头，其特点是________。

①旋回初径较小；②用车得当船舶可原地回转掉头；③比双进车掉头时间短

A. ①② B. ①③

C. ②③ D. ①②③

16. 抛锚掉头时，要处理好落锚时的船位及船身与流向的夹角。一般船艏艉线与流向________时，是抛锚掉头的最佳时机。

A. 成较大流舷角 B. 成较小流舷角

C. 接近平行 D. 接近垂直

17. 船舶抛锚掉头时，应抛下________的艏锚，松链长度约为________水深，即行"刹车"呈"拖锚"状态，船舶在锚和水流的作用下就可顺利完成掉头。

A. 与掉头方向相反一舷；1.5 倍 B. 掉头方向一舷；1.5 倍

C. 与掉头方向相反一舷；2.5 倍 D. 掉头方向一舷；2.5 倍

18. 内河船采用抛锚掉头时，应注意________。

①应选择掉头方向一舷的艏锚；②抛锚前余速应控制至最低程度；③松链长度约为 1.5 倍水深；④落锚的最好时机是船舶艏艉线与流向接近垂直

A. ①②③④ B. ①②③

C. ①②④ D. ②③④

19. 内河船采用抛锚掉头时，落锚的最好时机是________。

A. 船舶艏艉线与流向接近平行 B. 船舶艏艉线与流向接近垂直

C. 船舶艏艉线与流向成 45° D. 船舶艏艉线与流向成 60°

20. 采用抛锚掉头方法的船舶通常为________。

A. 顺流船 B. 逆流船

C. 空载船 D. 重载船

21. 在有流河段，顺流船采用抛锚法掉头时，当船身转至与流向成________时，抛下艏锚。

A. 25°~30° B. 50°~60°

C. 80°~90° D. 140°~160°

22. 船舶为协助掉头而抛单锚，应抛________。

A. 掉头相反一舷艏锚 B. 掉头一舷艏锚

C. 任意一舷艏锚 D. 掉头相反一舷尾锚

23. 内河船采用顶岸掉头的条件是________。

A. 航道宽度大于船舶旋回初径 B. 航道宽度明显不足

C. 航道较窄且岸边有足够水深 D. 风流影响较大

24. 船舶采用顶岸掉头时，要求以不小于________的夹角滑行至岸边。

A. 30° B. 45°

C. 60° D. 90°

25. 在航道狭窄且岸边有足够水深，风、流影响较小，无水下障碍物的条件下，可采用________的方式掉头。

A. 连续进车掉头 B. 利用流力掉头

C. 抛锚掉头 D. 顶岸掉头

参考答案

第一节 掉头地点及掉头时机

1.C 2.B 3.A 4.A 5.B 6.C 7.A 8.B 9.C 10.A
11.B 12.A 13.A 14.A 15.A

第二节 掉头方向

1.B 2.A 3.D 4.A 5.B 6.A 7.A 8.B 9.A 10.C

第三节 掉头方法

1.B 2.C 3.A 4.A 5.C 6.A 7.B 8.C 9.B 10.A
11.B 12.D 13.C 14.B 15.A 16.D 17.B 18.A 19.B 20.A
21.C 22.B 23.C 24.B 25.D

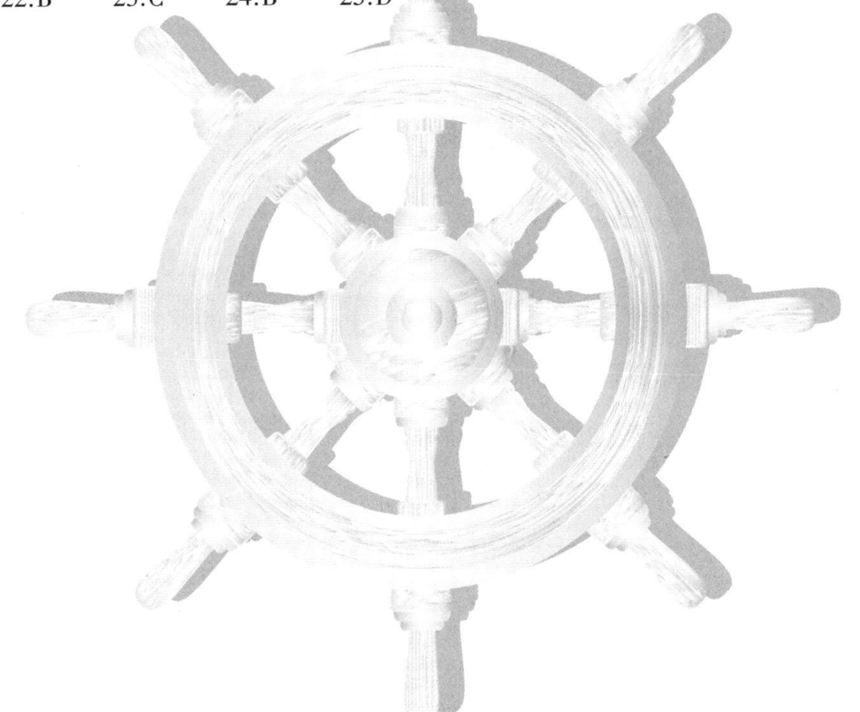

第十六章　船舶靠离泊

第一节　系泊设备

1. 导缆装置的型式有________。
①导缆孔;②导缆钳;③导缆滑轮
A. ①②　　B. ②③
C. ①③　　D. ①②③
2. 导缆装置的作用是________。
①引导系缆由舷内通向舷外,并变换方向;②限制其导出位置及减少磨损;③减少缆绳受力保证安全
A. ①②　　B. ②③
C. ①③　　D. ①②③
3. 船舶导缆装置不包括________。
A. 导缆孔　　B. 导缆钳
C. 拖钩　　D. 导缆滑轮
4. 关于导缆钳与船缆的摩擦,下列说法错误的是________。
A. 普通式导缆钳与船缆产生滑动摩擦
B. 有滚导缆钳与船缆产生滚动摩擦
C. 导缆钳与船缆的摩擦力,普通导缆钳比有滚导缆钳小
D. 有滚导缆钳能减少船缆的磨损
5. 关于绞缆机的使用,下列说法正确的是________。
①船首部通常由锚机绞缆;②船尾部由绞缆机或绞盘机绞缆;③其他部位有起货机设备的可用起货机绞绳;④绞盘机适用于中小型船舶,可绞任何方向的缆绳
A. ①②③④　　B. ①②③
C. ①②④　　D. ②③④
6. 关于电动绞盘机的特点,下列说法错误的是________。
A. 重量小,占地面积小　　B. 可绞任何方向的缆绳
C. 能同时收绞两根以上的缆索　　D. 适用于中小型船舶
7. 导缆装置的作用主要有________等几个方面。
①导引系船缆至舷内舷外;②改变缆绳的受力方向;③限制系船缆的导出导入位置;④减少缆绳磨损及加强舷墙开口处的强度
A. ①②　　B. ③④
C. ②③　　D. ①②③④

8. 下列对系缆桩的描述中,正确的是________。
   A. 系缆桩也是一种导缆装置
   B. 系缆桩为系船缆提供在船舶甲板上的系结点
   C. 双十字系缆桩只能供钢丝缆绳使用
   D. 单十字系缆桩只能供纤维缆绳使用
9. 内河船舶制缆索的主要作用是________。
   A. 捆扎系船缆绳　　B. 捆扎钢丝绳系船缆绳
   C. 作引缆用　　D. 使船舶主缆在受力状态下变换系结点
10. 内河船舶撇缆的主要作用是________。
   A. 充当船舶主缆的引缆　　B. 作船舶快速系缆使用
   C. 一般作船舶艏缆使用　　D. 一般作船舶艉缆使用
11. 导缆装置可限制缆绳的导出方向和位置,减少缆绳磨损及加强舷墙开口处的强度。
   A. 对　　B. 错
12. 导缆装置是船舶系泊时将系船缆由舷内导引至舷外的装置。
   A. 对　　B. 错
13. 从绞缆机上松下缆绳挽在缆柱上前,可通过制缆索防止缆绳松回。
   A. 对　　B. 错

第二节　系缆与车舵的配合

1. 采用船尾离泊方法,关于艏倒缆的作用的说法正确的是________。
   ①艏倒缆尽可能带于远离码头边;②船上系结点尽量靠船首;③选择强度大、质量好的缆绳
   A. ①②　　B. ①③
   C. ②③　　D. ③
2. 离码头采用尾先离,关于倒缆的要求的说法不正确的是________。
   A. 艏倒缆应选取强度大、质量好的钢丝缆
   B. 甩尾操作时,应用微进或慢进,并注意不使受顿力
   C. 艏倒缆应系在远离码头边的缆桩上
   D. 应用足够的长度,减少其所受顿力
3. 船舶利用艉倒缆离码头时,艉倒缆的出绳方向与船舶艏艉夹角应________。
   A. 尽量小　　B. 尽量大
   C. 保持垂直　　D. 保持平行
4. 船舶靠码头时,绞________使船向前移动。
   A. 艏缆或艉缆　　B. 艏倒缆或艉缆
   C. 艏倒缆或艉倒缆　　D. 艏缆或艉倒缆
5. 船开尾倒车驶离泊位,一般利用________。
   A. 艏缆　　B. 艏倒缆
   C. 艏横缆　　D. 艉倒缆

6. 船舶顺流驶靠泊位时,为了便于操纵船舶,应先系上________。

A. 艄倒缆　　B. 艄横缆

C. 艄缆　　D. 艉缆

7. 船舶利用艉倒缆离码头时,艉倒缆的出缆方向与船舶艄尾夹角应________。

A. 力求最小　　B. 力求最大

C. 保持垂直　　D. 保持在45°左右

8. 船舶靠码头时,一般先带________,可以用车、舵,顺利时船尾扬开或收拢。

A. 艉倒缆　　B. 艄缆

C. 艉缆　　D. 艄倒缆

9. 船舶在顶流离码头时,通常留________,开倒车,使船首扬出,再进车离去。

A. 坐缆(艉倒缆)　　B. 艄缆

C. 艉缆　　D. 艄倒缆

10. 艄倒缆如果在正横位置,绞收该缆再配合操舵,可以达到________。

A. 使船首靠拢,再操外舵可使船尾平行靠拢

B. 使船首靠拢,再操内舵可使船尾平行靠拢

C. 使船尾靠拢,再操外舵可使船首平行靠拢

D. 使船尾靠拢,再操内舵可使船首平行靠拢

11. 内河船顶流驶靠码头,一般情况下,带缆顺序是________。

A. 先带艄倒缆,再带艄缆　　B. 先带艄缆,再带艄倒缆

C. 先带艄缆,再带首横缆　　D. 先带艄倒缆,再带首横缆

12. 内河船利用艄倒缆甩尾离泊时,在带缆时应使________。

A. 艄倒缆与码头的边缘线的夹角最大

B. 艄倒缆与码头的边缘线的夹角最小

C. 艄倒缆与码头的边缘线的夹角为30°左右

D. 艄倒缆与码头的边缘线的夹角为45°左右

13. 内河船在离泊时,船首或船尾的最后一根缆绳,称为"溜缆",它的作用是________。

①阻滞船首、船尾的偏转;②一般采用钢丝缆;③控制船身前后移动;④适用于小型船舶

A. ①②　　B. ①④

C. ②③　　D. ①③

14. 内河船在使用艄艉倒缆离泊时,应注意________。

①选择强度大、质量好的缆绳作为倒缆;②要逐级用车,防止缆绳崩断;③顶流时,留艉倒缆,船首先离;④顺流时,留艄倒缆,船尾先离

A. ①③④　　B. ①②④

C. ①②③④　　D. ②③④

15. 通常情况下,系上艄倒缆后开慢进车并配合操舵________。

A. 使船头转向河心　　B. 使船尾靠拢码头

C. 船舶前移　　D. 船舶后退

第三节　靠泊操纵

1. 下列关于靠泊准备工作的说法正确的是________。
   A. 充分了解并掌握港口与码头情况，掌握码头边的风、流情况，并制订周密靠泊计划
   B. 了解码头情况，风、流情况，不需要什么计划
   C. 准备充足的工作人员，其他不重要
   D. 做好靠泊计划，其他不重要
2. 对于浮式码头，驾驶人员驶靠码头前应掌握趸船的强度和尺度，锚链的出链方向及出链长度。
   A. 对　　B. 错
3. 船舶驶靠码头前，需较好地掌握驶靠码头的环境情况和本船的基本情况，环境情况主要包括________。
   ①港口情况；②泊位情况；③码头附近的船舶动态
   A. ①②　　B. ①③
   C. ②③　　D. ①②③
4. 船舶驶靠码头时，具有________等特点，因此要求驾驶人员能根据本船的操纵性能，结合当时的具体情况，制定完整的操纵方案，并正确操纵船舶，完成靠泊任务。
   ①船舶处于低速状态；②水域受限；③水流对船舶作用情况复杂；④船位不易控制
   A. ①②③　　B. ①②④
   C. ②③④　　D. ①②③④
5. 为安全靠泊，船舶驶靠码头前，必须较好地掌握码头区域的港口情况，主要包括________等情况。
   ①港口航道的的深度与宽度；②掉头区的范围；③实际泊位空当的大小；④禁锚区及港内限速；⑤导航、通信设施的使用规定
   A. ①②③④　　B. ①②③⑤
   C. ①②④⑤　　D. ①②③④⑤
6. 为安全靠泊，船舶驶靠码头前，必须较好地掌握码头区域的泊位情况，主要包括________等情况。
   ①码头的种类；②实际泊位空当的大小；③前后停泊船的多少；④掉头区的范围
   A. ①②③　　B. ①②④
   C. ②③④　　D. ①②③④
7. 关于靠泊准备工作，下列说法正确的是________。
   ①充分了解并掌握港口与码头情况；②掌握预计靠泊时码头边的风、流情况；③制订周密靠泊计划
   A. ①②　　B. ②③
   C. ①③　　D. ①②③
8. 船舶驶靠码头前应掌握的基本情况，主要包括________。
   ①码头种类、码头的走向、泊位长短等情况；②港区的掉头区、禁锚区等情况；③船舶驶抵泊

位时当地的风、流等情况

A. ①②③ B. ①②

C. ②③ D. ①③

9. 船舶靠内河码头前，事先要了解的情况是________。

①码头的强度；②码头的水深、流速；③码头的风向和水流；④港口船舶运动特点

A. ①②③④ B. ②③④

C. ①②③ D. ①③④

10. 船舶靠泊前，应掌握与本船相关的环境情况，包括________。

①港口的实际深度、宽度、掉头区的范围、禁锚区、限速规定、VHF 通信的规定及各航段航道的情况；②泊位的种类、走向、空当大小、水深、前后停泊船及风、流、潮汐的情况；③泊位附近的船舶动态

A. ①②③ B. ①②

C. ①③ D. ②③

11. 船舶进行靠泊作业时，除要较好地掌握码头情况外，还应掌握本船的基本情况，本船的基本情况主要包括________。

①船舶的操纵性能；②船舶载重量情况；③船舶吃水；④各种操纵设备的有效性；⑤船员的技术业务能力

A. ①②③④ B. ①②③⑤

C. ①②④⑤ D. ①②③④⑤

12. 船舶驶靠码头时，要求驾驶人员能掌握本船在不同装载状态和航速时的________，以便能够正确操纵船舶，完成靠泊任务。

①船舶冲程；②主机的启动性能；③舵效

A. ①② B. ①③

C. ②③ D. ①②③

13. 船舶进行靠泊作业时，在掌握本船的基本情况时，还应对船员的技术业务能力全面了解，注重船员能力与特长的发挥，特别是在________等操作岗位，操作人员必须具有较高的业务技术水平和认真的工作态度。

①操舵；②撇缆；③抛锚；④带缆

A. ①②③ B. ①②④

C. ①③④ D. ①②③④

14. 船舶靠泊前，应做好相关的靠泊部署工作，包括________。

①船长应向各驾驶员明确交代靠泊计划、操纵意图、关键环节并充分发挥各岗位人员的特长，协调完成靠泊工作；②锚设备、系泊设备、驾驶台及机舱设备的检查及准备工作；③船舶关键设备失灵及外界条件突变时的应急准备工作

A. ①②③ B. ①②

C. ①③ D. ②③

15. 船舶在以风的影响为主的静水港内靠泊时，一般情况下________为宜。

A. 横风靠 B. 顶风靠

C. 顺风靠　　D. 开风靠

16. 驶靠码头时,驶靠角度应掌握________。

A. 顶流吹拢风较大时,船首与码头夹角要大

B. 顶流吹强开风较大时,船首与码头夹角要大

C. 急流的情况下,船首与码头夹角要大

D. 有回流的情况下,船首与码头夹角要大

17. 船舶驶靠码头淌航过程中,驶靠角的调整、横距的选定通过________来实现。

A. 操舵　　B. 用车

C. 操舵和用车　　D. 操舵、用车和系缆

18. 一般船舶在控制抵泊余速时,下列做法不正确的是________。

A. 在保持舵效的前提下,速度尽量慢　　B. 淌航至泊位后端是控制余速的关键

C. 吹开风较强时,航速要求稍大　　D. 空载且吹强开风时,余速更应减小

19. 船舶在静水港内靠泊,在控制余速方面比有流港________。

A. 控制余速较早,倒车及抛锚时机较晚

B. 控制余速及倒车时机较早,抛锚时机较晚

C. 控制余速、倒车时机及抛锚时机均较早

D. 控制余速、倒车时机及抛锚时机较晚

20. 船舶在驶靠码头操纵中要摆好船位,此时的船位用________来确定。

A. 船舶距码头下缘的纵向距离和靠拢角

B. 船舶距码头下缘的纵、横距离

C. 船舶距码头下缘的纵、横距离和靠拢角

D. 角度

21. 船舶靠码头过程中控制余速的关键时刻是________。

A. 船首抵泊位正中　　B. 船首抵泊位后端

C. 抛外档锚　　D. 使用倒车的时刻

22. 一般船舶的靠泊操纵要领是________。

①控制抵泊余速;②选好横距;③调整好驶靠角

A. ①　　B. ②

C. ③　　D. ①②③

23. 船舶驶靠码头时,减小驶靠角可以提高横向接近码头边缘的速度。

A. 对　　B. 错

24. 船舶艏艉线与码头边缘延长线间的交角,称为驶靠角。

A. 对　　B. 错

25. 顶流靠泊时,驶靠角宜小;吹拢风时,驶靠角宜大。

A. 对　　B. 错

26. 船舶驶靠码头要摆好船位,通常是指慢车、停车时的船舶位置,用纵距和横距来衡量。

A. 对　　B. 错

27. 增大驶靠角可减小船舶向码头的横移速度。

A. 对　　B. 错

28. 靠泊过程中航速的控制原则是在能保持舵效的基础上越小越好，理由是________。
①避免船舶在驶靠码头时频繁使用倒车而影响船位或驶靠角；②可以使用短时间的进车以增加舵效；③能够提供比较充分的时间进行观察和判断；④减小船舶在流中的漂移量
A. ①②④　　B. ①③④
C. ①②③　　D. ①②③④
29. 关于控制航速的注意事项，下列说法错误的是________。
A. 航速的控制应根据冲程、风流等因素确定
B. 船抵码头下端位置是控制速度的关键
C. 船舶空载且吹开风较强时，为减小风致漂移速度，可适当减小航速
D. 码头边的流速比航道中稍缓慢，由航道中淌航至码头边时，会发觉航速较大
30. 在确定靠泊横距时应注意________。
①吹开风时，横距应缩小；吹拢风时，横距应增大；②泊位下方有他船停靠时，横距应大些；泊位下方无他船停靠时，横距应小些；③驶靠角较大时，横距应放宽；驶靠角较小时，横距应缩小；④有困档水时，横距应缩小
A. ①②④　　B. ①③④
C. ①②③④　　D. ①②③
31. 驶靠角的调整可通过________途径实现。
①船舶淌航过程中操舵；②抛锚驶靠的船舶可以适当松紧锚链；③船舶带上艏倒缆后可以绞收系缆；④进江海船利用港作拖船的协助
A. ①②④　　B. ①③④
C. ①②③　　D. ①②③④
32. 关于确定驶靠角大小的原则，下列说法错误的是________。
A. 重载船在急流港口顶流驶靠时，驶靠角度宜大
B. 空载船在缓流或吹开风时，驶靠角宜大
C. 嵌档驶靠时，应使船到达泊位档子正横外处，使船身与码头边缘线接近平行
D. 在码头附近有困档水时，应将船首略向外扬，以减小驶靠角
33. 靠码头时，泊位空当大小至少应为船长的________。
A. 130%　　B. 120%
C. 140%　　D. 150%
34. 摆好船位通常是指船舶驶靠码头，使用停车时的纵横距。
A. 对　　B. 错
35. 船舶驶靠码头控制余速是关键，其原则是在保持________的基础上越小越好。
A. 车速　　B. 舵速
C. 舵效　　D. 船速
36. 船舶驶靠码头时，控制余速的原则是在保持舵效的基础上越小越好，其理由是________。
①减小倒车对船位的影响；②在靠泊过程中可以短时间使用进车增加舵效；③有充裕的时间观察和判断
A. ①②　　B. ①③
C. ②③　　D. ①②③

37. 船舶驶靠码头的操纵要领是________。
①控制好速度;②摆好船位;③调整好驶靠角
A. ①　　B. ①②
C. ②③　　D. ①②③
38. 靠码头时控制余速的关键是________。
A. 船首抵泊位正中　　B. 船首抵泊位下端
C. 抛拎水锚位置　　D. 使用倒车的时刻
39. 静水港空船吹开风靠码头,控制抵泊余速和横距比正常情况要________。
A. 余速快些,横距小些　　B. 余速快些,横距大些
C. 余速慢些,横距小些　　D. 余速慢些,横距大些
40. 风、流对船舶运动的影响相互不一致时,船舶驶靠码头应________。
A. 主要服从于流　　B. 主要服从于风
C. 按无风、流情况处理　　D. 结合本船载况,考虑影响较大的一方
41. 船舶靠码头采用顶流驶靠,主要原因是________。
A. 驾驶员的习惯
B. 码头结构
C. 螺旋桨及舵在船尾不会碰撞码头而受损
D. 船速易于控制,且舵效也好
42. 船舶驶靠码头时应摆好船位,通常以________衡量。
A. 驶靠目的　　B. 驶靠速度
C. 驶靠冲程　　D. 纵距、横距
43. 重载船在急流港口顶流驶靠时,驶靠角________,以________驶靠横移速度。
A. 宜小;减小　　B. 宜大;减小
C. 宜大;增加　　D. 宜小;增加
44. 空载船、缓流或吹开风时,驶靠角________,以________风致漂移。
A. 宜小;降低　　B. 宜大;降低
C. 宜大;增加　　D. 宜小;增加
45. 船舶驶靠泊位过程中,操纵的关键是________。
A. 控制好速度　　B. 摆好船位
C. 合理确定初始横距　　D. 调整好驶靠角
46. 控制靠泊速度,下列说法不正确的是________。
A. 在保持舵效的基础上,尽可能降低速度
B. 余速控制应考虑本船操纵性能及泊位的环境情况
C. 船位抵泊位中部是控制速度的关键
D. 靠静水港口泊位,更要及早控制速度
47. 船舶靠泊时,可以通过________,增大船舶与码头的驶靠角。
①淌航过程中,操内舷舵;②抛倒锚的船舶,收紧锚链,操外舷舵;③带上艏倒缆的船舶,绞紧艏倒缆
A. ②③　　B. ①②

C. ①③　　D. ①

48. 船舶靠泊时，可以通过________，减小船舶与码头的驶靠角。

①淌航过程中，操外舷舵；②抛倒锚的船舶，收紧锚链；③带上艏倒缆的船舶，绞紧艏倒缆；④利用港作拖船的协助

A. ①②③④　　B. ①②④

C. ①③④　　D. ①④

49. 一般内河船舶靠码头大都采用顶流驶靠，其原因是________。

A. 驾驶员的习惯

B. 船速易于控制，且舵效也好

C. 螺旋桨及舵在船尾不会碰撞码头而受损

D. 码头结构

50. 在有风、流影响情况下，船舶靠码头的基本原则是________。

A. 视风流的具体情况综合考虑　　B. 以顺风顺流为主

C. 以顶流为主　　D. 以顺风为主

51. 空船在缓流或吹开风时，驶靠角宜________，以________风致漂移，并保证有足够的驶靠速度。

A. 小；增大　　B. 大；减小

C. 小；减小　　D. 大；增大

52. 重载顶急流靠泊时靠拢角应________。

A. 小于 30°　　B. 小于 20°

C. 小于 15°　　D. 尽可能取小角度

53. 船舶滑行驶靠码头，艏艉线与码头外沿延长线夹角不大于________。

A. 30°　　B. 15°

C. 20°　　D. 25°

54. 大角度驶靠码头，通常在________的情况下采用。

A. 吹开风　　B. 吹拢风

C. 微风　　D. 困档水

55. 船舶在系泊操纵中，对于驶入泊位的角度，以及艏艉与码头的纵、横距离，驾驶员都应目测估算，做到心中有数，以利于安全操纵。

A. 对　　B. 错

56. 船舶在驶靠泊位作业中，掌握船舶至岸边和码头的距离，目的是判断船位是否恰当。

A. 对　　B. 错

57. 对于静水港口，驾驶人员驶靠码头时，主要考虑泊位附近风向与风速的变化。

A. 对　　B. 错

58. 船舶靠码头时，若遇风向与流向不一致，当风弱流强时，应以顶流为主。

A. 对　　B. 错

59. 重载船顶急流驶靠时，驶靠角度宜小，以减小驶靠横移速度和靠泊力。

A. 对　　B. 错

60. 重载船在急流港口顶流驶靠码头时，靠拢角度越大越好。

A. 对　　B. 错

61. 船舶靠码头时，在有流速的港口都是顶流靠泊，而在无流速影响的港口则是顶风靠泊。

A. 对　　B. 错

62. 船舶在以风的影响为主的静水港内靠泊时，一般情况下________为宜，并保持________的风舷角。

A. 横风靠泊；较大　　B. 顶风靠泊；较小

C. 顺风靠泊；较大　　D. 开风靠泊；较小

63. 静水泊位靠泊，在控制余速方面比顶流泊位靠泊________。

A. 控速较早，倒车时机及抛锚时机较晚　　B. 控速、倒车时机较晚，抛锚时机较早

C. 控速、倒车时机、抛锚时机均较晚　　D. 控速、倒车时机、抛锚时机均较早

64. 在一般情况下，船舶靠泊时，使用停车的纵距位置在________。

A. 离泊位 1~2 个船长　　B. 离泊位 2~3 个船长

C. 离泊位 3~4 个船长　　D. 离泊位约 5 个船长

65. 驶靠角大小的确定原则有________。

①重载船在急流港口顶流驶靠时，驶靠角度宜小；②空载船、缓流或吹开风时，驶靠角宜小；③嵌档驶靠时，应使船到达泊位档子正横外处，使船身与码头边缘线接近平行；④在码头附近有困档水时，应将船首略向外扬

A. ①②④　　B. ①③④

C. ①②③　　D. ①②③④

66. 船舶在回流区驶靠码头，驾驶员应掌握好驶靠速度，控制好余速和冲程，必要时________驶靠。

A. 抛倒锚　　B. 抛开锚

C. 抛拎水锚　　D. 抛八字锚

67. 船舶吨位大，码头结构强度差，应采用________驶靠。

A. 抛倒锚　　B. 抛开锚

C. 抛拎水锚　　D. 抛一字锚

68. 在平原河流，当码头附近风、流作用方向相反时，驾驶员应判断风压、流压的影响，若流压大于风压，则船舶________驶靠码头。

A. 顺流顺风　　B. 顺流顶风

C. 顶流顺风　　D. 顶流顶风

69. 船舶在吹开风下靠码头，应当做到________。

A. 横距稍大些，速度稍大些　　B. 横距稍小些，速度稍小些

C. 横距稍大些，速度稍小些　　D. 横距稍小些，速度稍大些

70. 关于船舶靠泊驶靠角，下列说法不准确的是________。

A. 在有流码头，驶靠角越大，船舶向码头横移速度越快

B. 在有流码头，驶靠角越小，船舶向码头横移速度越慢

C. 在有流码头，驶靠角为零，船舶向码头横移速度为零

D. 在有流码头，驶靠角为零，船舶向码头横移速度可能不为零

71. ________情况下船舶靠泊驶靠角宜小些。

A. 空载船，泊位有吹开风　　B. 空载船，泊位水流紊乱

C. 右旋单桨船，左舷靠泊位　　D. 右旋单桨船，右舷靠泊位

72. 关于靠泊驶靠角，下列说法正确的是________。

A. 右旋单桨船，右舷靠泊时，驶靠角宜大些

B. 右旋单桨船，左舷靠泊时，驶靠角宜小些

C. 左旋单桨船，左舷靠泊时，驶靠角宜小些

D. 左旋单桨船，右舷靠泊时，驶靠角宜小些

73. 关于靠泊横距，下列说法不正确的是________。

A. 泊位下方有他船停靠，横距要适当增加

B. 港口泊位流速较急，横距要适当减少

C. 右旋单桨船靠右舷泊位，横距适当增加

D. 右旋单桨船靠左舷泊位，横距适当减少

74. 靠泊时，船舶艏艉线与码头外缘延长线的夹角称为驶靠角，关于确定原则的说法错误的是________。

A. 重载船急流港口顶流驶靠时，宜减小驶靠角

B. 空载船、缓流吹开风时，宜减小驶靠角

C. 在码头边有困档水时，宜减小驶靠角

D. 空载船、缓流吹开风时，宜增大驶靠角

75. 靠泊时，船舶艏艉线与码头外缘延长线的夹角称为驶靠角，船舶淌航速度一定时，说法错误的是________。

A. 驶靠角的大小与船舶向码头的横移速度密切相关

B. 减小驶靠角，可以增大船身向码头边缘的横移速度

C. 增大驶靠角，可以增大船身向码头边缘的横移速度

D. 当驶靠角为零时，船身向码头边缘的横移速度可能为零

76. 山区河流码头由于水流流速大，流态紊乱，水位变幅大，码头结构强度差等特点，所以应控制好船舶的驶靠速度，必要时，急流码头抛________；回流区码头抛________；内拖水码头抛________；结构强度差的码头抛________。

A. 倒锚；拎水锚；开锚；拎水锚　　B. 拎水锚；倒锚；拎水锚；开锚

C. 倒锚；拎水锚；拎水锚；开锚　　D. 拎水锚；倒锚；开锚；拎水锚

77. 船舶靠泊过程中，应注意锚和缆绳的配合，下列说法正确的是________。

①若锚链没有吃力，绞艏倒缆过多容易造成船首碰撞码头；②若锚链吃力，绞艏倒缆时，船首不易绞拢；③松锚链过程中，应停绞艏倒缆，以免船首撞击码头

A. ①②③　　B. ①②

C. ②③　　D. ①③

78. 船舶在平原河流，受风、流影响下靠泊，下列说法正确的是________。

①条件许可时，尽可能顶风、流合力方向驶靠；②码头附近风流作用方向相反时，应考虑对船舶影响大的因素；③压载船受强吹拢风时，在接近码头时，应让开锚锚链受力；④重载船急流时，驶靠角宜小

A. ①②③④　　B. ①②④

C. ①②③　　D. ②③

79. 滑行驶靠法适合在码头附近水流________,码头下方________的条件下采用。

A. 湍急;有障碍物　　B. 湍急;无障碍物

C. 平缓;有障碍物　　D. 平缓;无障碍物

80. 滑行驶靠法,主要适用于水流平缓,风力较小,码头下方水域宽敞的码头。

A. 对　　B. 错

81. 船舶驶靠码头时,若水流平缓,风力较小,码头下方水域宽敞,通常________码头。

A. 横移驶靠　　B. 滑行驶靠

C. 大角度驶靠　　D. 扬头驶靠

82. 船舶驶靠码头时,滑行驶靠适用于________的码头。

①水流平缓;②风力较小;③有吹开风;④码头下方水域宽敞

A. ①②③　　B. ①③④

C. ①②④　　D. ①②③④

83. 滑行驶靠又称为小角度驶靠或游移驶靠,是指船舶在驶靠码头过程中,船舶艏艉线与码头外缘线的夹角________,借船舶惯性滑行驶靠的方法。

A. 不大于 15°　　B. 不小于 15°

C. 不大于 30°　　D. 不小于 30°

84. 右旋单螺旋桨船在采用滑行驶靠的方法驶靠右舷侧码头时,在使用倒车时,应防止________和尾流效应横向力的共同作用而使船首向________偏转。

A. 水面效应横向力;左舷　　B. 水面效应横向力;右舷

C. 伴流效应横向力;左舷　　D. 伴流效应横向力;右舷

85. 滑行驶靠法适合于在码头下方水域宽敞,且可在水流较急、风力较小的情况下采用。

A. 对　　B. 错

86. 船舶在靠泊过程中调整驶靠角,主要是________过程中,通过操舵或用车来实现的。

A. 漂航　　B. 滞航

C. 淌航　　D. 直航

87. 船舶滑行驶靠的操纵要点为________。

①逆流驶靠;②驶靠角不大于 15°;③视船速大小适时停车;④船首对准泊位上端点;⑤船首达泊位下端操外舵,调顺船身,适当倒车控制船位

A. ①②③④⑤　　B. ①②③⑤

C. ①②④⑤　　D. ②③④⑤

88. 船舶驶靠操作不当的是________。

A. 一般在距泊位下端点 2~3 倍船长纵距处停车淌航

B. 驶靠角不超过 15°

C. 淌航过程中,船首对准泊位的下端点

D. 船首抵达泊位下端点,操外舵,调顺船身

89. 关于下图所示船舶靠泊方法,下列说法正确的是________。

①图中船舶靠泊方法为滑行驶靠法;②该方法用于水流平缓,风力较小,下方水域宽敞的码头;③靠泊时,保持距离码头外缘线一定的横距,慢速接近,适时停车,通常先带艏倒缆

用于控制船舶

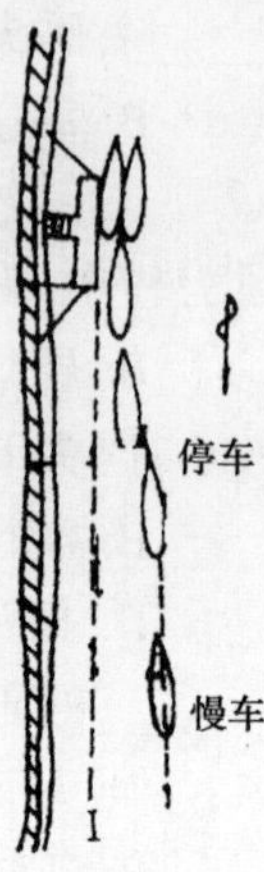

A. ①②③　　B. ①②

C. ②③　　D. ①③

90. 关于下图所示船舶滑行驶靠方法,下列说法正确的是________。

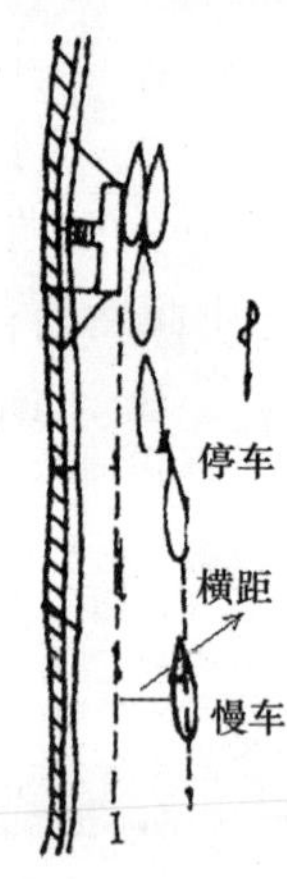

A. 船舶与码头外缘保持 0.5~1.0 倍船宽的横距慢车航行

B. 一般情况下,船首距离码头的下端点 5~6 倍船长时,停车滑行

C. 滑行驶靠过程中,保持船首始终对准码头的下端点

D. 艏艉线与码头外缘延长线夹角不大于 15°

91. 船舶滑行驶靠泊位,对于右旋单螺旋桨船,如在码头边倒车驶靠,下列说法错误的是________。

A. 左舷靠泊时,靠拢角度可适当增大

B. 右舷靠泊时,靠拢角度可适当增大

C. 右舷靠泊时,适当增大横距,防止倒车时的船首栽向码头

D. 右舷靠泊时,用倒车前,可适当先操左舵,使船有向左偏转的趋势

92. 船舶顶流驶靠码头时,增大驶靠角,船舶向码头的横移速度将________。

A. 减小　　B. 增大

C. 不变　　D. 为零

93. 船舶采用顶流横移驶靠法，一般情况下控制船舶的前后移动以________为主；控制船舶横向移动速度以________为主。

A. 调整舵速；调节风舷角　　B. 调整舵速；调节流舷角

C. 调整车速；调节风舷角　　D. 调整车速；调节流舷角

94. 船舶采用顶流横移驶靠法，一般情况下控制船舶的前后移动，以________为主。

A. 调整舵速　　B. 调整车速

C. 调整流速　　D. 调整风速

95. 在泊位上、下方有他船靠泊的情况下，可采用________。

A. 小角度驶靠　　B. 大角度驶靠

C. 平移驶靠　　D. 顺流驶靠

96. 重载船在急流港口顶流驶靠时，靠拢角度宜小，以________驶靠横移速度，________船舶向码头或趸船的驶靠力。

A. 减小；减小　　B. 增加；减小

C. 减小；增加　　D. 增加；增加

97. 有吹拢风或困档水，可采用平移驶靠的操纵方法驶靠码头。

A. 对　　B. 错

98. 横移驶靠码头时，应使船舶到达泊位挡子正横外处，使艏艉线与码头边缘线接近平行。

A. 对　　B. 错

99. 顶流横移驶靠可以在码头附近有流无风或流的作用大于风的作用时采用。

A. 对　　B. 错

100. 船舶采用横移驶靠码头时，调节流舷角的大小，可以控制船舶向码头的横向移动速度。

A. 对　　B. 错

101. 横移驶靠时，船舶在推力与水动力的合力作用下横移靠拢。若横移过快，宜________流舷角和________车速。

A. 减小；减小　　B. 增大；增大

C. 增大；减小　　D. 减小；增大

102. 横移驶靠时，船舶在推力与水动力的合力作用下横移靠拢。若横移过慢，宜________流舷角和________车速。

A. 减小；减小　　B. 增大；增大

C. 增大；减小　　D. 减小；增大

103. 重载船顶急流靠泊时，其靠拢角度宜大，以减小靠泊力。

A. 对　　B. 错

104. 船舶采用横移驶靠法，若减小流舷角和车速，则横移速度________。

A. 减小　　B. 增大

C. 不变　　D. 有时减小，有时增大

105. 一般情况下，顶流横移驶靠码头，控制船舶向码头的横移速度，主要以调节________来实现。

A. 车速大小　　B. 流舷角大小
C. 系缆长度　　D. 锚链长度

106. 船舶采用顶流横移驶靠法，一般情况下控制船舶的前后移动以调节________为主；控制船舶横向移动速度以调节________为主。
A. 舵速；风舷角　　B. 舵速；流舷角
C. 车速；风舷角　　D. 车速；流舷角

107. 采用嵌档驶靠时，船舶到达泊位空当正横外处，应使船舶艏艉线与码头边缘线________。
A. 接近 30°　　B. 接近 60°
C. 接近 90°　　D. 接近 0°

108. 船舶采用顶流横移驶靠，一般情况下控制船舶的前后移动，以调整________为主。
A. 舵速　　B. 车速
C. 流速　　D. 风速

109. 船舶在顶流横移驶靠码头时，主要利用的有利因素有________。
①存在流舷角时的推力与水动力的合力；②调顺船身时的离心力；③调顺船身时重心与船尾的反移量
A. ①②③　　B. ①③
C. ①②　　D. ②③

110. 下列关于横移驶靠的说法不正确的是________。
A. 横移驶靠过程中，船舶前后移动主要是调整车速
B. 横移驶靠过程中，控制向泊位横移速度，应减小船舶驶靠角
C. 横移驶靠过程中，应注意利用船舶的反移量
D. 横移驶靠过程中，如果横移速度过快，应适当倒车，把船头扬开

111. 关于下图所示船舶驶靠方法，下列说法正确的是________。
①该船舶采用的驶靠方法为顶流横移驶靠法；②适用于码头附近水流较急或泊位上、下均有他船靠泊的情况；③该法是用车速控制船舶前后运动，调整流舷角控制船舶的横移靠拢运动，完成靠泊

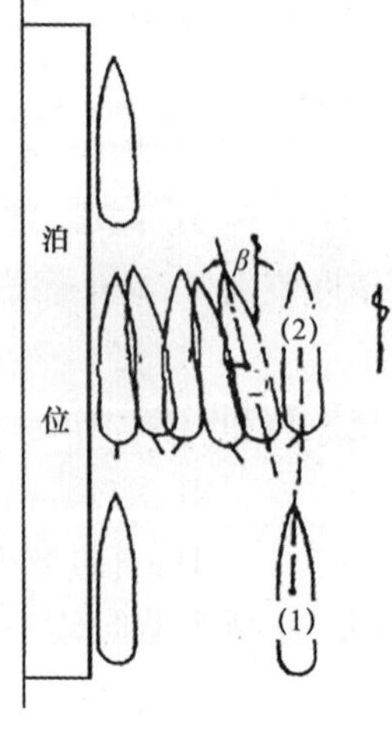

A. ①②③　　B. ①②

C. ①③　　D. ②③

112. 关于下图所示船舶顶流横移驶靠方法，下列说法正确的是________。

①根据水流的强弱和船舶冲程，及时在位置(1)处，停车淌航；②船舶淌航至位置(2)处时操左舵，开慢车，调整好船舶流舷角；③若横移速度过快，宜增大流舷角和车速

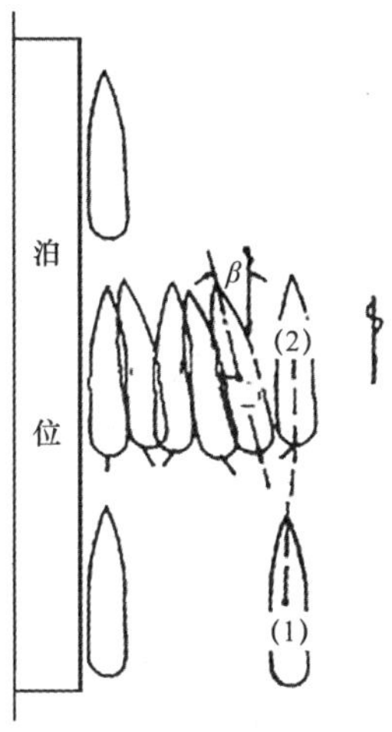

A. ①②③　　B. ①②

C. ②③　　D. ①③

113. 关于下图所示船舶吹拢风横移驶靠方法，下列说法正确的是________。

①船舶在位置(1)处适时慢车、停车淌航，至位置(2)处调顺船身；②在位置(2)处控制船身不进不退，在拢风作用下平行向码头靠拢；③若拢风较强，横移速度较快时，不宜采用此方法，为防止意外可及时抛开锚控制船舶

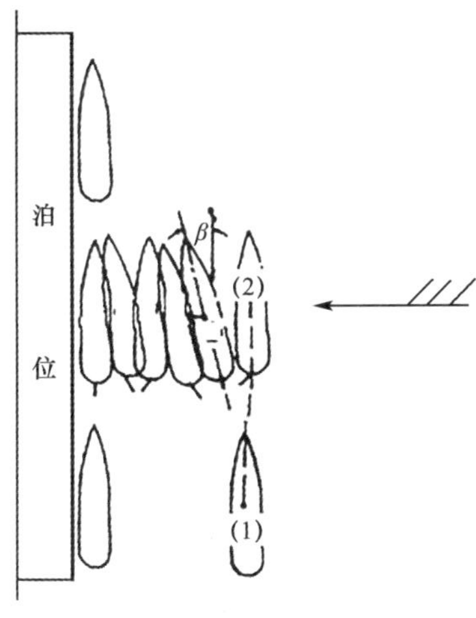

A. ①②③　　B. ①②

C. ②③　　D. ①③

114. 大角度驶靠法最适宜在________的情况下采用。

A. 码头结构强度差　　B. 水流平缓且有强吹开风作用

C. 水流平缓且有强吹拢风作用　　D. 水流湍急

115. 船舶采用大角度驶靠码头，当流弱且有强吹开风时，驶靠角度可________。

A. 大些　　B. 小些

C. 不变　　D. 有时大些，有时小些

116. 有较强吹开风，泊位空当小，没有足够回旋余地，一般靠码头时可采用________。

A. 小角度驶靠　　B. 大角度驶靠

C. 平移驶靠　　D. 扬头驶靠

117. 在急流或趸船尺度小、结构设施差的情况下，可采用大角度驶靠的操纵方法。

A. 对　　B. 错

118. 大角度驶靠时，逆流船舶可以________的角度，对准码头的________驶向码头。

A. 30°~60°；上端点　　B. 30°~60°；下端点

C. 60°~90°；上端点　　D. 60°~90°；下端点

119. 大角度驶靠时，若带好艏倒缆后，船尾因带缆迟缓而被风吹开，通常情况下可将艏倒缆________，开慢进车，并将舵________，使船尾向码头靠拢。

A. 放松；转向外舷　　B. 固定；转向外舷

C. 放松；转向内舷　　D. 固定；转向内舷

120. 船舶靠码头时，如遇吹开风，可采用________。

A. 大角度驶靠　　B. 平移驶靠

C. 小角度驶靠　　D. 抛开锚驶靠

121. 大角度驶靠法最适宜在________的情况下采用。

A. 水流较大且有吹拢风　　B. 水流平缓且有吹开风

C. 水流平缓且有吹拢风　　D. 水流较急且有吹开风

122. 驶靠码头时，驶靠角度应掌握________，船首与码头夹角要大。

A. 顶流吹拢风较大时　　B. 顶流吹开风较大时

C. 急流的情况下　　D. 困档水情况下

123. 当流弱且有强吹开风时，船舶采用大角度驶靠码头时，驶靠角度一般为________。

A. 10°~20°　　B. 20°~30°

C. 30°~60°　　D. 60°~90°

124. 关于大角度驶靠泊位，下列说法正确的是________。

A. 泊位有强吹开风，空载船宜采用大角度驶靠

B. 靠泊的驶靠角一般不超过30°

C. 靠泊过程中，船首应对准泊的上端点

D. 靠泊过程中，不用考虑水流的影响

125. 关于下图所示船舶大角度驶靠的操船方法，下列说法正确的是________。

①适用于有强吹开风时的驶靠；②逆流航行船舶可直接从航道以30~60°的角度，中速对准码头的下端点驶向码头；③船舶在位置(2)，距离码头约2倍船长处时，开慢车，操外舷舵，使船舶抵达码头边时与码头边线平行，并及时带妥艏倒缆

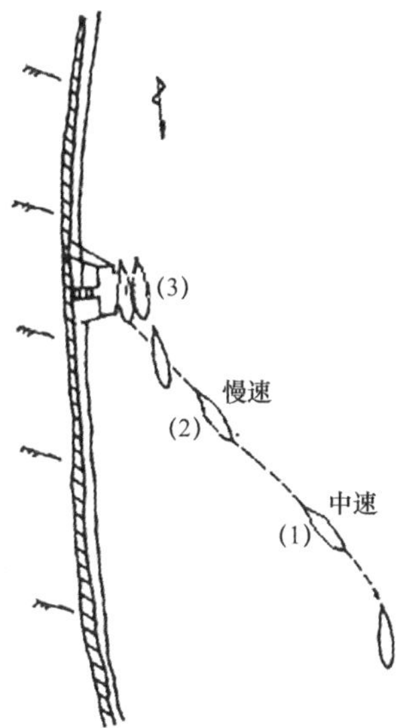

A. ①②③　　B. ①②

C. ②③　　D. ①③

126. 关于船舶大角度驶靠的操船方法,说法错误的是________。

A. 船舶应掌握停车时机,必要时抛锚配合操纵

B. 船舶应掌握本船大角度旋回时的纵距、横距和反横距,在码头旁调顺船身

C. 流弱,吹开风较强时,驶靠角度可小些

D. 若条件允许,船舶应迎着风流合力的方向驶靠

127. 船舶为靠泊而抛锚时,应抛________。

A. 右舷艏锚　　B. 左舷艏锚

C. 内档艏锚　　D. 外档艏锚

128. 在强正横吹拢风作用下,为控制船舶横向靠拢码头的速度,并为离码头提供方便,可采用抛________的方法。

A. 开锚　　B. 倒锚

C. 拎水锚　　D. 拖锚

129. 船舶靠泊时,位于码头或趸船上游方向抛下的外档艏锚,称为________。

A. 拎水锚　　B. 开锚

C. 倒锚　　D. 拖锚

130. 当船舶驶靠码头遇回流时,可采用________驶靠码头。

A. 抛倒锚　　B. 抛开锚

C. 抛一字锚　　D. 抛拎水锚

131. 船舶驶靠码头,若遇急流或在码头结构强度较弱的情况,可采用________。

A. 抛倒锚　　B. 抛开锚

C. 抛一字锚　　D. 抛拎水锚

132. 有吹拢风或困档水,且泊位空当小、机动余地受限,船舶靠码头时一般可采用________。

A. 抛拎水锚驶靠　　B. 抛倒锚驶靠

C. 抛开锚驶靠　　D. 抛八字锚驶靠

133. 抛拎水锚一般在常流水，吹开风和靠泊岸壁式码头时使用。

A. 对　　B. 错

134. 船舶抛倒锚驶靠通常在急流中靠泊趸船时使用。

A. 对　　B. 错

135. 船舶驶靠码头，当码头边的水域有回流时，可采用抛拎水锚驶靠。

A. 对　　B. 错

136. 抛锚驶靠的方法包括________。

①抛开锚；②抛拖锚；③抛倒锚；④抛拎水锚

A. ①②④　　B. ①③④

C. ①②③　　D. ①②③④

137. 抛开锚驶靠的适用条件包括________。

①吹拢风；②泊位前后有障碍；③困档水；④回流

A. ①②④　　B. ①③④

C. ①②③　　D. ①②③④

138. 抛拎水锚驶靠的适用条件包括________。

①遇首吹强拢风；②急流；③码头结构强度较弱；④回流

A. ①②④　　B. ①③④

C. ①②③　　D. ①②③④

139. 船舶靠泊时，位于码头或趸船上游方向抛下的外档艏锚，称为________。

A. 拎水锚　　B. 开锚

C. 倒锚　　D. 拖锚

140. 有吹拢风或困档水，且泊位空当小、机动余地受限，船舶靠码头时一般可采用________驶靠码头。

A. 抛拎水锚　　B. 抛倒锚

C. 抛开锚　　D. 抛八字锚

141. 船舶抛开锚驶靠码头的适用条件包括________。

①困档水；②吹拢风；③弱回流

A. ①②③　　B. ①③

C. ①②　　D. ②③

142. 船舶抛拎水锚驶靠码头的适用情况包括________。

①强尾后来风；②首遇强吹拢风；③急流；④码头结构强度较弱的情况时

A. ①②③　　B. ①③④

C. ①②④　　D. ②③④

143. 船舶抛倒锚驶靠码头的适用情况包括________。

①强后八字风；②吹拢风；③回流

A. ①②③　　B. ①③

C. ①②　　D. ②③

144. 当下图所示码头附近有泡水时，关于抛开锚驶靠泊位的操船方法，说法正确的是________。

①船舶适时停车,滑行至码头至外档 3~5 倍链长处;②在位置(2)处,用舵,使船首扬向码头外档,抛下外档艏锚,采用抛开锚扬头驶靠;③用车、舵控制船尾先靠上码头,然后再松锚链,至船首贴拢码头

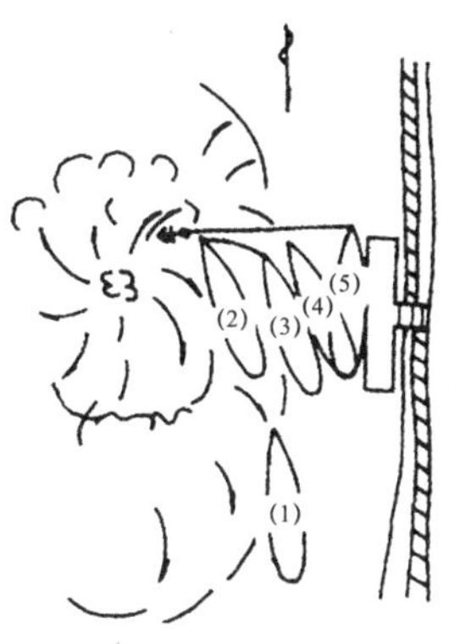

A. ①②③　　　　B. ①③

C. ①②　　　　D. ②③

145. 关于下图所示船舶驶靠码头的操纵,下列说法正确的是________。

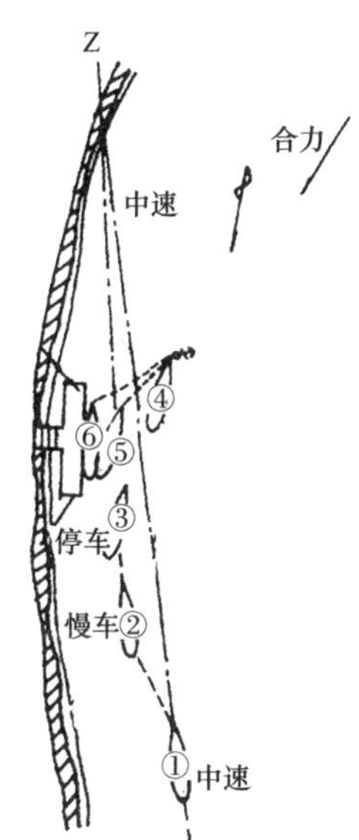

A. 该靠泊方法为抛开锚驶靠

B. 适用于码头处有急流或困档水的情况

C. 锚位在泊位上方 0.5~1 倍的链长处

D. 当强吹拢风,码头结构强度较差时,一般不宜采用此操纵方法

146. 关于船舶抛拎水锚驶靠码头的操纵,说法正确的是________。

①船首抵码头上端,应操内舷舵,抛锚前应使船首斜向码头一侧;②锚位应位于码头上方 0.5~1 倍船长处;③抛锚后,应缓慢松长锚链,使船尾先接近码头

A. ①②③　　　　B. ①②

C. ②③　　　　D. ①③

147. 关于下图所示船舶驶靠码头的操纵,下列说法正确的是________。

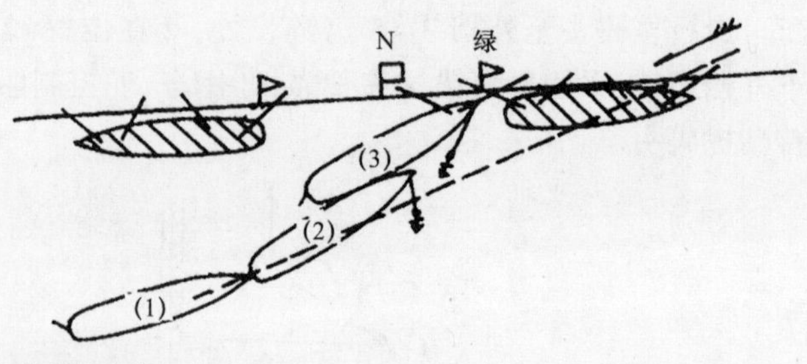

A. 该操纵方法为抛倒锚驶靠

B. 该操纵方法为抛开锚驶靠

C. 适用于码头处有强急流时的船舶顶流靠泊

D. 适用于船舶顶强风时的靠泊

148. 关于下图所示船舶抛倒锚驶靠码头的操纵，下列说法正确的是________。

①适用于码头边有困档水、弱回流时的船舶驶靠；②抛倒锚的主要目的是有侧风或余速较快时，控制船舶的余速；③如遇强尾部来风，在驶靠时，尽可能控制船尾正对风向，防止船身打横

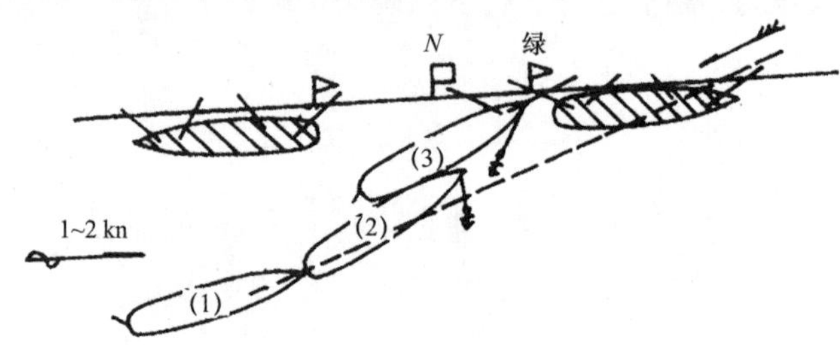

A. ①②③　　B. ①②

C. ②③　　D. ①③

149. 船舶在困档水水域内驶靠码头或趸船时，艏艉线与困档水流向间的夹角应________。

A. 减小　　B. 增加

C. 有时减小，有时增大　　D. 接近垂直

150. 下列情况中适用于扬头驶靠的是________。

A. 流速很小的运河

B. 有困档水或吹拢风的情况下

C. 有强吹开风的情况下

D. 水流平缓、风力较小、码头下方水域宽敞的码头

151. 船舶驶靠码头时，在有吹拢风时，可选择________的方法驶靠码头。

①滑行驶靠；②抛开锚；③抛拎水锚驶靠；④扬头驶靠

A. ①②③　　B. ①②④

C. ②③④　　D. ①②③④

152. 船舶驶靠码头时，扬头驶靠适用于________的情况下靠码头。

①有困档水；②有强吹开风；③有吹拢风；④有回流水

A. ①②　　B. ①③

C. ②④　　D. ③④

153. 扬头驶靠是船舶在有困档水或吹拢风的情况下驶靠码头时，使船首扬头顶着________，再在风、流动力作用下，使________先靠上码头的靠泊方法。

A. 风的方向；船首　　B. 风的方向；船尾

C. 风、流合力方向；船首　　D. 风、流合力方向；船尾

154. 船舶在困档水或吹拢风的情况下驶靠码头，可采用________。

A. 滑行驶靠　　B. 顺流驶靠

C. 大角度驶靠　　D. 扬头驶靠

155. 关于船舶扬头驶靠码头的操纵，下列说法正确的是________。

①适用于有困档水、首吹拢风时的驶靠；②船舶停车后，顶着风、流合力的方向，船首抵达码头上端后，操舵使船首略扬开码头；③该方法是利用车、舵、困档水和吹拢风的作用，使船首先靠拢码头

A. ①②③　　B. ①②

C. ②③　　D. ①③

156. 船舶驶靠码头时，在流速很小或在涨潮末的转潮期间，或在弱回流区，为了避免掉头操纵，可采用________的靠泊方法。

A. 抛锚驶靠　　B. 扬头驶靠

C. 顺流驶靠　　D. 横移驶靠

157. 船舶驶靠码头时，顺流驶靠适用于在________的情况下靠码头。

①流速很小的运河中；②涨潮末的转潮期间；③在弱回流区

A. ①②　　B. ①③

C. ②③　　D. ①②③

158. 船舶在顺流驶靠码头时，当船接近码头时，应开倒车制动，并首先尽快地送出________，对送出的缆绳应做到带得快、溜得出、刹得住、解得脱。

①艏缆；②艏倒缆；③艉缆；④艉倒缆；⑤艏横缆

A. ①③　　B. ①④

C. ②③　　D. ②⑤

159. 船舶顺流驶靠码头的操纵，说法正确的是________。

①适用于流速较大的宽敞河道中顺流靠泊；②船舶在向码头驶靠时，应尽可能降低航速，减小船舶的惯性；③当需要船舶倒车制动时，应注意船首的偏转效应；④船舶带缆时，应先带妥艏缆，并做到带得快、刹得住

A. ①②③　　B. ①③④

C. ②③　　D. ②③④

第四节　离泊操纵

1. 离码头前，必须掌握本船的情况，包括________。

①操纵性能；②载重情况；③船舶吃水；④船舶长度；⑤盲区

A. ①②③④⑤　　B. ①②③④

C. ①②③　　D. ①③④⑤

2. 离码头前，必须掌握本船的操纵性能等，船长还应掌握________，做到心中有数。

A. 锚的情况　　B. 系缆情况

C. 泊位情况　　D. 锚、系缆、泊位情况

3. 抛锚驶靠的船舶在驶离泊位之前，必须充分了解锚及锚链的情况，主要包括________等基本情况。

①锚链的受力情况；②锚链的方向；③出链长度

A. ①②　　B. ①③

C. ②③　　D. ①②③

4. 船舶在驶离码头之前，必须检查系缆的基本情况，具体包括________等。对不符合离泊操纵要求的，都应事先加以调整。

①系缆的强度、角度、根数；②系缆是否处于正常状态；③倒缆的位置和强度

A. ①②　　B. ①③

C. ②③　　D. ①②③

5. 船舶离泊前，驾驶员掌握的情况中，应包括________。

①锚链受力及方向情况；②系缆是否处于正常情况；③泊位附近风流情况

A. ①②　　B. ①③

C. ②③　　D. ①②③

6. 船舶离泊前，应根据气象、潮汐、泊位特点，以及船舶动态、装载情况和实际的操纵性能，来决定离泊时机、离泊操纵方法。

A. 对　　B. 错

7. 船舶离泊前应了解的环境客观条件包括________。

A. 泊位情况　　B. 水流情况

C. 风的情况　　D. 泊位情况、水流情况、风的情况

8. 船舶在驶离码头之前，必须掌握本船实际情况和码头环境客观条件，其目的是________。

①决定离泊时机；②确定操纵人员；③确定离泊方法

A. ①②　　B. ①③

C. ②③　　D. ①②③

9. 船舶在驶离码头之前，必须掌握码头环境条件，环境客观条件主要包括________等。

①泊位情况；②水流情况；③风的情况

A. ①②　　B. ①③

C. ②③　　D. ①②③

10. 船舶在驶离码头之前，应了解码头的泊位情况，具体包括________等基本情况。

①码头的类别；②泊位前后余地；③泊位附近水域宽度；④系缆桩的位置；⑤泊位附近的他船离泊情况

A. ①②③④　　B. ①②③⑤

C. ①②④⑤　　D. ①②③④⑤

11. 船舶在驶离码头之前，应充分了解码头周边的风、流情况，具体包括________等基本情况。

①风向；②风速；③流速；④流向；⑤流态

A. ①②③④　　B. ①②③⑤

C. ①②④⑤　　D. ①②③④⑤

12. 船舶离泊前，要了解________情况。

①船舶载重和船舶吃水；②本船的操纵性能；③抛锚的情况；④系缆情况；⑤泊位情况；⑥泊 位的水流情况

A. ①②③④⑤⑥　　B. ①③④⑤⑥

C. ①②④⑤⑥　　D. ②③④⑤⑥

13. 船舶的离泊操作要领是________。

①确定船首先离，还是船尾先离或平行离；②掌握艏或艉的摆出角度，注意系缆受力情况；③掌握船舶进退速度

A. ①③　　B. ②③

C. ③　　D. ①②③

14. 船首前方有他船靠泊或有吹拢风时，船舶离泊采用开首驶离的角度应________。

A. 小些　　B. 大些

C. 为零　　D. 接近 90°

15. 船舶顺流开尾离码头，在流缓情况下的甩尾角度应________在流急情况下的甩尾角度。

A. 大于　　B. 小于

C. 等于　　D. 时而大于，时而小于

16. 离码头作业中，在微风且码头前方无障碍物的情况下，船首摆开角度应尽量减小。

A. 对　　B. 错

17. 船舶离码头时，遇尾吹拢风，可采用开首驶离。

A. 对　　B. 错

18. 船首前方有他船靠泊或有吹拢风时，开首驶离的角度应大些。

A. 对　　B. 错

19. 顶岸靠泊的船舶，离泊时应采用开首驶离。

A. 对　　B. 错

20. 顺流靠泊船，离泊时开尾驶离角太大，可能使船身打横。

A. 对　　B. 错

21. 船舶离泊操作要领是________。

①确定开首或开尾；②掌握驶离角；③控制船舶的前后移动；④防止系缆绞缠螺旋桨

A. ①②③　　B. ②③④

C. ①③④　　D. ①②③④

22. 船舶顶岸靠泊，离泊时应采用________驶离。

A. 开首　　B. 开尾

C. 平离　　D. 留艉倒缆扬头

23. 溜缆应采用钢丝缆；溜缆的速度不宜________，一次溜出的长度不宜________；溜缆应由

熟练的水手担任,以策安全。

A. 过快;过短 B. 过慢;过长

C. 过慢;过短 D. 过快;过长

24. 船舶离泊操纵,符合首离法的条件是________。

①顶流吹开风,风流较弱;②顶流吹开风,风流较强;③泊位前方清爽,而且当船首离开码头约 15°,车舵不会触及码头

A. ①③ B. ②③

C. ③ D. ①②③

25. 开首驶离角太大的严重后果是________。

A. 船尾开不出 B. 船尾扫碰码头

C. 船位失控 D. 不利解缆

26. 船舶顺流开尾离码头,在缓流情况下的开尾角度________在急流情况下的开尾角度。

A. 大于 B. 小于

C. 等于 D. 小于等于

27. 关于离泊,下列说法错误的是________。

A. 离泊前,应做好各项离泊准备

B. 离泊前,应按规定鸣放声号

C. 离泊过程中,溜缆的速度应快些,防止伤人

D. 离泊用车前,艉部系缆应收进才可用车

28. 在无风、顶流或泊位前方清爽无障碍物,且螺旋桨及舵不会触及码头时,船舶离泊时宜采用________。

A. 扬头驶离 B. 开尾驶离

C. 绞锚驶离 D. 拖船协助驶离

29. 码头前方无障碍物或有少量障碍物,且外伸量很小,船舶离泊时一般采用________驶离。

A. 开尾 B. 开首

C. 绞锚 D. 平行

30. 船舶采用小角度驶离码头时,要求最初的________。

A. 车速不宜太小 B. 舵角不宜太小

C. 车速和舵角均不宜太大 D. 车速和舵角均不宜太小

31. 船舶采用小角度驶离时,要求最初车速和舵角都不宜太大,以免船尾扫碰码头。

A. 对 B. 错

32. 开首驶离的应用场合有________。

①码头附近水流平缓;②码头前方无障碍物或有少量障碍物;③码头后障碍物较多并外伸较大;④有吹开风作用时

A. ①②④ B. ①③④

C. ①②③ D. ①②③④

33. 在无风、顶流或泊位前方清爽无障碍物,且螺旋桨及舵不会触及码头时,船舶离泊时宜采

用________。

A. 开首　　B. 开尾

C. 平行　　D. 绞锚

34. 关于船舶驶离角,下列说法不正确的是________。

A. 泊位有吹开风时,驶离角可小些

B. 泊位前方水域开阔,水流平缓,驶离角可小些

C. 泊位有困档水,驶离角可小些

D. 泊位水流较急,驶离角可小些

35. 离泊操纵最简便的方法是________。

A. 小角度驶离　　B. 坐缆驶离

C. 开尾倒车驶离　　D. 绞锚驶离

36. 关于小角度离驶泊位,下列说法不正确的是________。

A. 码头前方无障碍物　　B. 解掉所有系缆,开进车,操外舵

C. 最初的车速和舵角可大些　　D. 离泊过程中,边操外舵边稳舵,慢慢驶离

37. 关于下图中船舶驶离码头的操纵,下列说法不正确的是________。

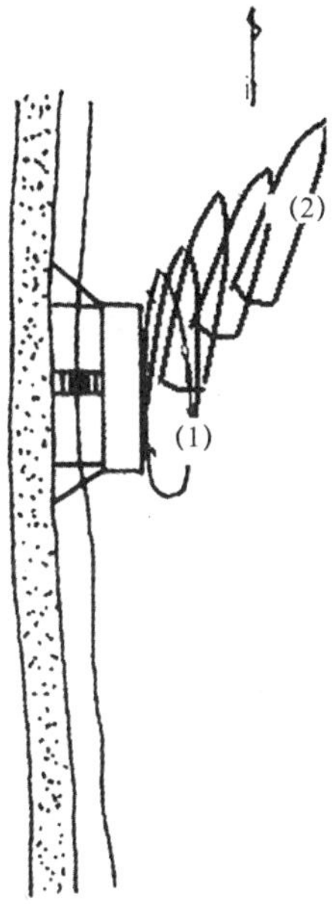

(2)
(1)

A. 该操纵方法为小角度驶离码头方法

B. 适用于码头前方水域宽敞无碍的情况

C. 操纵船舶时,注意用车不宜过快,用舵不宜过大

D. 操纵不当易造成船尾扫碰码头,是驶离码头操纵较困难的方法

38. 在潮汐河段,由于转流的原因,船舶离泊时潮流来自于船尾,则采用________驶离。

A. 开尾　　B. 开首

C. 绞锚　　D. 平行

39. 船舶顺流或回流系泊于码头,离泊时又遇尾吹拢风,此时一般可采用________的方法

较好。

A. 艉倒缆坐艄驶离　　B. 开尾驶离

C. 小角度驶离　　D. 拖船协助驶离

40. 在有尾吹拢风，码头前方有大片障碍的伸向河心等情况离码头，可用________离码头。

A. 坐艄下移驶离法　　B. 小角度驶离法

C. 开尾倒车驶离法　　D. 留坐缆驶离法

41. 船舶驶离码头采用开尾倒车驶离法时，艏倒缆应适当留长些。

A. 对　　B. 错

42. 开尾驶离法，只适用于船舶顺流离码头。

A. 对　　B. 错

43. 开尾倒车驶离适用条件包括________。

①急流；②回流；③尾后来风；④船舶后方有障碍物等

A. ①②③　　B. ①②④

C. ②③　　D. ①③④

44. 在有尾吹拢风，码头前方有障碍物伸向河心等情况下自力离码头，一般采用________。

A. 小角度驶离法　　B. 坐艄下移驶离法

C. 开尾倒车驶离法　　D. 拖船协助驶离法

45. 开尾倒车驶离泊位操纵，说法不正确的是________。

A. 仅留艏倒缆　　B. 艏倒缆方向与船舶艏艉线的角度要小

C. 艏倒缆的长度应短些　　D. 艏倒缆的系结点应接近船首

46. 如顺流、吹拢风利用艏倒缆飞尾驶离，图中艏倒缆最佳的带缆方式是从船舶________处出缆，带在码头________处缆桩上。

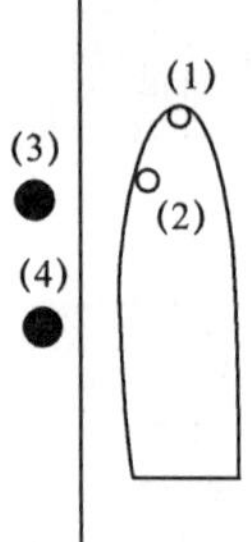

A. (1)；(3)　　B. (1)；(4)

C. (2)；(3)　　D. (2)；(4)

47. 关于下图中船舶驶离码头的操纵，下列说法正确的是________。

①图中离泊操纵方法为开尾驶离；②该操纵方法适用于顺流、尾后来风或码头前方有障碍物的情况；③离泊时船舶留船艏倒缆，利用车、舵和艏倒缆的配合使船舶开尾驶离

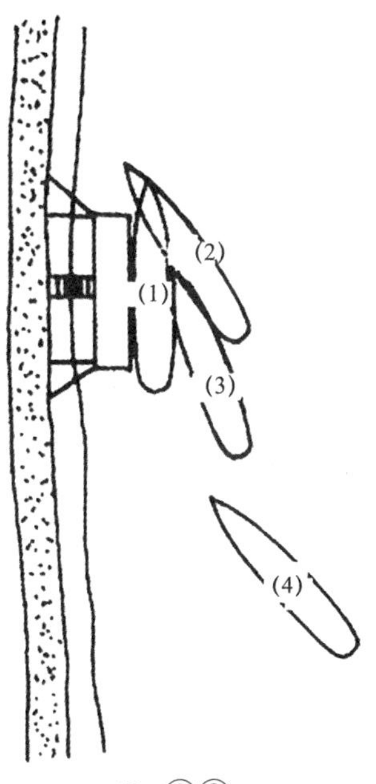

A. ①②③　　B. ②③

C. ①③　　D. ①②

48. 船舶利用艉倒缆离码头时,艉倒缆的出缆方向与船舶艏艉夹角应________。

A. 力求最小　　B. 力求最大

C. 保持垂直　　D. 保持 60°

49. 绞开锚驶离操纵时,可以解掉各缆仅留________,操________,开进车(双螺旋桨船可开外进车内倒车),使船尾离开码头。

A. 艏倒缆;内舵　　B. 艉倒缆;内舵

C. 艏倒缆;外舵　　D. 艉倒缆;外舵

50. 船舶离泊时,使用艉倒缆扬首驶离时,必须确保缆绳有足够的长度。

A. 对　　B. 错

51. 船舶采用坐缆驶离码头时,应特别注意,在用倒车时,应避免坐缆承受过大负荷,造成系缆绷断。

A. 对　　B. 错

52. 船舶离泊时,在顺流、回流、尾后来风或吹拢风,或船舶前方有障碍物等情况下,可采用坐缆驶离。

A. 对　　B. 错

53. 留艏倒缆开尾驶离时的舵效比留坐缆开首驶离时的舵效好,原因是舵速较________,舵力的力臂较________。

A. 大;大　　B. 大;小

C. 小;大　　D. 小;小

54. 关于坐缆驶离泊位,下列说法正确的是________。

A. 泊位有强首吹拢风、困档水的情况下,坐缆适当放长些

B. 坐缆与船首尾之间的角度可大些

C. 流速较大泊位多采用此方法离泊

D. 坐缆在船上的系点应尽量往前移

55. 左舷靠泊船舶,利用艉倒缆扬首驶离码头,说法错误的是________。

A. 一般顶流情况下驶离码头时,采用此方法
B. 船舶先开倒车,使船首扬开一定的角度后,再开进车驶离
C. 船舶先开进车,操外舷舵,使船首扬开一定的角度后驶离
D. 顶流流速较大时,应注意船首扬开后的首倒头现象

56. 关于下图中驶离码头的操纵方法,下列说法不正确的是________。

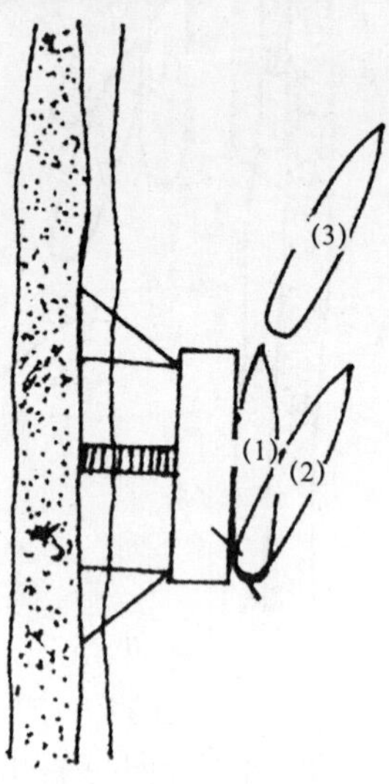

A. 该操纵方法为开首驶离,通常留船尾坐缆扬头驶离
B. 适用于顶流、吹拢风的情况
C. 在有首吹拢风且流速较缓的码头,开首角度可适当大些
D. 在有首吹拢风且困档水的情况下,船尾坐缆的系结点尽量后移,以利于开尾

57. 当下图中在强吹拢风时,关于坐缆驶离码头的操纵方法,下列说法正确的是________。
①强吹拢风对船舶开首驶离起阻碍作用;②在倒车开首困难,当确认码头下角无碍时,可以采用使船尾后移至码头下方一定距离再倒车开首驶离;③当图中船舶处于位置(2)时,风使船尾向内偏转,有利于船舶开首

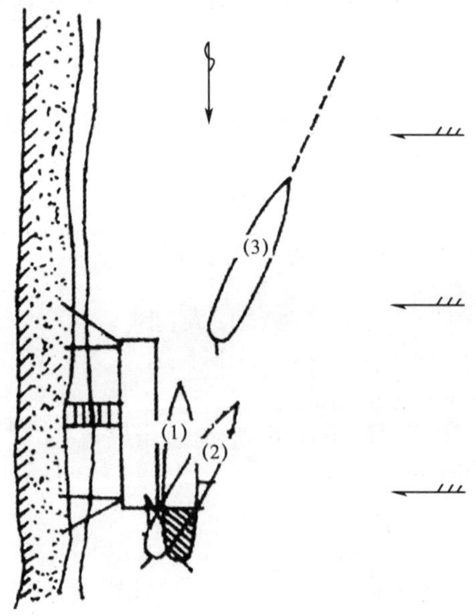

A. ①②　　B. ①②③
C. ②③　　D. ①③

58. ________的船舶，在离泊时可采用绞锚驶离。
①抛开锚驶靠；②有困档水、码头前方有他船系泊；③抛倒锚
A. ①②　　B. ①③
C. ②③　　D. ①②③

59. 船舶在采用绞锚离泊时，在解掉艏倒缆开始绞锚，当船首驶离码头后，一般交替采用操________扬头绞锚和操________调顺船身的方法，使船舶离开码头。
A. 外舵；内舵　　B. 外舵；正舵
C. 内舵；外舵　　D. 内舵；正舵

60. 船舶驶离码头时，绞锚驶离法适用于________的情况下离码头。
A. 码头前方无障碍物，且外伸量很小时
B. 船舶抛锚驶靠
C. 有吹开风或尾吹拢风
D. 外档有他船停泊

61. 船舶在采用绞锚离泊时，首先要解掉各缆，只留________，操内舵开进车，使________先离开码头。
A. 艏倒缆；船首　　B. 艉倒缆；船首
C. 艏倒缆；船尾　　D. 艉倒缆；船尾

62. 有关船舶绞锚驶离码头的操纵方法，下列说法正确的是________。
①绞锚驶离过程中，应注意船首和船尾的转进和转出，及时用车舵调顺船身；②船舶在绞锚过程中用车时，注意船舶纵向移动，以免与邻近处船舶发生碰撞；③强吹拢风时，可以先绞锚使船首内舷迎流，借助水动力离开泊位后，再进车操内舷舵使船尾转出
A. ①②③　　B. ①②
C. ②③　　D. ①③

参考答案

第一节　系泊设备

1.D　2.A　3.C　4.C　5.A　6.C　7.D　8.B　9.D　10.A
11.A　12.A　13.A

第二节　系缆与车舵的配合

1.C　2.C　3.A　4.D　5.B　6.D　7.A　8.D　9.A　10.A
11.B　12.B　13.D　14.C　15.B

第三节 靠泊操纵

1.A	2.A	3.D	4.D	5.D	6.A	7.D	8.A	9.A	10.A
11.D	12.B	13.D	14.A	15.B	16.B	17.C	18.D	19.C	20.B
21.B	22.D	23.B	24.A	25.B	26.A	27.B	28.C	29.C	30.D
31.D	32.A	33.B	34.A	35.C	36.D	37.D	38.B	39.A	40.D
41.D	42.D	43.A	44.B	45.A	46.C	47.C	48.B	49.B	50.A
51.B	52.D	53.B	54.A	55.A	56.A	57.A	58.A	59.A	60.B
61.B	62.B	63.D	64.B	65.B	66.A	67.C	68.C	69.D	70.C
71.D	72.C	73.B	74.B	75.B	76.D	77.A	78.A	79.D	80.A
81.B	82.C	83.A	84.B	85.B	86.C	87.A	88.C	89.A	90.D
91.B	92.B	93.D	94.B	95.C	96.A	97.B	98.A	99.A	100.A
101.A	102.B	103.B	104.A	105.B	106.D	107.D	108.B	109.B	110.B
111.A	112.B	113.A	114.B	115.A	116.B	117.B	118.B	119.B	120.A
121.B	122.B	123.C	124.A	125.A	126.C	127.D	128.A	129.A	130.A
131.D	132.C	133.B	134.B	135.B	136.B	137.C	138.C	139.A	140.C
141.C	142.D	143.B	144.A	145.B	146.C	147.A	148.A	149.A	150.B
151.C	152.B	153.D	154.D	155.B	156.C	157.D	158.C	159.C	

第四节 离泊操纵

1.A	2.D	3.D	4.D	5.D	6.A	7.D	8.B	9.D	10.D
11.D	12.A	13.D	14.B	15.A	16.B	17.B	18.A	19.B	20.A
21.D	22.B	23.D	24.D	25.B	26.A	27.C	28.A	29.B	30.C
31.A	32.D	33.A	34.C	35.A	36.C	37.D	38.A	39.B	40.C
41.A	42.B	43.C	44.C	45.C	46.B	47.A	48.A	49.A	50.A
51.A	52.B	53.A	54.A	55.C	56.D	57.B	58.B	59.A	60.B
61.C	62.A								

第十七章　船舶抛起锚

第一节　锚地的选择

1. 船舶抛锚时,锚地底质是关键,底质最好的是泥沙底。
   A. 对　　B. 错
2. 河床底质与锚的抓力密切相关,一般以________抓力最好。
   A. 软硬适度的泥底、沙底　　B. 泥底
   C. 软泥、硬泥底　　D. 砾石、卵石底
3. 选择锚地时应考虑的因素包括________。
   ①抛锚地点应让出航道,避免遮蔽助航标志;②远离装卸危险品码头和水底电缆、沉船、暗礁等障碍物;③锚泊水域附近应有良好的定位条件
   A. ①②　　B. ②③
   C. ①③　　D. ①②③
4. 一般锚地的最小水深应保证有________吃水加 2/3 最大波高。
   A. 0.5 倍　　B. 1 倍
   C. 1.5 倍　　D. 4 倍
5. 所选择的锚地最大水深通常不超过一舷锚链总长的________。
   A. 1 倍　　B. 1/2
   C. 1/3　　D. 1/4
6. 锚地最佳底质为________。
   A. 泥沙底　　B. 软泥底
   C. 卵石底　　D. 石底
7. 锚地的底质以泥沙混合底或砂卵石底最好。
   A. 对　　B. 错
8. 船舶抛锚应尽量避免在河底陡坡处抛锚,因为坡度较陡,将影响锚的抓力。
   A. 对　　B. 错
9. 船舶可抛锚的最大水深,取决于船舶吃水的大小。
   A. 对　　B. 错
10. 锚地的选择对锚泊安全十分重要,选择锚地时应考虑水深、河床底质及地形、风、浪、流、障碍物和旋回余地等。
    A. 对　　B. 错
11. 锚地流速平缓、流向稳定可以避免锚泊船发生偏荡,减小锚抓力。
    A. 对　　B. 错

12. 锚泊船回转余地应根据锚地底质、锚泊时间长短，附近有无障碍物及水文气象条件等综合考虑后确定。

A. 对　　B. 错

13. 锚泊船应远离装卸危险品码头和水底电缆、沉船、暗礁等障碍物，以免发生事故。

A. 对　　B. 错

14. 选择锚地时，要考虑尽可能使锚泊的危险性减小，不符合这一原则的是________。

A. 抛锚地点应让出航道，避免遮蔽助航标志

B. 远离装卸危险品码头和水底电缆、沉船、暗礁等障碍物

C. 锚泊水域附近应有良好的定位条件

D. 在走沙河段宜长时间锚泊

15. 选择锚地应考虑的因素是________。

①水深适宜；②河床底质；③河床的地形；④风、浪、流作用力小；⑤有足够的回旋余地；⑥危险性小

A. ①②③④⑤　　B. ①②③④⑤⑥

C. ①②④⑤⑥　　D. ①③④⑤⑥

16. 船舶驶往锚地前，应当根据________因素来确定锚泊方式。

①锚地的底质、水深、风流和潮汐；②船舶密度；③本船的吃水；④锚泊的时间

A. ①②③　　B. ②③④

C. ①②③④　　D. ①②④

第二节　锚泊的方式

1. 在任何情况下，船尾都不宜抛锚。

A. 对　　B. 错

2. 双锚泊方式包括________。

①一字锚；②八字锚；③拎水锚；④平行锚

A. ①②③④　　B. ①②③

C. ①③④　　D. ①②④

3. 内河船单锚泊的适用条件是________。

①锚泊时间不长；②锚地宽敞、底质好；③锚地风浪不大；④操纵用锚

A. ①②③　　B. ②③④

C. ①③④　　D. ①②③④

4. 锚泊方式里的一字锚的特点是________。

①所需回旋水域小；②操作复杂和费时；③锚链可能绞缠，不宜清解；④横风大时，容易走锚

A. ①②③　　B. ②③④

C. ①②④　　D. ①②③④

5. 最适宜于船舶抗强风和抵御急流的锚泊方式是________。

A. 一字锚　　B. 八字锚

C. 平行锚　　D. 单锚泊

6. 锚泊方式里的平行锚的特点是________。
①操作简单;②抓力最大;③能抑制船舶偏荡;④锚链容易绞缠
A. ①②③　　B. ①③④
C. ①②③④　　D. ①②④
7. 在流向有变、宽度有限的水道适合抛________。
A. 单锚泊　　B. 一字锚
C. 八字锚　　D. 平行锚
8. 在有潮汐影响的狭窄航道中,宜选用________方法。
A. 单锚泊　　B. 八字锚泊
C. 一字锚泊　　D. 任意锚泊
9. 锚地底质差,或风大流急的锚地,抛单锚容易走锚时应抛________为妥。
A. 一字锚　　B. 八字锚
C. 首尾锚　　D. 平行锚
10. 能获得最大抓力的锚泊是抛________。
A. 单锚　　B. 一字锚
C. 八字锚　　D. 平行锚
11. 当单锚抓力不够时可采用________。
A. 抛八字锚　　B. 抛一字锚
C. 抛首尾锚　　D. 抛止荡锚
12. 平行锚的适用和特点,下述正确的是________。
A. 双锚链应平行相等,夹角为零度,其抓力为单锚泊抓力的两倍,适宜于抗击大风浪和抵御急流
B. 较抛单锚其抛锚操作较为简便
C. 在大风浪中风流方向改变时,不需要调整双锚,且双链不易绞缠
D. 由于双锚双链,船舶不会发生偏荡
13. 在内河船上,双锚泊的抛锚方式用得最多的是八字锚,原因是________。
A. 八字锚抓力大
B. 八字锚操作简单
C. 八字锚回旋水域小
D. 八字锚增加了锚泊系留力,能抑制船舶偏荡

第三节　抛锚操纵

1. 抛锚时,应________离合器,________制链器。
A. 脱开;合上　　B. 脱开;打开
C. 合上;合上　　D. 合上;打开
2. 船舶为靠泊而抛锚时,应________。
A. 抛外档艏锚　　B. 抛内档艏锚
C. 抛上风一舷的锚　　D. 抛下风一舷的锚

3. 判断锚是否抓牢最简单、直观的方法是________。
   A. 船舶不对水移动
   B. 船舶不对岸移动
   C. 船首顶风或顶流不再摆动
   D. 松链后,锚链吃紧拉直抖动几下,然后慢慢下沉,不再吃力
4. 船舶抛锚时要一抛到河底,不宜中途刹住,其目的是避免锚链承受过大的动力负荷而绷断。
   A. 对　　B. 错
5. 船舶为靠泊而抛锚时,应抛内档艏锚。
   A. 对　　B. 错
6. 后退抛锚时,当船舶到达预定的地点,在________时为最佳抛锚时机。
   A. 前进速度较小　　B. 后退速度较大
   C. 完全静止　　D. 略有后退趋势
7. 前进抛锚法因不及后退抛锚法安全可靠,通常在________时才被采用。
   ①逆流抛锚掉头;②驶靠码头抛开锚或倒锚;③紧迫危险需要
   A. ①②　　B. ①③
   C. ②③　　D. ①②③
8. 用锚时,速度控制________。
   A. 以缓速为原则　　B. 以快速为原则
   C. 以常速为原则　　D. 不用考虑速度
9. 单锚泊船可根据当时情况选择抛适宜一舷的锚,当风流来自一舷时,应选择抛________艏锚。
   A. 左舷　　B. 右舷
   C. 下风舷或背流舷　　D. 上风舷或迎流舷
10. 在风、流影响相互不一致时,船舶抛锚时应________。
    A. 主要服从于流
    B. 主要服从于风
    C. 结合本船情况,考虑影响较大的一方
    D. 按无风、流的情况处理
11. 船舶在锚地选择抛锚时机,应在船________时抛出。
    A. 稍前进　　B. 停止
    C. 稍后退　　D. 任意
12. 抛锚时,合拢离合器,松开刹车,锚及锚链带动链轮转动把锚抛下。
    A. 对　　B. 错
13. 船舶使用锚泊做临时系泊时,可以用锚机承受锚和锚链的拉力。
    A. 对　　B. 错
14. 就船舶抛锚方法而言,下列说法正确的是________。
    A. 前进抛锚法是比较常用的一种抛锚方法
    B. 前进抛锚法比后退抛锚法安全、方便
    C. 前进抛锚法锚抓底过程比较短

D. 后退抛锚法比前进抛锚法安全、方便

15. 内河船后退抛锚法的操纵要点有________。
①船身与外力的夹角宜小；②抛锚时船速宜小；③密切注意锚链受力情况；④抛锚时要一抛到河底，不宜中途刹住
A. ①②③　　B. ②③④
C. ①②③④　　D. ①②④

16. 关于前进抛锚法，正确的说法是________。
A. 锚泊时船首应顶风流合力作用的方向
B. 该抛锚法操作安全方便
C. 该抛锚法锚爪抓底过程比较短
D. 该抛锚法应严格控制落锚时的船速

17. 船舶前进抛单锚法通常在________时使用。
①顺流航行抛锚掉头；②紧迫危险抛锚制动；③锚泊
A. ①②③　　B. ①③
C. ②③　　D. ①②

18. 船舶前进抛单锚法的不足之处在于________。
①容易发生锚链缠住锚爪；②在浅水区锚可能划损船底；③锚要翻身影响抓力
A. ①②　　B. ①③
C. ②③　　D. ①②③

19. 横风时用前进法抛八字锚时，所抛出的第一锚应为________。
A. 左锚　　B. 右锚
C. 上风锚　　D. 下风锚

20. 抛八字锚的船，起锚时先起上风、上流的锚或外档的锚。
A. 对　　B. 错

21. 抛八字锚时，一般要求两锚链夹角在________为宜。
A. 20°～30°　　B. 30°～60°
C. 40°～50°　　D. 30°～40°

22. 如果两锚链的夹角________，则两锚抓力的合力增加。
A. 减小　　B. 增加
C. 不变　　D. 为90°

第四节　起锚操纵及锚链绞

1. 绞锚结束后，应________制链器。
A. 合上　　B. 脱开
C. 收紧　　D. 略松

2. 绞锚结束上好制链器后，应________离合器。
A. 合上　　B. 脱开
C. 收紧　　D. 略松

3. 船舶绞锚时,当锚链横过船首柱或船底,应放慢绞锚速度或暂时停绞。

A. 对　　　B. 错

4. 绞锚时,当锚机负荷突降,并可开快车绞进锚链,即可判断锚已离底。

A. 对　　　B. 错

5. 不符合起锚操作程序的做法是________。

A. 起八字锚时先绞进下风锚,再绞上风锚

B. 起一字锚时先绞起力锚,再绞起惰锚

C. 绞锚时如果锚机负担很重或绞不动时,应暂时停绞,不要硬绞,用车舵将船首拎直后再绞

D. 锚将离底时,锚机负荷最重,应放慢绞锚速度

6. 绞锚过程中,下列做法错误的是________。

A. 当锚链横过首柱或船底时,应放慢绞锚速度和暂时停绞

B. 当链长与水深相等处于垂直拉紧状态时,应加快绞进速度

C. 当锚未破土,锚链绞不动时,可将刹车刹紧,脱开离合器,用车协助,待锚拖动后再绞

D. 锚绞至露出水面,确认锚清爽后方可将锚收进,同时报告驾驶台

7. 船舶起锚时,如绞一字锚,正确的做法是________。

A. 先绞力锚,清爽以后,再绞惰锚

B. 先绞惰锚,绞到一节锚链时,再同时绞双锚

C. 两锚同时绞起

D. 先绞惰锚,同时松出力锚锚链,待惰锚绞起后,再绞力锚

8. 船舶起锚时,如绞八字锚,风较大时,应________。

A. 先绞上风锚,再绞下风锚　　　B. 先绞下风锚,再绞上风锚

C. 两锚同时绞　　　D. 可先绞任意一舷的锚

9. 判明锚离底的方法有________。

①锚链由受力状态,突然出现抖动现象;②锚机负荷突然降低;③锚链方向突然由朝前变为垂直向下;④锚链方向突然朝向后方

A. ①②③④　　　B. ①②④

C. ②③④　　　D. ①②③

10. 在起锚作业的锚机操作中,如果锚链向前受力太大,这时不可硬绞,应该________。

A. 待船向前移动后再绞　　　B. 待船向后移动后再绞

C. 待船向右移动后再绞　　　D. 待船向左移动后再绞

11. 起锚作业完成后,应做好收尾工作,使锚设备处于良好的保护状态。其主要工作内容包括________。

①上好制链器;②刹好刹车,脱开离合器;③关闭甲板水,盖上锚链筒防浪盖,罩好操纵装置,封好锚链管口;④通告机舱关闭锚机电源

A. ①②③④　　　B. ②

C. ①　　　D. ①②④

12. 锚链突然向相反方向荡动,然后垂在水中自由转动表示锚已离地。

A. 对　　　B. 错

第五节　守锚与活锚

1. 内河船在泥沙淤积严重的河段长时间抛锚，为了避免淤锚现象，一般每隔________d 进行一次锚检视。

   A. 1～3　　B. 3～5

   C. 5～7　　D. 7～9

2. 内河船员所说的"活锚"是指________。

   A. 由于长时间的锚泊，为了避免锚机故障，每隔一段时间去把锚机活络一下，保证锚机处于正常的工作状态

   B. 由于长时间的锚泊，为了避免走锚现象，每隔一段时间把锚绞起来后重新抛下，以维持良好的锚泊状态

   C. 由于长时间的锚泊，为了避免拖锚现象，每隔一段时间把锚绞起来后重新抛下，以维持良好的锚泊状态

   D. 由于长时间的锚泊，为了避免淤锚现象，每隔一段时间把锚绞起来后重新抛下，以维持良好的锚泊状态

3. 船舶在走沙及江口河段长时间锚泊，以每隔________d 进行一次"活锚"为宜。

   A. 1～3　　B. 3～5

   C. 5～7　　D. 7～9

4. 船舶在大风浪中锚泊，需要活锚或移锚位的情况有________。

   ①当锚和锚链被泥沙淤埋；②在本船偏荡的范围内有其他锚泊船；③锚地处的风流变大时；④锚地条件恶化时

   A. ②③④　　B. ①②③

   C. ①②④　　D. ①②③④

5. "守锚"就是经常采取措施________的一种措施。

   A. 保持锚和锚链处于良好抓着状态　　B. 看着锚和锚链

   C. 防止他船抛锚挂到锚和锚链　　D. 防止丢锚

6. 在洪水或走沙水期，锚泊船为了避免锚的埋没，要定期________。

   A. 走锚　　B. 活锚

   C. 抛锚　　D. 弃锚

第六节　走锚

1. 减小单锚泊偏荡的最有效、最常用的方法是________。

   A. 松长锚链　　B. 抛止荡锚

   C. 增加艉倾　　D. 采用车舵

2. 船舶在大风浪中锚泊，船舶的偏荡程度与________因素有关。

   ①风速；②船体水线以上受风面积；③船舶载况；④驾驶台的位置

   A. ①②③　　B. ②③④

C. ①②④　　D. ①②③④

3. 船舶在大风浪中锚泊，________锚泊方式锚泊船的偏荡最厉害。

A. 一字锚　　B. 八字锚

C. 单锚泊　　D. 平行锚

4. 船舶在大风浪中锚泊，松长锚链的最大弊端是________。

A. 减小锚的系留力　　B. 增大船舶旋回水域

C. 加剧船舶纵摇和垂荡　　D. 使船舶偏荡增大

5. 船舶在大风浪中锚泊，抑制船舶偏荡的办法有________。

①抛止荡锚；②将单锚泊改抛八字锚；③增加船舶压载；④将船舶调整为艏纵倾

A. ①②③　　B. ②③④

C. ①②③④　　D. ①②④

6. 船舶在大风浪中锚泊，为了抑制船舶偏荡，可以加抛止荡锚，加抛止荡锚的时机是________。

A. 船舶由未抛锚一舷的极限位置向平衡位置偏荡时

B. 船舶由抛锚一舷的极限位置向平衡位置偏荡时

C. 船舶由未抛锚一舷的平衡位置向极限位置偏荡时

D. 船舶由抛锚一舷的平衡位置向极限位置偏荡时

7. 船舶在大风浪中锚泊，偏荡对锚泊船的影响有________。

①使锚链张力增加；②使锚抓力减小；③导致锚链绞缠、断链；④使船舶走锚

A. ①②③　　B. ①③④

C. ②③④　　D. ①②③④

8. 船舶在大风浪中锚泊时，减小船舶偏荡的主要措施有________。

①松长锚链以增加抓力；②压小舵角；③压载增加吃水；④抛止荡锚

A. ①②③　　B. ①②③④

C. ②③④　　D. ③④

9. 在大风浪中的锚泊船，其船舶偏荡运动最大的是________。

A. 单锚泊　　B. 平行锚锚泊

C. 一字锚锚泊　　D. 八字锚锚泊

10. 单锚泊的船舶在大风浪中，因受风动力、水动力和锚链拉力周期性的变化，船舶产生________。

A. 纵摇　　B. 横摇

C. 偏荡　　D. 垂荡

11. 船舶在大风浪中锚泊，下列做法错误的是________。

A. 除用一切瞭望手段检查本船是否走锚外，还要注意防止他船走锚与本船发生碰撞

B. 能见度不良时应按规定鸣放声响信号

C. 短时间停泊可与他船并靠无须抛锚

D. 抛八字锚时两锚的张口应迎风向

12. 在大风浪中的锚泊船，船舶偏荡运动速度和摆幅大的船是________。

①空载船；②满载船；③驾驶台在船首或船中的船；④驾驶台在船尾的船

A. ①③ B. ①④
C. ②③ D. ②④

13. 锚泊船舶在大风浪中偏荡激烈,下述抑制船舶偏荡的做法错误的是________。
A. 用微进车辅以舵的配合 B. 空船多打入压舱水
C. 将船舶调整为较大的艉倾 D. 抛止荡锚或将单锚泊改为八字锚

14. 引起走锚的主要原因是________。
①严重偏荡;②松链不够长;③锚地底质差或风浪突然袭击;④值班人员不负责任,擅自离开岗位
A. ①②④ B. ①③④
C. ①②③ D. ②③④

15. 锚泊中,发现锚链持续吃紧并间或有突然松动的现象,说明船舶________。
A. 锚泊正常 B. 偏荡严重
C. 可能走锚 D. 松链过短

16. 河床底质不良,不能充分发挥锚的抓力,是引起走锚的主要原因之一。锚地最佳底质为________。
A. 泥沙底 B. 软乱石底
C. 卵石底 D. 石底

17. 船舶在强风或强流水域锚泊,当发生严重偏荡时,易引起走锚或断链。
A. 对 B. 错

18. 在大风浪中本船在他船上风流一侧的一定安全距离上锚泊后,发现本船与他船相对位置发生明显的变化,下列判断正确的是________。
①两船间距离明显增大,可判定本船走锚;②两船间距离明显增大,可判定他船走锚;③两船间距离明显减小,可判定本船走锚;④两船间距离明显减小,可判定他船走锚
A. ①③ B. ①④
C. ②③ D. ②④

19. 容易导致锚泊船走锚的河床底质是________。
①泥沙;②硬土层;③卵石层
A. ①② B. ③
C. ②③ D. ①②③

20. 锚泊船在________情况下不易发生走锚。
A. 在硬土、卵石等不良河底锚泊 B. 抛锚时松出的锚链过长
C. 受不正常水流或大风引起偏荡 D. 数船共抛一锚

21. 在大风浪中的单锚泊船,处于________态势时,可判断船未走锚。
A. 船舶不断左右来回偏荡
B. 风力未减而船舶停止偏荡
C. 仅已抛锚舷受风
D. 锚链总是拉得很紧,同时可感觉到有间歇性抖动

22. 内河船舶发生走锚的原因是________。
①松出的锚链长度不够;②河床底质不良;③数船共抛一锚;④不正常水流

A. ①②③　　B. ①③④

C. ②③④　　D. ①②③④

23. 内河船舶走锚的判断方法中有一种是“三点一线法”，锚泊船的值班人员要选定两个参照物，那两个参照物相对于本船的方位最理想的是________。

A. 两个在船首附近　　B. 两个在船尾附近

C. 一个在船首，一个在船尾　　D. 两个都在船舶正横附近

24. 当发现船舶走锚后，可以采取的措施有________。

①立即抛下另一锚并使之受力；②备车，通知船长；③悬挂“Y”信号旗；④通过使用 VHF 警告他船

A. ①②③　　B. ②③④

C. ①②③④　　D. ①②④

25. 锚泊船，如果锚链有规律地拉紧和松弛，则________。

A. 船舶将要走锚　　B. 船舶已走锚

C. 风、流有规律地变化　　D. 船舶处于正常锚泊中

26. 锚泊船，如果锚链只张不弛且感觉到间歇性的急剧抖动，则可能________。

A. 流向不定　　B. 风力、风向不定

C. 船舶已走锚　　D. 船舶处于正常锚泊中

27. 大风浪中锚泊船，如果发现与上风抛锚船的距离越来越近，可能的情况是________。

A. 他船已走锚　　B. 本船已走锚

C. 两船均走锚　　D. 两船均没走锚，风向发生了变化

参考答案

第一节　锚地的选择

1.A　2.A　3.D　4.C　5.D　6.A　7.B　8.A　9.B　10.A

11.B　12.A　13.A　14.D　15.B　16.C

第二节　锚泊的方式

1.B　2.D　3.D　4.D　5.C　6.D　7.B　8.C　9.B　10.D

11.A　12.A　13.D

第三节　抛锚操纵

1.B　2.A　3.D　4.A　5.B　6.D　7.C　8.A　9.D　10.C

11.C　12.B　13.B　14.D　15.C　16.D　17.D　18.D　19.C　20.B

21.B　22.A

第四节　起锚操纵及锚链绞

1.A　2.B　3.A　4.A　5.B　6.B　7.D　8.B　9.D　10.A
11.A　12.A

第五节　守锚与活锚

1.B　2.D　3.B　4.D　5.A　6.B

第六节　走锚

1.B　2.D　3.C　4.D　5.C　6.A　7.D　8.C　9.A　10.C
11.C　12.A　13.C　14.C　15.C　16.A　17.A　18.C　19.C　20.B
21.A　22.D　23.D　24.C　25.D　26.C　27.A

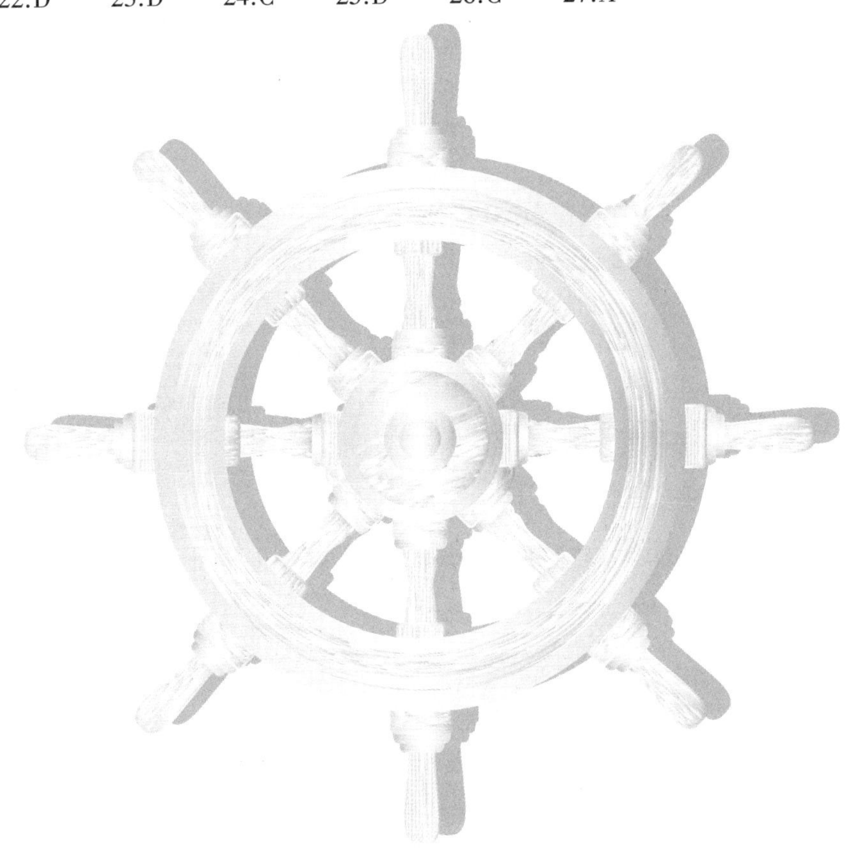

第十八章　大风浪中船舶操纵

第一节　大风浪中航行前准备

1. 大风浪来临前的一般准备工作包括________。
①确保水密;②确保排水畅通;③加固绑扎活动物
A. ①②　　B. ①③
C. ②③　　D. ①②③
2. 大风浪来临前应做的准备工作包括________。
①固定甲板物件;②堵塞甲板排水孔;③舱内或甲板装有重件货物时,应仔细检查加固,必要时加绑;④各水舱及燃油舱应尽可能注满或抽空,减少自由液面
A. ①②③　　B. ②③④
C. ①③④　　D. ①②③④
3. 大风浪来临前应做的准备工作包括________。
①检查各水密门是否良好;②天窗和舷窗都要盖好,并旋紧铁盖;③堵塞甲板下水孔;④检查甲板开口封闭的水密性,必要时进行加固
A. ①③④　　B. ①②③
C. ①②④　　D. ②③④
4. 航行船舶预测到将有大风浪来临时,必须采取以下相应措施________。
①保证水密、畅通排水;②系固活动物件;③做好各项应急准备;④空船压载
A. ①②③　　B. ①②④
C. ①②　　D. ①②③④
5. 空载船舶在大风浪来临前在条件允许的情况下应________。
A. 排除全部压舱水
B. 注入船舶艏部压舱水
C. 注入压舱水并消除艏艉吃水差
D. 注入压舱水并将各水舱、燃油舱(柜)注满,压载使船舶处于适当艉倾
6. 船舶在大风浪来临前的准备工作,下述错误的是________。
A. 舱内的散装货要扒平,油、水舱柜尽可能注满或抽空
B. 根据船舶现状和水域的自然条件,决定是续航还是锚泊,做好各种应急准备
C. 空载船要进行适当压载,一般以平吃水为宜
D. 水密门、通风口、舷窗和锚链管要关闭严实并用防水布盖妥
7. 内河船航行时,在大风浪来临前的准备工作包括________。
①检查各水密门是否良好,不使用的要全部关闭;②清洁污水沟,保证畅通;③散装货要平

舱；④保证消防和堵漏设备随时可用

A. ①②③④　　B. ①②③

C. ②③④　　D. ①②④

8. 空船在大风浪中航行有很多不利之处，包括________。

①拍底减轻；②船舶保向性下降；③螺旋桨空转加剧；④容易发生横摇和谐振

A. ①②③　　B. ②③④

C. ①②④　　D. ①②③④

9. 为了确保安全，空船在大风浪中航行应进行适当压载，在吃水差方面，一般以________状态比较理想。

A. 平吃水　　B. 适当艏倾

C. 适当艉倾　　D. 艏吃水比艉吃水大 1 m 以上

10. 空船在大风浪中有很多不利之处，为确保航行安全，应________，以提高船舶抗风浪的能力和防止螺旋桨空转。

①进行适当的压载；②保持适当艉倾；③保持适当的艏倾

A. ①③　　B. ③

C. ①②　　D. ①

11. 空船在大风浪中有很多不利之处，因此应进行适当的压载，以提高船舶抗风浪的能力和改善船舶的性能。

A. 对　　B. 错

第二节　内河风浪规律及对船舶航行影响

1. 在正常天气状况下，有潮汐影响的河段，________一段时间内浪大。

A. 高潮时　　B. 低潮时

C. 大潮时　　D. 转潮前后

2. 同一河段的风浪情况，在________区域，或当风、流作用力方向________时，浪大。

A. 主流；相反　　B. 主流；相同

C. 缓流；相反　　D. 缓流；相同

3. 在内河航道中的风浪情况，下风岸________；宽阔河段________。

A. 浪大；浪大　　B. 浪大；浪小

C. 浪小；浪大　　D. 浪小；浪小

4. 船舶在大风浪中的横摇周期主要与________有关。

A. 船宽　　B. 船长

C. 船舶吃水　　D. 方形系数

5. 船舶在大风浪中拍底的程度与________有关。

①船舶载重状态；②船速；③船型；④船长

A. ②③④　　B. ①③④

C. ①②③　　D. ①②③④

6. 船舶甲板上浪的程度与________有关。

①船首干舷高度；②载货种类；③相对波高；④船舶吃水

A. ②③④　　B. ①③④

C. ①②③　　D. ①②③④

7. 船舶在大风浪中顺浪航行，存在的不利因素有________。

①艉淹；②船舶易保向；③船舶失控而打横

A. ②③　　B. ①③

C. ①②　　D. ①②③

8. 内河波浪的强弱与________因素有关。

①风速、风向；②流向、流速；③航道走向；④船舶的航行方向；⑤航道宽窄和深浅

A. ①②③⑤　　B. ①②③④

C. ①②④⑤　　D. ①②③④⑤

9. 船舶横浪航行时，产生的危害是________。

①产生过大横倾角；②引起货物的移动；③稳性差的船易倾覆；④易出现谐摇；⑤拍底

A. ①②③④⑤　　B. ①②③④

C. ①②④⑤　　D. ①③④⑤

10. 船舶顶浪航行时易产生的危害是________。

①拍底；②甲板上浪；③螺旋桨打空车；④艉淹

A. ①②③④　　B. ②③④

C. ①②③　　D. ①②④

11. 船舶顺浪航行时，主要危害是________。

A. 拍底　　B. 甲板上浪

C. 螺旋桨打空车　　D. 艉淹

12. 在同一河段中，下列说法正确的是________。

①风、流作用力方向相同时，风浪大；②主流区风浪大，缓流区风浪小；③上风岸浪大，下风岸浪小；④深水区较浅水区浪大

A. ①②④　　B. ②③④

C. ②④　　D. ①②③④

13. 大风浪中航行，有关甲板上浪的说法不正确的是________。

A. 易造成船舶设备的破坏

B. 易造成甲板货物的移动，使甲板货物受损

C. 冬季易造成甲板结冰，降低船舶稳性

D. 船首干舷越高，波浪越高，船速越慢，甲板上浪越严重

第三节　大风浪中常见操作方法

1. 船舶在大风浪中航行，应尽量避免________。

A. 正横受浪　　B. 船首受浪

C. 船尾受浪　　D. 舷侧受浪

2. 下行船顶浪航行时，对船舶影响较大，遇到这种情况，船舶应________。

A. 加车助舵
B. 立即掉头上驶
C. 宜改向至与浪向成40°~50°夹角
D. 减速,必要时将航速降低到维持舵效的程度

3. 大风浪中上行船顺浪航行时应采取的正确措施是________。
A. 宜采用大舵角转向
B. 加车航行
C. 减速,必要时将航速降低到维持舵效的程度
D. 调整船舶适当艏倾

4. 船舶在大风浪中航行,下列说法正确的是________。
①横浪航行,船舶容易失去横稳性;②顶浪航行,船舶会造成拍底,甲板会上浪,螺旋桨会打空转;③顺浪航行,船舶会出现艉淹,舵效下降
A. ②③　　B. ①②
C. ①②③　　D. ①③

5. 船舶在大风浪中航行,顶浪航行时波浪冲击力大、纵摇剧烈,________。
A. 应首先调整航向　　B. 应先调整航速
C. 保向保速　　D. 保向不保速

6. 船舶在大风浪中航行,为避免船首受过大的冲击和减轻纵摇,而又可能使船行驶在计划航线上,可采取________的方法。
A. 保向保速　　B. 调整航向
C. 偏浪航行　　D. 调整航速

7. 偏浪航行的船舶,一般________受浪。
A. 采用左、右两舷轮换　　B. 采用左舷
C. 采用右舷轮换　　D. 采用船首、船尾轮换

第四节　大风浪中船舶掉头

1. 船舶在大风浪中掉头,下列说法错误的是________。
A. 一般来说,船舶从顶浪转向顺浪比较容易
B. 一般来说,船舶从顺浪转向顶浪比较困难
C. 掉头开始时宜用慢车、中舵
D. 当掉头中判断失误,掉头失败时,应快速回舵,向另一舷操反舵,回到原航向

2. 船舶在大风浪中掉头,在掉头过程中遇到大浪,船舶处于危险局面,应________。
A. 立即加速,增大舵角,加快掉头　　B. 立即加速,急速回舵
C. 及时减速,并缓慢回舵　　D. 及时减速,向相反方向操舵

3. 大风浪中整个掉头的过程中要避免________。
A. 开快车
B. 用满舵
C. 用5°以下小舵角
D. 操舵引起的横倾与波浪引起的横倾同时发生在同一方向

参考答案

第一节　大风浪中航行前准备

1.D　2.C　3.C　4.D　5.D　6.C　7.A　8.B　9.C　10.C
11.A

第二节　内河风浪规律及对船舶航行影响

1.D　2.A　3.A　4.A　5.D　6.B　7.B　8.A　9.B　10.C
11.D　12.C　13.D

第三节　大风浪中常见操作方法

1.A　2.D　3.B　4.C　5.B　6.C　7.A

第四节　大风浪中船舶掉头

1.D　2.C　3.D

第十九章　船舶应变部署

第一节　应变部署表的编制原则

1. 船舶应急部署应根据________等因素来安排每个人的岗位和职责。
①应急的性质;②船员的职务、特长、能力;③船员是否有相应的培训合格证书;④船员的心理素质
A. ①②④　　B. ②③④
C. ①②③④　　D. ①②③

2. 应变部署表的编制原则有________。
①应结合本船的船舶条件、船员条件、客货条件及航区自然条件;②关键岗位、关键动作应指派技术熟练经验丰富的人员;③根据本船的具体情况,可以一职多人或一人多职;④人员的安排应该有利于应急任务的完成
A. ①②③　　B. ①②④
C. ①②③④　　D. ②③④

3. 应变部署表应写明________。
①通用紧急警报信号;②发出警报时船员、乘客应采取的行动;③指派给不同船员的应急职责;④消防应急、弃船求生、放救生艇筏的详细分工内容和执行人编号
A. ①②③④　　B. ②③④
C. ①③④　　D. ①②③

4. 应变部署表应写明________。
①职务与编号、姓名、艇号、筏号的对照一览表;②航行中驾驶台、机舱、电台固定人员及其任务;③指明关键人员受伤后的替换者;④船舶及船公司名称、船长署名及公布日期
A. ①②③　　B. ②③④
C. ①③④　　D. ①②③④

5. 船舶应急部署表的编制应结合本船的________。
①船舶条件;②船员条件;③客货条件;④航行时间
A. ②③④　　B. ①②
C. ①②③　　D. ①②③④

第二节　应变部署要求

1. 我国统一规定了船舶各种应变警报信号,救火警报信号是________。
A. 乱钟或连放短声汽笛 1 分钟　　B. 汽笛七短一长声

C. 机舱失火,乱钟后敲三响　　D. 船舶后部失火,乱钟后敲四响

2. 船舶消防应变部署一般分编成三个队,即________。
①应急队;②消防队;③隔离队;④救护队
A. ①②　　B. ③④
C. ①②③　　D. ②③④

3. 消防应急部署应根据本船人数和职责分工,按部门编队。
A. 对　　B. 错

4. 弃船求生时的个人应变任务可以从船员应变卡上查到。
A. 对　　B. 错

5. 人落水营救任务主要由________承担。
A. 专业施救人员　　B. 轮机部人员
C. 驾驶部人员　　D. 轮机部和驾驶部人员

6. 溢油应变部署表中要求________是总指挥,负责对外联系;________是溢油现场指挥,组织人员回收清除溢油。
A. 船长;大副　　B. 船长;轮机长
C. 轮机长;船长　　D. 大副;轮机长

7. 溢油应变部署船长任总指挥,________任现场指挥。
A. 大副　　B. 值班驾驶员
C. 轮机长　　D. 值班轮机员

第三节　应变警报

1. 进水抢险警报为________。
A. 二长一短声　　B. 三长一短声
C. 一长声　　D. 三长声

2. 人自左舷落水警报为________。
A. 三长一短声　　B. 三长二短声
C. 三长声　　D. 一长一短声

3. 警报三长一短声意为________。
A. 船首失火　　B. 右舷追越
C. 向左掉头　　D. 人自右舷落水

4. 船首失火的警报为________。
A. 乱钟后敲一响　　B. 乱钟后敲两响
C. 乱钟后敲三响　　D. 乱钟后敲四响

5. 一阵乱钟后击四响表示________。
A. 船首失火　　B. 船尾失火
C. 机舱失火　　D. 上甲板失火

6. 上甲板失火警报为________。

A. 乱钟后击二响　　B. 乱钟后击三响
C. 乱钟后击四响　　D. 乱钟后击五响

7. 表明船舶失火的警报信号为________。
A. 连续短声一分钟　　B. 七短声一长声
C. 三长声　　D. 两长声一短声

8. 应变信号应在驾驶台发出,全船所有地方都能听到。
A. 对　　B. 错

9. 内河船舶常用应变警报信号中,弃船声号规定为________。
A. 七短一长,连放一分钟　　B. 五短一长,连放一分钟
C. 七短声,连放一分钟　　D. 五短声,连放一分钟

10. 应变信号乱钟或连放短声汽笛一分钟是表示________。
A. 消防　　B. 救生
C. 进水　　D. 弃船

11. 一阵乱钟后击三响表示________。
A. 船首失火　　B. 船中失火
C. 船尾失火　　D. 机舱失火

12. 消防警报是敲乱钟或连放短声汽笛 1 分钟。
A. 对　　B. 错

第四节　船舶应变部署演习

1. 船舶消防演习一般________至少一次。
A. 每月　　B. 每季度
C. 每半年　　D. 每周

2. 驾驶员应将每次演习的起讫时间、地点、演习内容和情况如实记入航行日志。
A. 对　　B. 错

3. 在船舶消防演习中,消防水龙出水的时间等情况应详细记录在航行日志中。
A. 对　　B. 错

4. 船舶应变部署演习必须是单项演习。
A. 对　　B. 错

5. 关于船舶应变演习的做法,下述不符合规定的是________。
A. 船舶应定期进行消防、堵漏和人员落水应变演习,一般 2 个月至少演习 1 次,并记入航行日志
B. 结合演习检验消防、救生、堵漏等各项器材设备是否齐全和处于良好状态
C. 弃船应变演习,自船长下达弃船命令后,应于 5 分钟内将救生艇放至水面,驾驶员任各艇艇长
D. 应变演习后要认真总结,及时发现各种问题并立即解决

6. 船舶在应变演习前应悬挂________旗。

A. B　　B. RY
C. UY　　D. N

7. 船舶应急部署演习规定及注意事项正确的是________。
A. 货船一般每月应举行演习一次　　B. 演习内容不必记入航行日志
C. 演习必须是综合的,不可单项进行　　D. 演习应在白天进行

8. 除张贴应变部署表外,每个船员的床头或写字台上应张贴一张________。
A. 值日表　　B. 台历
C. 工作计划表　　D. 应变任务卡

9. 船舶应变部署表经________批准后在公共场所公布施行。
A. 政委　　B. 船长
C. 轮机长　　D. 大副

10. 内河船舶应变警报信号中,进水为________。
A. 一长一短一长一短　　B. 两长一短
C. 三长　　D. 连续短声,连放一分钟

11. 内河船舶应变警报信号中,人落水为________。
A. 一长一短一长一短　　B. 两长一短
C. 三长　　D. 连续短声,连放一分钟

12. 内河船舶应变警报信号中,消防警报为________。
A. 一长一短一长一短　　B. 两长一短
C. 三长　　D. 连续短声,连放一分钟

13. 消防、救生演习,一般应________进行一次。
A. 每月　　B. 每周
C. 每季度　　D. 每半年

14. 船舶演习前应悬挂演习________信号。
A. YA　　B. OQ
C. UY　　D. UW

参考答案

第一节　应变部署表的编制原则

1.C　2.C　3.A　4.D　5.C

第二节　应变部署要求

1.A　2.D　3.B　4.A　5.C　6.B　7.C

第三节 应变警报

1.A 2.B 3.D 4.A 5.C 6.D 7.A 8.A 9.A 10.A
11.C 12.A

第四节 船舶应变部署演习

1.A 2.A 3.A 4.B 5.A 6.C 7.A 8.D 9.B 10.B
11.C 12.D 13.A 14.C

第二十章　各种应急情况处置

第一节　碰撞

1. 船舶在紧迫危险时，下列属于避碰措施的是________。

①有时为了避免碰撞，甚至不惜冒着自己搁浅的危险驶出航道外避让；②立即停车、倒车，必要时抛下双锚制动；③两船迎面相遇，船位已经逼近，应先操外舵使船首避开，再向来船一侧操内舵，以避开船尾

A. ①②　　B. ①③

C. ②③　　D. ①②③

2. 两船迎面相遇处于碰撞紧迫危险时，应先使________避开，再向来船一侧操舵，以避开________。

A. 船首；船首　　B. 船首；船尾

C. 船尾；船首　　D. 船尾；船尾

3. 在碰撞不可避免的情况下，为了减小碰撞损失，在操船方面应采取全速倒车刹减船速措施。

A. 对　　B. 错

4. 内河船为了预防碰撞，可以采取的措施有________。

①避免在狭窄、弯曲、浅滩、桥梁等航段会船；②在雾中航行应使用安全航速；③若能见度不良，应选择锚地抛锚；④在单行控制河段，航行船舶应服从指挥

A. ①②④　　B. ①②③④

C. ①②③　　D. ②③④

5. 内河船在处理紧迫危险时的避碰措施有________。

①立即停车、倒车，必要时抛双锚制动；②在紧迫危险时，应以减少损失为原则；③有时为了避免碰撞，甚至不惜自己搁浅驶出航道避让；④两船交叉相遇应避免一船船首对着另一船中部

A. ①③④　　B. ①②④

C. ①②③④　　D. ①②③

6. 当船首撞入他船中部时，该船应采取的正确措施是________。

A. 快倒车　　B. 停车

C. 微进车　　D. 先停车，再倒车

7. 在碰撞不可避免时，应尽力避免________部位被他船撞入。

A. 机舱或船中　　B. 船首或船尾

C. 机舱或船尾　　D. 船首或船中

8. 船舶损害程度与碰撞位置和破损的大小有关，碰撞位置越接近________，破损________，碰

撞损失越大。

A. 船首;越大　　B. 船首;越小
C. 船中;越大　　D. 船中;越小

9. 船舶碰撞后大量进水,排水速度又跟不上进水速度,又无法进行堵漏,且预计有沉没危险而附近有浅水区时,可考虑采取抢滩措施。

A. 对　　B. 错

10. 船舶处于碰撞危险时,有时为了避免碰撞,甚至不惜本船搁浅的危险驶出航道外避让。

A. 对　　B. 错

11. 一船撞入另一船中部应适当用缆绳固定或慢车顶住或推到浅滩搁浅。

A. 对　　B. 错

12. 本船船首撞入他船中部时,为保安全,应立即倒车退出船首。

A. 对　　B. 错

13. 船舶发生碰撞后,为保护破损部位及便于进行防水堵漏作业,应操纵船舶使破损位置处于上风侧。

A. 对　　B. 错

14. 船舶发生碰撞后,若本船破损进水,应采取的应急措施是________。

①关闭破损舱室的水密门窗;②通知机舱全力排水;③操纵船舶使破损部位处于下风或下流侧;④准备堵漏器材进行堵漏

A. ①②③　　B. ①②④
C. ①②③④　　D. ②③④

15. 货船发生碰撞后破损进水,在无他船转驳货物时,采取抛弃货物以保证船舶安全的做法,应满足________。

①货物浸水后可能引起着火或发生急剧膨胀;②保留船舶的储备浮力或减少进水量;③保证船舶有足够的稳性

A. ①②　　B. ①③
C. ②③　　D. ①②③

16. 航行中如本船船体被他船撞入,下述做法错误的是________。

A. 尽可能使船停住,消除前进或后退的惯性作用力影响
B. 关闭水密门窗,检查破损漏水情况
C. 要求对方适当用车顶住并互用缆绳系住,情况紧急,附近有浅滩时可顶驶抢滩
D. 要求对方立即倒车退出,组织实施排水堵漏

17. 船舶碰撞后,面临沉没危险时,若附近有浅滩可主动搁浅抢滩避免沉没,抢滩时应尽可能________。

①远离航道;②礁石河底不可抢滩,松软泥底应注意防止船体下陷;③抢滩后船体主甲板应露出水面;④如有可能,抢滩处的水流应平缓,风浪影响较小

A. ①②③　　B. ①③④
C. ②④　　D. ①②③④

18. 船舶碰撞后船体进水,如果发生纵横倾变化,在采取保持船舶稳性和平衡的措施时,需要特别谨慎使用的方法是________。

A. 全力排除船内积水　　B. 向他船转驳货物
C. 用对称注入法调整纵横倾　　D. 用移载法调整纵横倾

19. 船舶碰撞后经全面检查,可续航的条件是________。
①破洞很小,经堵漏后已控制进水;②主、辅机情况正常;③货物没有移位,船舶无横倾
A. ①②　　B. ①②③
C. ②③　　D. ①③

20. 当本船船首撞入他船船体后,本船应立即采取的措施是________。
A. 检查本船受损情况　　B. 微速进车顶住被撞船
C. 倒车退出被撞船　　D. 把本船停住

21. 当本船船体被他船撞入后,本船应立即采取的措施是________。
A. 检查本船受损情况　　B. 微速进车顶住他船
C. 运用车舵迅速脱离他船　　D. 尽可能把本船停住

22. 当本船船首撞入他船船体后,本船应采取的应急措施有________。
①先开微速进车顶住他船;②征得他船同意后方可倒车退出;③退出后,在不危及自身安全的情况下,应滞留在附近,给他船提供救援;④检查本船受损情况
A. ②③④　　B. ①②④
C. ①②③④　　D. ①②③

23. 船舶发生碰撞后,根据船体破损部位、漏洞大小和形状,采取堵漏措施,下列说法正确的是________。
①对于较小的破洞,用毛毯、木栓堵住;②对于较大的破洞,用堵漏毯堵住;③对于相当破口面积的破洞,必须对进水邻近舱壁加强,然后全力排水;④船舶如果大量进水,又无法堵漏,附近有浅滩时可以考虑抢滩
A. ①②③　　B. ②③④
C. ①②④　　D. ①②③④

24. 船舶发生碰撞后,如果需要抢滩,应注意________。
①抢滩处河床底质以泥沙底为好;②抢滩处坡度要适当;③抢滩处水深以抢滩后船体主甲板露出水面为宜;④抢滩处流速应比较缓慢
A. ①②③④　　B. ①③④
C. ①②④　　D. ①②③

25. 被他船撞入的船舶应________。
①尽可能使本船停住;②迅速关闭破洞舱室及四周的水密门窗;③进行排水及堵漏工作;④尽可能使破损处处于下风以减少进水量
A. ①②③④　　B. ①②④
C. ①③④　　D. ②③④

第二节　搁浅与触礁

1. 当船舶搁浅或触礁不可避免时,下列说法正确的是________。
①及时用倒车或抛锚来控制船舶惯性冲程,避免或减小船舶搁浅或触礁的程度;②应尽量

避开礁石,使船搁在较平坦的沙滩上;③宁使船首受损亦要保护好船尾的螺旋桨和舵设备

A. ①②　　B. ①③

C. ②③　　D. ①②③

2. 船舶搁浅时船底与水底的摩擦系数因地质不同而不同,一般来说,软沙底的摩擦系数________坚硬的沙砾底的摩擦系数。在搁浅不可避免时,应优先选择________。

A. 大于;沙砾底　　B. 大于;软沙底

C. 小于;沙砾底　　D. 小于;软沙底

3. 航行中的船舶,在搁浅或触礁不可避免时,宁使船首受损亦要保护好船尾,其目的是________。

A. 便于排水堵漏　　B. 防止船体变形

C. 防止打坏车、舵设备,扩大事故　　D. 防止人员伤亡

4. 挽救搁浅危险的紧急措施主要包括用车、用舵和用锚。

A. 对　　B. 错

5. 当搁浅或触礁不可避免时,应尽量避开礁石,使船搁在较平坦的沙滩上。

A. 对　　B. 错

6. 航行中的船舶,无论何种原因致使搁浅或触礁不可避免时,应________。

①及时用倒车或抛双锚制动;②尽量避开礁石,使船舶搁在较平坦的沙滩上;③宁使船首受损也要保护好船尾的螺旋桨和舵设备;④船已搁浅未查明船舶及周围情况,切勿滥用车舵

A. ①②③　　B. ①②③④

C. ①③④　　D. ②③

7. 航行的船舶,出现搁浅危险时的紧急措施,下列说法错误的是________。

A. 及时用倒车、抛锚来控制船舶惯性冲程

B. 当发现船已搁浅,立即用快倒车倒出

C. 当搁浅不可避免时,宁使船首受损也要保护好船尾

D. 当搁浅不可避免时,应尽量避开礁石

8. 船舶搁浅后可能发生的危险情况是________。

①墩底;②向岸漂移;③打横

A. ①②　　B. ①③

C. ②③　　D. ①②③

9. 船舶搁浅后应设法固定和保护船体,当船身与岸线平行时,应从________向外各成45°方向抛锚。

A. 船首　　B. 船尾

C. 船中　　D. 船首尾

10. 当搁浅船舶的船身与岸线平行,且河底坡度较大时,为防止水位下退、船舶倾覆的危险,必须________固定船体。

A. 向岸一边运锚或向岸上带缆

B. 从船首尾向河心各成45°方向抛锚

C. 从船尾两边各成45°方向抛出主锚

D. 从船尾两边平行于船艏艉线方向抛出主锚

11. 搁浅后的首要任务是________。
    A. 堵漏　　B. 排水
    C. 脱浅　　D. 弄清搁浅船位和姿态
12. 船舶发生搁浅后，除按规定显示搁浅信号，还应立即进行测深以便于下一步进行施救。
    A. 对　　B. 错
13. 船舶发生搁浅后，固定船位应注意，若船首搁浅，应防止船尾被外力推压至浅处。
    A. 对　　B. 错
14. 船舶发生搁浅后，首要的任务是脱浅。
    A. 对　　B. 错
15. 船舶搁浅后，摸清船舶的吃水和周围的水深可判定搁浅的部位。
    A. 对　　B. 错
16. 船舶搁浅后，测量船体周围水深的方法是，从船边开始以辐射方向进行。
    A. 对　　B. 错
17. 船舶搁浅后，为防止情况恶化，首先应________。
    A. 连续不断用倒车使船舶迅速脱浅
    B. 运锚向后抛，通过绞锚倒出
    C. 查明船底有无破损进水，摸清船舶吃水和周围水深、底质情况
    D. 开慢车并左右满舵，使船体扭动再开快倒车倒出
18. 船舶搁浅，特别是在礁岩水域搁浅，船长应立即派人________。
    ①测定船位；②摸清各舱室船底破损及进水情况；③弄清船舶吃水和船舶周围的水深及底质；④检查螺旋桨、舵等操纵设备有无损坏
    A. ①②③　　B. ①③④
    C. ②③④　　D. ①②③④
19. 船舶搁浅或触礁后，检查船底是否破损进水，若不能直接发现漏处，则应测量________的水深及油舱的液位。
    ①水舱；②压载舱；③双层底；④艏、艉尖舱
    A. ①②③　　B. ①③④
    C. ②③④　　D. ①②③④
20. 船舶搁浅后，下列措施错误的是________。
    A. 情况未查清前可动车
    B. 显示号型、号灯
    C. 电告船公司和海事管理机构，如实详细记录于航行日志
    D. 迅速查明情况并关闭水密门窗
21. 当搁浅船舶的船身与岸线平行，且河底坡度较大，在水位下退时，为防止船舶倾覆，下列做法错误的是________。
    A. 从船首尾各成45°方向抛锚固定船体
    B. 向岸一边运锚或向岸上的建筑物、粗大树木带缆
    C. 用空驳系于搁浅相反一舷来固定船位
    D. 固定船体用的锚链和缆绳应尽可能短些

22. 船舶搁浅后，情况不明，盲目动车会导致________。
①受损加重；②再次搁浅；③扩大破损面积；④搁浅程度加剧
A. ②③④　　B. ①②④
C. ①②③　　D. ①②③④
23. 船舶发生搁浅后，为了保护船体需要固定船体，当搁浅船舶的船身与岸线垂直或接近垂直时，应从________固定船体。
A. 船尾两边各成45°方向抛主锚　　B. 船首两边各成45°方向抛主锚
C. 船首尾向外各成45°方向抛锚　　D. 船首尾向内各成45°方向抛锚
24. 船舶发生搁浅后，为了保护船体需要固定船体，当搁浅船舶的船身与岸线平行时，应从________固定船体。
A. 船尾两边各成45°方向抛主锚　　B. 船首两边各成45°方向抛主锚
C. 船首尾向外各成45°方向抛锚　　D. 船首尾向内各成45°方向抛锚
25. 船舶搁浅后，关于脱浅方法的说法正确的是________。
A. 使用主机脱浅、拖船拖带脱浅、绞锚脱浅和卸载脱浅属于自力脱浅
B. 使用主机脱浅、调整吃水差脱浅、绞锚脱浅和卸载脱浅属于自力脱浅
C. 使用主机脱浅、拖船拖带脱浅、绞锚脱浅和他船浮力脱浅属于自力脱浅
D. 使用主机脱浅、调整吃水差脱浅、绞锚脱浅和他船浮力脱浅属于自力脱浅
26. 救助船在拖救搁浅船时，拖缆应带在搁浅船上离搁着点________的位置，以产生最大的摆动力矩，使船脱浅。
A. 最远　　B. 最近
C. 最前端　　D. 最后端
27. 船舶搁浅后采用自力脱浅时，以下几种方法中，________应最后考虑。
A. 候潮法　　B. 移货法
C. 绞锚法　　D. 卸载法
28. 移动重物调整船舶的纵横倾脱浅方法适用于船舶的一端或一舷搁浅，另一端或另一舷有足够水深。
A. 对　　B. 错
29. 救助船在拖救搁浅船时，拖缆应带在搁浅船上离搁着点最近的位置。
A. 对　　B. 错
30. 船舶搁浅后，可根据船舶搁浅轻重程度合理选择脱浅方法，下列做法错误的是________。
A. 船尾部没有礁石和障碍物且有足够的水深时，可运用主机倒车脱浅
B. 为加大脱浅速度和倒车拉力，应连续使用全速快倒车
C. 倒车时一般应从慢速逐渐增至快速，当快倒车无效时，可改用半速车并配合左、右满舵扭动船体
D. 双螺旋桨船，可开一进车一倒车，使船舶左右摆动
31. 救助船拖带搁浅船脱浅时，应________。
①用车前观察拖缆松弛程度，拖缆不要骤然受力；②掌握恰当时机敲钩脱缆，力争一锤成功；③事先考虑好拖缆安全收回方法；④搁浅船脱浅后，防止两船碰撞
A. ①②③　　B. ①②④

C. ②③④　　D. ①②③④

32. 船舶发生搁浅后,自力脱浅的方法有________。

①使用主机脱浅;②调整吃水差脱浅;③绞锚脱浅;④卸载脱浅

A. ①②③　　B. ①②③④

C. ②③④　　D. ①③④

33. 船舶发生搁浅后,脱浅救助时需注意的是________。

①应向深水区一侧拖带;②应注意所抛流锚的位置,防止锚链损坏螺旋桨;③掌握恰当时机敲钩脱缆;④在起拖时,切忌使拖缆骤然受力

A. ①②③　　B. ②③④

C. ①②③④　　D. ①②④

第三节　火灾

1. 航行中发出火警时________。

A. 轮机长应先弄清风向和着火部位

B. 操纵船舶转向,使火势迎风

C. 当火势大到危机旅客或船员生命安全时,应立即跳水

D. 未得到弃船命令不得擅自弃船

2. 船舶驾驶台救火警报发出后,所有船员(除值班者外),应按部署规定,在________内携带救火器材赶到现场或指定的集合地点,由大副或值班驾驶员统一指挥,机舱值班人员应在________内开泵供水。

A. 2 min;5 min　　B. 3 min;5 min

C. 5 min;5 min　　D. 5 min;10 min

3. 航行中发生火警时,下述应急措施错误的是________。

A. 首先弄清风向和着火部位

B. 船首部发生火灾,应操船使船舶处于顶风态势

C. 火势扩大危及旅客、船员生命安全时,应立即在附近安全地带触坡或抢滩收船,一面组织撤离旅客,一面继续灭火并做好救生弃船准备

D. 无论操船前行或旋回均应减小船速

4. 船舶不论航行或停泊中发现火情,应________。

①立即用附近灭火器具灭火,同时大声呼喊"××处失火";②驾驶台或值班驾驶员应及时发出救火警报一长声一短声一长声一短声;③所有船员除值班者外应按救火应急部署表的规定,迅速携带灭火器材赶到现场或集合地点;④立即通知机舱迅速打开消防泵,水龙尽快出水

A. ①②③　　B. ①②③④

C. ①③④　　D. ②③④

5. 船舶发生火灾,下述应急措施错误的是________。

A. 驾驶台及时发出救火警报信号

B. 救火警报发出后,除值班人员外,全体船员应迅速赶到现场或集合地点,按应急部署表的

分工履行各自的职责

C. 通知机舱迅速打开消防水泵，水龙尽快出水

D. 操纵船舶时要弄清风向和着火部位，船尾部失火，应操船处于顺风态势

6. 船舶确认发生火灾后________应迅速向全船发出警报，组织施救。

A. 大副　　B. 船长

C. 驾驶台或值班人员　　D. 消防责任人

7. 当发现较大火灾时，首先应________。

A. 寻找消防器材　　B. 报告大副

C. 报警　　D. 先探明火情

8. 救火警报发出后，所有船员（值班者除外）应按部署表的规定，________内迅速携带其所规定携带的救火工具赶往指定地点。

A. 2 分钟　　B. 1 分钟

C. 3 分钟　　D. 1.5 分钟

第四节　全船失电

1. 全船失电时，根据船舶航行状态不同应采取不同的措施。当船舶正常航行突然失电时，如情况特殊急需用车避让时，应________。

A. 停止主机运转，并立即电告驾驶台

B. 只要主机有可能短期运转，则应执行驾驶台命令

C. 按车令强制主机运行而不考虑主机后果

D. 先启动备用发电机组

2. 夜间航行全船失电时，应当________。

A. 立即停船进行检修

B. 立即抛锚进行检修

C. 立即减速，启用蓄电池应急照明设备为船舶号灯供电，并进行检修

D. 继续航行，并进行检修

第五节　人落水

1. 值班驾驶员在航行中发现有人落水，应________。

A. 停车，倒车，就近抛下救生圈

B. 立即停车，并向落水者相反一舷操舵

C. 抛下救生圈，鸣放人员落水信号，报告船长

D. 抛下救生圈，并采取措施，避免车叶打伤落水人员

2. 值班驾驶员一旦发现本船人员落水，应立即采取的行动是________。

①拉响警报；②抛救生圈；③放救生艇；④停车并向落水者一舷操满舵

A. ①②③④　　B. ②③

C. ②③④　　D. ①②④

3. 船舶在航行途中，值班驾驶员突然接到有人已落水的报告，应________进行紧急操船。
A. 停车，立即向落水者一舷操满舵　　B. 停车，立即向落水者相反一舷操满舵
C. 停车，立即操左舷满舵　　D. 停车，立即操右舷满舵
4. 船舶在航行途中，值班驾驶员突然接到有人在左舷落水的报告，应________进行紧急操船。
A. 停车，立即操右舷满舵　　B. 停车，立即操左舷满舵
C. 立即正舵停车　　D. 立即正舵倒车
5. 航行船舶发现人落水时的首要措施是________。
A. 报告船长，发出人落水警报　　B. 抛下就近救生圈
C. 立即停车，向落水者一舷操舵　　D. 派人携带望远镜登高瞭望
6. 航行船舶发现人落水时的应急措施有________。
①报告船长，发出人落水警报；②立即停车，向落水者一舷操舵；③抛下就近救生圈；④派人携带望远镜登高瞭望
A. ①②③④　　B. ①②③
C. ①②④　　D. ②③④
7. 航行船舶在风浪中救助落水人员，救助船应驶向落水者的________，在________放救生艇，操纵救生艇于________将落水者救起。
A. 上风舷；下风舷；上风舷　　B. 上风舷；下风舷；下风舷
C. 上风舷；上风舷；下风舷　　D. 上风舷；上风舷；上风舷
8. 有人员落水，需放下救生艇救助时，救生艇应从落水者________靠拢并将其救起。
A. 上风方向　　B. 下风方向
C. 傍风方向　　D. 任意方向
9. 救生艇救助落水人员时，应从________接近落水者。
A. 上风　　B. 下风
C. 上游　　D. 任意方向
10. 驾驶员闻报有人落水后，应首先________。
A. 发出警报　　B. 抛出救生圈或其他浮具营救
C. 调整船舶航向　　D. 停车
11. 驾驶室有人高喊人员落水后，下列做法错误的是________。
A. 应先指定人员瞭望过往船只　　B. 应及时发出报警
C. 立即停车和用舵转向落水者一舷　　D. 夜间应打开照明灯寻找
12. 听到有人从左舷落水信号后，驾驶员应用________避开落水者。
A. 左舵　　B. 右舵
C. 正舵　　D. 左右舵
13. 船上的救生艇必须处于能迅速收放、随时可用的良好状态。
A. 对　　B. 错
14. 船员发现有人落水，应注意跟踪瞭望。
A. 对　　B. 错
15. 船舶值班驾驶员闻报发现人落水后，应立即采取________措施施救。
①立即就近投下救生圈；②操纵船舶以甩开船尾；③发出人落水报警信号，派专人瞭望；

④夜间应打开探照灯寻找

A. ①②　　B. ③④

C. ①②④　　D. ①②③④

16. 关于营救船上落水人员，下列做法错误的是________。

A. 发现者应立即大声呼喊"左(右)舷有人落水"，并就近抛下救生圈，驾驶员闻信后应及时发出人员落水警报

B. 立即停车，若船已驶过应迅速倒车至落水者处进行营救

C. 及时放出救生艇进行营救，艇上人员应穿好救生衣，携带救生圈、木杆等救生器材，船艇间须保持通信联络

D. 营救行动既要尽力尽快，又必须注意本船安全

17. 当风的作用力大于水流的作用力时，放救生艇和操艇救助落水人，应操船驶至落水者的上风侧后，放本船________侧救生艇，操纵救生艇至落水者________处，救起落水者。

A. 上风；上风　　B. 上风；下风

C. 下风；上风　　D. 下风；下风

18. 船员发现有人落水，应立即________。

A. 派出专业施救人员　　B. 抛出救生圈或其他浮具营救

C. 调整船舶航向　　D. 停车

19. 使用救生艇救助落水人员时，应从________接近落水者。

A. 上风　　B. 下风

C. 上游　　D. 任意方向

第六节　弃船

1. 关于弃船，下列说法正确的是________。

A. 当经最大努力而船舶在已无法挽救，沉没不可避免时，船长可以做出弃船决定

B. 弃船时应急电请示公司，经公司同意后再下令弃船

C. 在情况危急时，负责航行的值班驾驶员可以做出弃船决定

D. 只要有危险，就可以弃船

2. 弃船是船舶发生水上事故且不能挽救危局，为了救助船上人命，船长采取的弃置船舶的措施。

A. 对　　B. 错

3. 船舶发生爆炸、剧烈碰撞等造成船舶有立即沉没的危险时，可以考虑弃船。

A. 对　　B. 错

4. 船舶失火后，应立即弃船。

A. 对　　B. 错

5. 船舶遇有________情况，船长应当下达弃船命令。

①船舶尾部被撞，螺旋桨或舵受损失去控制；②船舶因碰撞、触礁大量进水而失去动力，立即会沉没；③船舶发生火灾，火势强烈，机舱着火烧毁消防动力和管系并随时有爆炸的危险；④船舶搁在礁石上，随时有折断、倾覆和沉没的危险

A. ①②③　　B. ①②④
C. ②③④　　D. ①②③④

6. 关于弃船的说法,下述错误的是________。
A. 船舶遇难后经全力自救仍然无法摆脱危险局面,为保存旅客和船员生命而采取的最后措施
B. 船长应急电船公司,未经批准不得下达弃船命令
C. 船舶是保障船上人员水上安全的工具,不到万不得已不得轻易弃船
D. 弃船命令只有船长才有权下达

7. 船舶发生水上事故,危及人员和财产安全时,船长和船员的首要职责是________。
A. 通知船公司　　B. 发布弃船指令
C. 争取他船救助　　D. 全力以赴地自救

8. 船舶发生水上事故,危及人员和财产安全时,船长发布弃船指令的条件是________。
①船舶触礁后,失去一切施救可能,随时有沉没、倾覆的可能;②船舶失火后,火势蔓延,危及整个船舶安全;③船舶发生爆炸,有立即沉没的危险;④船舶发生失电现象,自身没有办法修复
A. ①②③④　　B. ①②④
C. ①②③　　D. ②③④

9. 弃船前应尽量操纵船舶沉没于________处。
A. 航道边浅水　　B. 航道中央深水
C. 航道任意　　D. 航道端部

10. 弃船时,人员离船顺序是________。
A. 老弱幼妇、旅客、普通船员、高级船员、船长
B. 船长、老弱幼妇、旅客、普通船员、高级船员
C. 高级船员、老弱幼妇、旅客、普通船员、船长
D. 普通船员、老弱幼妇、旅客、高级船员、船长

11. 实施弃船时,下列做法错误的是________。
A. 船长应采取一切措施,首先组织旅客安全离船
B. 船长应当指挥船员优先抢救旅客的财物
C. 船长应尽力操纵船舶,使其沉没于航道外靠岸的浅水区
D. 船长应当最后离船

12. 船舶发生严重事故被迫弃船时,弃船前船长应尽力操纵船舶,使其沉没于________。
A. 主航道深水中　　B. 锚地
C. 航道外　　D. 航道外靠岸的浅水区

13. 在弃船时,船长应当________。
①指挥船员尽力抢救船舶证书、文书及船员证书、证件、贵重文件、物品、现金、账册等并有专人负责;②通知机舱关闭所有油路阀门;③及时投放救生艇筏并在难船附近搜寻落水人员;④首先组织老弱妇幼和旅客安全离船,然后安排船员离船,船长最后离船
A. ①②④　　B. ②③④
C. ①③④　　D. ①②③④

14. 船舶因破损大量进水有沉没危险时，应________。

①立即发出遇险求救信号；②组织人员全力排水堵漏；③尽力抢滩靠岸，避免沉没在航道内或深水区；④抢滩时操纵船舶与浅滩岸线平行，以便人员安全撤离

A. ①②③　　B. ①②

C. ②③④　　D. ①②③④

15. 弃船时应采取的行动，下述正确的是________。

①船长发出弃船命令后，启用船上的广播、报警装置等设备通知船上所有人员；②施放弃船警报，汽笛和警铃二长声一短声，连续 1 min；③全体船员应按应急部署各司其职，全面落实各项弃船工作；④按照先旅客后船员，先普通船员后高级船员，最后船长的顺序，撤离船上人员

A. ①②③　　B. ①②④

C. ①③④　　D. ①②③④

16. 船长下令弃船后必须待全船旅客、船员离船后，最后离船。

A. 对　　B. 错

17. 救生艇是救生应变的最主要设备，放艇必须经船长同意。

A. 对　　B. 错

18. 船舶发生重大海事，在全力施救无效严重危及船上人命安全时，船长应下令弃船，弃船前应迅速做好的工作有________。

①降下船上的国旗并携带下船，部署表内指定人员应分别携带所分管的重要资料，现金、账册等；②不论任何情况，弃船必须报请船舶所有人或经营人同意；③机舱值班人员应关闭海底阀和所有油路阀门方可离岗；④船长必须确认全船所有人员离船后，最后离船

A. ①②③④　　B. ①②④

C. ②③④　　D. ①③④

19. 船舶发生重大事故，经最大努力进行施救，仍出现________的情况，不能挽救危局，船长需下令弃船。

①立即倾覆；②立即沉没；③水密舱大量进水；④火灾蔓延危及旅客和船员生命安全

A. ①②　　B. ③④

C. ①②④　　D. ②③④

20. 客船发生重大事故，遇他船来救或自行抢滩时的正确做法是________。

①在船长统一指挥下，客运主任带领服务员维持秩序，做好旅客安置工作；②船员除参加护送旅客离船外，均应留船抢险；③船上人员撤离的次序是先老弱病残妇幼，后一般旅客；④船长未下达弃船命令，船员不得擅自离船

A. ①②③④　　B. ①②④

C. ②③④　　D. ①②③

第七节　舵失灵及损坏

1. 船舶发生舵失灵时，首先应________。

A. 抛锚　　B. 备车

C. 启用应急舵操舵系统　　D. 悬挂舵机失灵信号

2. 双车船在航行中，舵角在左 10° 处突然舵机失灵，左前方又无多大余地，应立即采取________的措施。

A. 双停车　　B. 右进左倒车

C. 双快倒车　　D. 左进车右倒车，必要时抛右锚

3. 舵失灵或舵设备发生故障的船舶，遇有________情况，应立即停车并抛双锚稳住船舶。

①即将通过桥梁水域；②即将进入弯曲狭窄航道；③大风浪或有浓雾的水域；④船舶密集水域

A. ①②③　　B. ①②③④

C. ①③④　　D. ②③④

4. 船舶航行中，舵失灵或舵设备发生故障时，如条件允许，应________。

①吊拖船队改为傍拖，利用驳船帮舵；②悬挂或显示失控信号，并用 VHF 向附近船舶求助；③双螺旋桨船可利用主机进、倒车短时间操纵船舶

A. ①②③　　B. ①②

C. ②③　　D. ①③

5. 船舶发生舵失灵及损坏时的首要措施是________。

A. 悬挂舵失灵的信号　　B. 通知机舱

C. 报告船长　　D. 立即起用应急操舵系统

6. 船舶发生舵失灵及损坏时的应急措施有________。

①立即起用应急操舵系统；②报告船长、通知机舱；③悬挂失控信号；④减速停车，必要时抛双锚稳住船位

A. ①②③　　B. ①②③④

C. ①②④　　D. ②③④

第八节　缆绳绞缠车叶

1. 船舶在靠离码头或拖带顶推船舶时，关于防止缆绳绞缠螺旋桨的做法，正确的是________。

①用车前，解船尾系缆必须与驾驶台保持联系；②解、系缆时不慎缆绳落入水中，应立即停车迅速捞起；③靠泊作业前，从导缆孔中送出的缆绳头要放在船尾甲板上，防止滑落水中；④离泊时待全部缆绳从导缆孔收进后，才能用车

A. ①②③　　B. ①③④

C. ②③④　　D. ①②③④

2. 关于防止缆绳绞缠螺旋桨桨叶的方法，下列说法正确的是________。

①用车前，解船尾系缆必须与驾驶室保持联系；②靠泊作业前，一定要将从导缆孔出的缆绳头放在船尾甲板上；③离泊时迅速收起落于水中的缆绳，待全部缆绳从导缆孔收进后，才能用车

A. ①②　　B. ②③

C. ①③　　D. ①②③

3. 船舶发生钢缆绞缠螺旋桨桨叶，进行人工清解时，在机舱内用人力将地轴________，每转一

周,船尾的绳头________一次,经多次动作后,即可解脱。

A. 正转;收紧　　B. 正转;松开

C. 反转;收紧　　D. 反转;松开

4. 缆绳绞缠桨叶时应立即________,并设法加以清除,防止损坏螺旋桨和主机。

①停车;②绞收;③松放;④抛锚

A. ①②④　　B. ②③④

C. ①④　　D. ①②③④

5. 关于缆绳绞缠螺旋桨的清解方法,下列说法错误的是________。

A. 清解时应将留在船上的一端绳头系固,不可松放下水

B. 不论是正车还是倒车时绞缠缆绳,都应在机舱内用人力将地轴逆时针旋转清解

C. 地轴每旋转一周,船尾的绳头要收紧一次

D. 无法清解时,需派潜水员下水检查清解或压首、抬尾或上坞清解

6. 当内河船舶发生缆绳绞缠螺旋桨时,应________。

①立即停车、抛锚,并设法清除;②清解时,应将留在船上的一端绳头系固;③到机舱用人力将地轴反转;④无法在水面上清解时,派潜水员下水检查清解

A. ①②③　　B. ②③④

C. ①②③④　　D. ①②④

第九节 主机损坏

1. 船舶在航行中主机突然发生故障,应当________。

①要沉着冷静,切勿惊慌,立即显示失控信号;②根据航道条件,判明风流影响,利用船舶冲程用舵控制航向至航道边缘缓流区锚泊;③如前方是桥梁、浅险水道或有碰撞、搁浅危险时,立即抛下双锚制止船舶前进,以减小损失,下行船应采用顺流抛锚掉头操作法掉头;④锚泊后组织抢修,若无法自修,应联系拖往船厂修复;⑤将发生的情况记入航行日志

A. ①②③④　　B. ①②③④⑤

C. ①③④　　D. ②③④

2. 内河航行船舶遇主机损坏时的应急措施有________。

①设法操纵船舶到航道边缘水域或缓流区航行;②悬挂船舶失控信号;③附近如有锚地,应立即抛锚抢修;④如在桥区水域,应立即抛双锚,控制船舶前进

A. ①②③　　B. ①②③④

C. ②③④　　D. ①②④

3. 在为船舶供应燃油时如发生溢油,以下防止继续溢油的措施表述不妥的是________。

A. 立即停止有关操作,通知供油船或供油设施停止供应作业,关闭管系上的所有阀门

B. 发出溢油报警信号,实施最初的溢油应急反应程序

C. 尽快放艇入水清除水面溢油

D. 将泄漏油舱中的油驳入空油舱或其他未满舱

4. 船舶港内加油作业,不慎少量燃油溢至水面,此时最佳的处理方法为________。

A. 围油栏包围　　B. 化学分散剂处理

C. 化学凝聚剂处理　　D. 沉降处理

5. 内河船舶发生油污染事故时，船长需立即向________报告。
A. 当地人民政府　　B. 船公司
C. 船籍港所在海事管理机关　　D. 最近的海事管理机构

6. 关于弃锚，下列说法正确的是________。
A. 绞锚困难时，应弃锚　　B. 走锚时，应弃锚
C. 锚钩住水底电缆时，应弃锚　　D. 淤锚时，应弃锚

7. 船舶失锚，在无法打捞后，应及时设置标志，并记入航行日志。
A. 对　　B. 错

8. 锚泊船在起锚时，因锚被水下障碍物所阻，无法绞起时，可考虑弃锚。
A. 对　　B. 错

9. 船舶失锚后，应将失锚时的位置标注于航行图上。
A. 对　　B. 错

10. 属于船舶失锚原因的有________。
①船舶余速过快时急于抛锚；②出链长度不够；③深水区抛锚方法不当；④在急流中抛锚
A. ①②　　B. ①③④
C. ①②③　　D. ①②③④

11. 避免失锚的措施主要有________。
①起锚作业时，应利用车舵配合，切忌硬绞；②认真选择锚地，在淤沙河段注意活锚；③风浪大时应及时松放锚链；④正确养护锚机
A. ①②　　B. ③④
C. ①②④　　D. ①②③④

12. 船舶失锚后的措施，下述错误的是________。
A. 若丢失单锚，应用车舵稳住船位，必要时可抛下第二只锚
B. 若失锚无法打捞，应将失锚时的船位标记在航行图上，尽可能设置标志，并记载于航行日志
C. 为便于组织打捞失锚，可临时系靠附近的锚泊船或拴系在浮标上
D. 船舶双锚丢失应及时就近进港配妥双锚，不得无锚航行

13. 锚泊船锚机损坏时，应当采取________措施。
①设法尽快修复锚机；②船上有起货机时，可用起货机将锚链分段收起；③利用绞盘、钢丝绳、卸扣、滑轮等属具把锚链分段绞回
A. ①　　B. ①②
C. ②③　　D. ①②③

14. 下列说法正确的是________。
①船舶在泥沙河段长时间锚泊时，要经常做好活锚工作，以免失锚；②风浪大时，应放长锚链；③船舶一旦发生失锚，应悬挂失控的信号；④双锚均丢失，应及时配妥，不得无锚航行
A. ①②③④　　B. ①②③
C. ①②④　　D. ②③④

15. 关于内河船失锚时的措施有________。

①船舶一旦发生失锚，应用车舵操纵船舶，稳住船位；②船舶一旦发生失锚，必要时抛下第二只锚；③船舶一旦发生失锚，应测定当时船位，组织打捞；④如果双锚均丢失，应及时配妥，不得无锚航行

A. ①②③④　　B. ①②③

C. ①②④　　D. ②③④

参考答案

第一节　碰撞

1.D	2.B	3.A	4.B	5.C	6.C	7.A	8.C	9.A	10.A
11.A	12.B	13.B	14.C	15.D	16.D	17.D	18.C	19.B	20.B
21.D	22.C	23.D	24.A	25.A					

第二节　搁浅与触礁

1.D	2.D	3.C	4.A	5.A	6.B	7.B	8.D	9.D	10.A
11.D	12.A	13.A	14.B	15.A	16.A	17.C	18.D	19.D	20.A
21.D	22.D	23.A	24.C	25.B	26.A	27.D	28.A	29.B	30.B
31.D	32.B	33.C							

第三节　火灾

1.D	2.A	3.B	4.C	5.D	6.C	7.C	8.A

第四节　全船失电

1.B	2.C

第五节　人落水

1.D	2.D	3.A	4.B	5.C	6.A	7.B	8.B	9.B	10.A
11.A	12.A	13.A	14.A	15.D	16.B	17.D	18.B	19.B	

第六节 弃船

1.A 2.A 3.A 4.B 5.C 6.B 7.D 8.C 9.A 10.A
11.B 12.D 13.D 14.A 15.C 16.A 17.A 18.D 19.C 20.A

第七节 舵失灵及损坏

1.C 2.D 3.B 4.A 5.D 6.B

第八节 缆绳绞缠车叶

1.D 2.D 3.C 4.C 5.B 6.C

第九节 主机损坏

1.B 2.B 3.C 4.A 5.D 6.C 7.A 8.A 9.A 10.B
11.D 12.C 13.D 14.C 15.A

第二十一章　船舶的种类与结构

第一节　船舶种类及特点

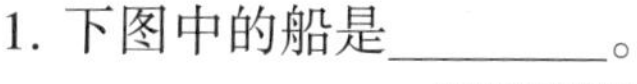

1. 下图中的船是________。

A. 货船　　B. 客船

C. 起重船　　D. 渔船

2. 载客超过________就视为客船。

A. 10 人　　B. 11 人

C. 12 人　　D. 13 人

3. 游览船系指航行于________等水域,单程逆水延续航行时间(不包括中途停港时间)小于等于 12 h,为乘客提供游览、观光、娱乐等服务的客船。

①城区;②水库;③公园;④风景区;⑤渡口

A. ①②③④⑤　　B. ①②③④

C. ②③④⑤　　D. ①③④⑤

4. 载运危险货物船舶系指载运具有爆炸、易燃、毒害、腐蚀等危险特性,在运输和/或装卸过程中,易造成人身伤亡、财产损毁或环境污染而需要特别防护的物质和物品的船舶,但不包括________。

①油船;②化学品液货船;③液化气体船;④滚装货船

A. ①②③④　　B. ①②③

C. ②③④　　D. ①③④

第二节　船体结构名称

1. 连接船底板和内底板的横向构件是________。
   A. 肋骨　　B. 桁材
   C. 横梁　　D. 肋板
2. 船底外板与内底板之间的空间称为________。
   A. 货舱　　B. 艏尖舱
   C. 双层底舱　　D. 隔离空舱
3. 船底横向两侧以圆弧形式逐渐向上过渡至舷侧的圆弧过渡部分称为________。
   A. 舭部　　B. 胯部
   C. 舷部　　D. 端部
4. 关于主甲板的说法正确的是________。
   ①普通货船的强力甲板就是主甲板；②油船的干舷甲板就是主甲板；③客船的上甲板就是主甲板
   A. ①②　　B. ②③
   C. ①③　　D. ①②③
5. 普通货船的强力甲板是________。
   A. 平台甲板　　B. 上层连续甲板
   C. 艏楼甲板　　D. 下层连续甲板
6. 防撞舱壁位于________。
   A. 艉尖舱与货舱之间　　B. 艏尖舱与货舱之间
   C. 货舱与货舱之间　　D. 货舱与机舱之间
7. 位于船舶最前端的一道水密舱壁被称为________。
   ①艏尖舱舱壁；②防撞舱壁；③制荡舱壁
   A. ①②　　B. ②③
   C. ①③　　D. ①②③
8. 船舶防火结构应以钢或其他等效材料建造的部位有________。
   ①船体；②上层建筑；③结构性舱壁；④甲板及甲板室
   A. ①②③④　　B. ②③④
   C. ①③④　　D. ①②④
9. 船壳外板由________组成。
   ①平板龙骨；②船底列板；③舭列板；④舷侧列板；⑤舷顶列板；⑥龙骨
   A. ①②③④⑤⑥　　B. ①②③④⑤
   C. ②③④⑤⑥　　D. ①②③④
10. 反映船舶总体布置情况的图纸是________。
   A. 基本结构图　　B. 外板展开图
   C. 船中剖面图　　D. 船舶总布置图

11. 下图为船舶舭部,箭头所示构件为________。

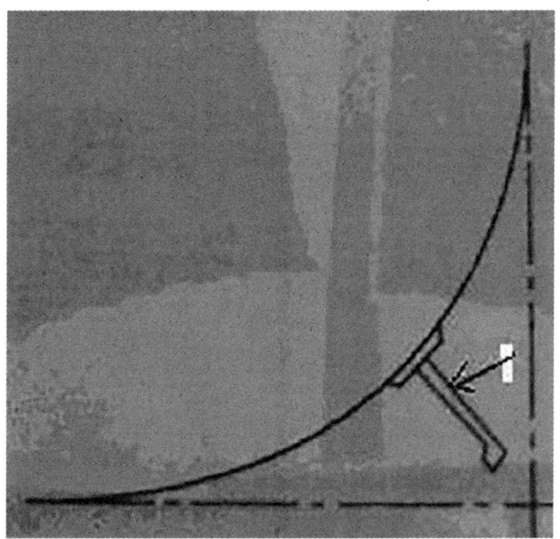

A. 扁钢　　B. 球扁钢
C. 舭龙骨　　D. 舭部外板

12. 船底塞的正确使用方法是________。
A. 从舱内向外塞　　B. 从船底外面向里塞
C. 船底内外均可塞　　D. 船出坞后堵塞

13. 船舶抗沉性是船舶破损进水后________的性能。
A. 能自行排出进水　　B. 仍保持必要的浮性和稳性
C. 船舶不会倾斜　　D. 不会大幅摇荡

14. 船舶的抗沉性是通过设置________来实现的。
A. 水密舱室　　B. 淡水舱
C. 制荡舱壁　　D. 纵舱壁

15. 船舶储备浮力是指________。
A. 水线上的体积的浮力
B. 水线以上水密空间所具有的浮力
C. 净吨位体积的浮力
D. 水线下的体积的浮力

16. 在分舱制中,二舱不沉制表示________相邻的舱进水后,船仍能保持不沉。
A. 两个　　B. 三个
C. 四个　　D. 五个

17. 设置水密横舱主要是为了保证船舶的________。
A. 浮性　　B. 摇荡性
C. 抗沉性　　D. 稳性

18. 一般来说,增大船舶干舷可提高船舶的________。
A. 稳性　　B. 抗沉性
C. 快速性　　D. 操纵性

第一节　船舶种类及特点

1.C　2.C　3.B　4.B

第二节　船体结构名称

1.D　2.C　3.A　4.A　5.B　6.B　7.A　8.A　9.B　10.D
11.C　12.B　13.B　14.A　15.B　16.A　17.C　18.B

第二十二章　船舶尺度及主要标志

第一节　主要尺度及吨位

1. 在船舶要素中,船舶主要尺度包括________。
   A. 方形系数、水线面系数和中横剖面系数
   B. 长宽比 L/B、型深吃水比 D/d、宽度吃水比 B/d 等
   C. 船长、船宽、型深和型吃水
   D. 舷弧和梁拱
2. 船型尺度是________等的主要依据。
   ①浮性、稳性计算;②抗沉性、船体强度计算;③海事赔偿;④船舶避碰
   A. ①②③④　　B. ①③④
   C. ②③④　　D. ①②
3. 最大尺寸是主要用于________的尺度。
   A. 计算船舶航行性能　　B. 船舶操纵和避碰
   C. 船舶吨位丈量　　D. 计算运输费用
4. 载明于船舶吨位证书中的尺度是________。
   A. 全部尺度　　B. 计算尺度
   C. 登记尺度　　D. 理论尺度
5. 船型尺度的用途是________。
   A. 计算货舱容积的主要参考数据　　B. 计算船舶的干舷、稳性、吃水差的主要尺度
   C. 船舶停靠码头、泊位的参考数据　　D. 计算船舶的总吨位及净吨位的主要尺度
6. 船舶最大尺度的作用是________。
   A. 计算总载重量及总吨位的主要尺度　　B. 丈量登记吨位的主要参数
   C. 计算运河吨位的主要尺度　　D. 靠泊、通过船闸和进出船坞的参考依据
7. 登记尺度是用来登记船舶、丈量与计算船舶吨位的尺度。
   A. 对　　B. 错
8. 船舶型宽是在船长中点处,不包括船壳板在内的最大宽度。
   A. 对　　B. 错
9. 从船舶最前端量至最后端不包括两端永久性突出物的水平距离是船舶的最大船长。
   A. 对　　B. 错
10. 内河船舶的登记长度也称为量吨甲板长度。
   A. 对　　B. 错

11. 船舶主尺度是表示船体外形大小的基本度量,在船舶操纵与避碰中用到的尺度是________。
A. 计算尺度　　B. 船型尺度
C. 最大尺度　　D. 登记尺度

12. 船舶的登记尺度包括________。
A. 登记长度、登记深度及登记宽度　　B. 登记长度、登记宽度及吃水
C. 登记长度及登记宽度　　D. 登记长度、登记宽度及最大宽度

13. 船舶进出船闸时所使用的尺度为________。
A. 船型尺度　　B. 最大尺度
C. 登记尺度　　D. 实际尺度

14. 船舶最大尺度主要用于船舶浮性、稳性等的计算。
A. 对　　B. 错

15. 船舶的最大船宽是指包括外板和永久性固定突出物(如护舷材、水翼等)在内的垂直于中线面的船舶________。
A. 最大水平距离　　B. 船长中点的宽度
C. 船长中点的型宽　　D. 船长中点的登记宽度

16. 船长吃水比大时,对________不利。
A. 航向稳定性　　B. 操纵回转性
C. 船舶稳性　　D. 船体强度

17. 船舶主要尺度与船舶航行性能的关系,可用________各参数之间的比值来说明。
A. 船型尺度　　B. 登记尺度
C. 最大尺度　　D. 上层建筑的尺度

第二节　水尺和载重线标志

1. 读取吃水时,应看水面与水尺数字________的位置。
A. 上缘相切　　B. 下缘相切
C. 上、下缘之间　　D. 中间

2. 某船一侧水面达到水尺标志“3.2”字体高度一半的位置,此时该处的吃水读数是________。
A. 3.1 m　　B. 3.15 m
C. 3.2 m　　D. 3.25 m

3. 某船首吃水为 5 m,船中部吃水为 4.5 m,则艉吃水约为________。
A. 5 m　　B. 4.5 m
C. 4 m　　D. 3.5 m

4. 某船首吃水为 5.5 m,艉吃水为 5 m,则平均吃水约为________。
A. 5.5 m　　B. 5.25 m
C. 5 m　　D. 4.75 m

5. 某船型深为 5.5 m,吃水为 5 m,则其干舷约为________。
A. 1 m　　B. 0.75 m

C. 0.5 m　　D. 0.25 m

6. 载重线的作用________。
   A. 规定船在不同航区的最小干舷　　B. 规定船在不同航区的最小吃水
   C. 规定船在不同航区的最大干舷　　D. 表示船在不同航区的最小载重量
7. 为了满足载重线规范的要求,应使船舶的水线________。
   A. 不超过甲板线　　B. 不超过相应载重线的上边缘
   C. 不超过相应载重线的下边缘　　D. 不超过圆环的中心
8. 某内河船舶在航行中其水线没有超过相应载重线的上边缘,你认为该船________。
   A. 一定满足载重线规范的要求
   B. 一定不满足载重线规范的要求
   C. 依据具体情况判断是否满足载重线规范的要求
   D. 无法判断是否满足载重线规范的要求
9. 储备浮力的大小可用________的尺度来衡量。
   A. 船长　　B. 型宽
   C. 型深　　D. 干舷
10. 水尺标志应在船首、尾、中左右两侧船壳上勘划。
    A. 对　　B. 错
11. 水尺标志只在船中左右两侧船壳上勘划。
    A. 对　　B. 错
12. 水尺标志只在船首、尾左右两舷勘划。
    A. 对　　B. 错
13. 公制水尺标志用阿拉伯数字表示,其数字的高度及两数字之间的距离均为 100 mm。
    A. 对　　B. 错
14. 内河船舶一般采用英制水尺。
    A. 对　　B. 错
15. 读取吃水时,看水面与水尺数字下缘相切的位置。
    A. 对　　B. 错
16. 观测船舶吃水时,遇波浪应取其最高及最低时读数的平均值。
    A. 对　　B. 错
17. 载重线标志由甲板线、载重线圈及各载重线组成。
    A. 对　　B. 错
18. 有波浪时看水尺,应以水线在________。
    A. 波浪的最高点为准　　B. 波浪的最低点为准
    C. 波浪高、低点的平均值为准　　D. 估算为准
19. 内河船舶载重线标志的主要作用是确定________。
    A. 载重量　　B. 船舶吨位
    C. 船舶干舷　　D. 船舶吃水
20. 船中舷侧自满载水线量至甲板线上缘的距离称为________。
    A. 型深　　B. 型吃水
    C. 干舷　　D. 储备浮力

21. 某船一侧水面达到水尺标志“4.6”字体高度上边缘的位置，此时该处的吃水读数是________。
    A. 4.6 m　　B. 4.65 m
    C. 4.7 m　　D. 4.75 m
22. 某船一侧水面达到水尺标志“4.2”字体高度下边缘的位置，此时该处的吃水读数是________。
    A. 4.2 m　　B. 4.25 m
    C. 4.1 m　　D. 4.15 m
23. 各类船舶勘划载重线的目的是规定在各种不同条件下航行时船舶的________。
    A. 最小吃水及最小干舷　　B. 最大吃水及最大干舷
    C. 最小吃水及最大干舷　　D. 最大吃水及最小干舷
24. 船舶勘绘载重线的标志的目的是________。
    ①保证船舶的航行安全；②保证船舶的操纵灵活；③最大限度地利用船舶装载能力
    A. ①②　　B. ①③
    C. ②③　　D. ①②③
25. 船舶的各条载重线均以线段的________为准。
    A. 宽度中点　　B. 长度中点
    C. 上边缘　　D. 下边缘
26. 载重线圆圈的中心应位于________。
    A. 船中以前 1/4 船长处　　B. 船中以后 1/4 船长处
    C. 船中处　　D. 船中略后
27. 船舶实际勘划的数级航区（段）的干舷相同时，则用相应航区的字母并列表示。
    A. 对　　B. 错
28. 内河船舶的载重线标志不包括甲板线。
    A. 对　　B. 错

参考答案

第一节　主要尺度及吨位

1.C　2.D　3.B　4.C　5.B　6.D　7.A　8.B　9.B　10.A
11.C　12.A　13.B　14.B　15.A　16.B　17.A

第二节　水尺和载重线标志

1.B　2.D　3.C　4.B　5.C　6.A　7.B　8.A　9.D　10.A
11.B　12.B　13.A　14.B　15.A　16.A　17.A　18.C　19.C　20.C
21.C　22.A　23.D　24.B　25.C　26.C　27.A　28.B

第二十三章　船舶稳性

第一节　浮态和平衡

1. 当重力大于浮力时,船舶________,吃水________。
   A. 下沉;减少　　B. 下沉;增加
   C. 上浮;减少　　D. 上浮;增加
2. 在讨论浮性时,认为船舶主要受到________的作用。
   A. 浮力、风力　　B. 重力、风力
   C. 推力、阻力　　D. 浮力、重力
3. 当重力等于浮力时,船舶________。
   A. 下沉　　B. 上浮
   C. 吃水不变　　D. 吃水差为零
4. 船舶的平衡条件是重力与浮力大小相等,且两力________。
   A. 始终方向相反,并且作用于同一直线上
   B. 始终方向相反,但不一定作用在同一直线上
   C. 作用方向不一定相反
   D. 方向不一定相反,也不一定作用在同一直线上
5. 吃水差为零时,说明船舶是________。
   A. 横倾　　B. 艏艉吃水相同
   C. 艏倾　　D. 艉倾
6. 船舶的左、右舷吃水不相等的浮态称________。
   A. 纵倾　　B. 横倾
   C. 艏倾　　D. 艉倾
7. 船舶艏、艉吃水不相等的浮态称________。
   A. 纵倾　　B. 横倾
   C. 左倾　　D. 右倾
8. 船舶的重心是________。
   A. 货物的重力作用中心　　B. 船舶的重力作用中心
   C. 船舶的形心　　D. 船体纵中剖面的中心
9. 船舶排水体积的几何中心称为________。
   A. 重心　　B. 稳心
   C. 浮心　　D. 漂心
10. 船舶的浮心表示船舶________。

A. 体积的中心　　B. 水线面积的中心
C. 排水体积的几何中心　　D. 重量的重心

11. 当船舶重力________浮力，船即上浮，吃水减少，直至其浮力减小并与重力达到新的平衡为止。
A. 小于　　B. 大于
C. 等于　　D. 不等于

12. 浮力的方向垂直向上。
A. 对　　B. 错

13. 船舶浮力的方向始终指向重心。
A. 对　　B. 错

14. 船舶的重心即为各舱装载的货物总重量的重心。
A. 对　　B. 错

15. 船舶的排水体积随船舶吃水不同而变化。
A. 对　　B. 错

16. 浮心既是浮力的作用点，同时又是船舶排水体积的几何中心。
A. 对　　B. 错

17. 船舶浮力的作用线始终通过浮心。
A. 对　　B. 错

18. 以下说法正确的是________。
A. 重力大于浮力时，船舶上浮，吃水增加
B. 重力大于浮力时，船舶上浮，吃水减少
C. 重力大于浮力时，船舶下沉，吃水增加
D. 重力大于浮力时，船舶下沉，吃水减少

19. 船舶漂浮的平衡条件是________。
A. 重力等于浮力，方向相反，而重心与浮心不在同一垂线上
B. 重力小于浮力，重心在浮心之下
C. 重力等于浮力，方向相反，作用在同一垂直线上
D. 重力大于浮力

20. 船舶纵倾和横倾角都为零，表示船舶处在________状态。
A. 横倾　　B. 纵倾
C. 纵横倾　　D. 正浮

21. ________一定位于船舶水线以下。
A. 船舶稳心　　B. 船舶漂心
C. 船舶浮心　　D. 船舶重心

22. 船舶在静水中横倾的原因为________。
A. 船舶重力和浮力不相等
B. 船舶重心不在纵中剖面上
C. 重心和浮心距基线距离不相等
D. 船舶重力和浮力没有作用在同一垂线上

23. 船舶纵倾前后,重力和浮力________,浮心位置________。

A. 大小不等;不变　　B. 大小相等;不变

C. 大小不等;改变　　D. 大小相等;改变

24. 船舶横倾前后,重力和浮力________,浮心位置________。

A. 大小相等;改变　　B. 大小相等;不变

C. 大小不等;改变　　D. 大小不等;不变

25. 船舶受外力作用发生纵倾前后的重力________,重心位置________。

A. 改变;不变　　B. 不变;不变

C. 不变;改变　　D. 改变;改变

26. 船舶受外力作用发生横倾前后的重力________,重心横坐标________。

A. 不变;改变　　B. 改变;改变

C. 不变;不变　　D. 改变;不变

27. 船舶浮力作用线垂直于船舶________。

A. 水线面　　B. 龙骨基线

C. 载重线　　D. 甲板线

28. 如下图所示,判断船舶所处的浮态________。(注:B 为浮心;G 为船舶重心)

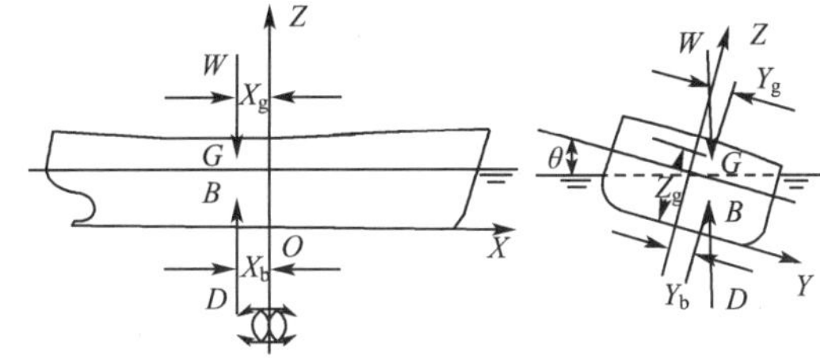

A. 横倾　　B. 纵倾

C. 纵横倾　　D. 正浮

29. 如下图所示,判断船舶所处的浮态________。(注:B 为浮心;G 为船舶重心)

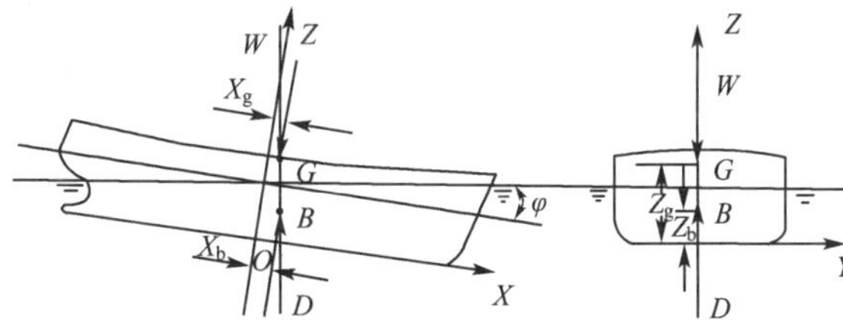

A. 横倾　　B. 纵倾

C. 纵横倾　　D. 正浮

30. 如下图所示,判断船舶所处的浮态________。(注:B 为浮心;G 为船舶重心)

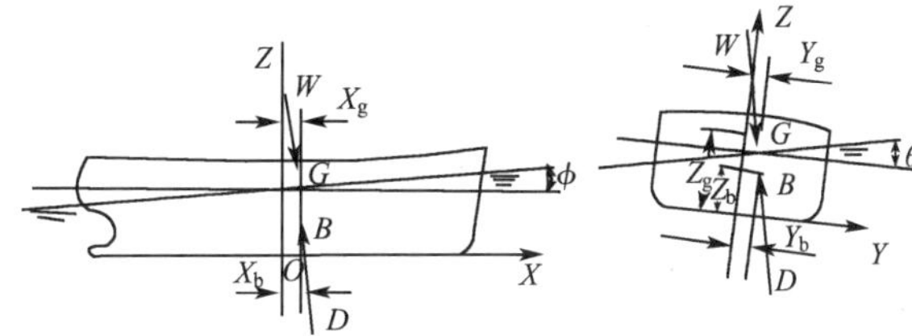

A. 横倾　　B. 纵倾

C. 纵横倾　　D. 正浮

31. 船舶左右吃水相等，而船首吃水大于船尾吃水，此时的浮态为________。

A. 横倾　　B. 艏倾

C. 艉倾　　D. 正浮

第二节　稳性概念

1. 关于船舶稳性，下列说法错误的是________。

A. 任何船舶在漂浮状态下都必须具有足够的稳性

B. 船舶在开航前和航行中应具有足够的稳性，而到港稳性不足危险性不大

C. 船舶稳性只要足够就可以，并不是越大越好

D. 船舶在舱内装载重货比轻泡货稳性值要大

2. 对客船的稳性、抗沉性和快速性的要求比货船高。

A. 对　　B. 错

3. 船舶稳性是指船舶在倾侧外力的作用下浮态变化，当外力消失后能回到原浮态的性能。

A. 对　　B. 错

4. 形成船舶不同平衡状态的关键是重心与稳心的相对位置。

A. 对　　B. 错

5. 船舶在水中的平衡状态与稳性力矩的方向有关，可分为三种，其中稳定平衡状态是指________。

A. 船舶重心低于稳心的状态　　B. 船舶重心高于稳心的状态

C. 船舶重心与稳心重合的状态　　D. 与重心位置无关

6. 当船舶的________时，船舶处于不稳定平衡状态。

A. 重心高于稳心　　B. 稳心高于重心

C. 重心与稳心重合　　D. 浮心高于重心

7. 船舶必须要保持漂浮安全状态，必须使船舶时刻处于________。

A. 稳定平衡状态　　B. 不稳定平衡状态

C. 随遇平衡状态　　D. 中性平衡状态

8. 正浮船舶在外力作用下发生横倾后，浮心会发生移动。

A. 对　　B. 错

9. 船舶稳性从不同角度可分为________。

①横稳性和纵稳性；②初稳性和大倾角稳性；③静稳性和动稳性

A. ①②　　B. ②③

C. ①③　　D. ①②③

10. 初稳性是指船舶小角度倾斜时的稳性，这个角度一般不超过________。

A. 5°　　B. 10°

C. 20°　　D. 18°

11. 船舶横倾角小于等于 10°的稳性称为________，大于 10°的稳性称为________。

A. 静稳性;动稳性　　B. 大倾角稳性;动稳性
C. 初稳性;大倾角稳性　　D. 动稳性;大倾角稳性

12. 同一船舶的纵稳性比横稳性要好。
A. 对　　B. 错

13. 按船倾斜角度大小划分,船舶稳性分为大倾角稳性和初稳性。
A. 对　　B. 错

14. 研究初稳性时,是以倾角小于 10°,不考虑倾斜速度和加速度为基础的。
A. 对　　B. 错

15. 为保船舶安全,要求船具有足够稳性,但不宜过大,稳性过大会使船舶________。
A. 剧烈振动　　B. 摇摆剧烈
C. 偏离航向　　D. 横摇周期增大

第三节　稳性的影响因素

1. 在船舶底部加压载物可使船舶的稳性________。
A. 降低　　B. 增加
C. 不变　　D. 变化不定

2. 船舶积载时,常常通过货物的________移动来调整船舶初稳性高度。
A. 竖向(垂向)　　B. 横向
C. 纵向　　D. 纵横

3. 载荷________移动,船舶重心提高,稳性减小。
A. 向上　　B. 向下
C. 向左　　D. 向右

4. 船舶重心提高,稳性减小是因为将货物________。
A. 垂直上移　　B. 垂直下移
C. 水平横移　　D. 水平纵移

5. 船上载荷垂直移动时,________将发生变化。
A. 船舶浮心　　B. 船舶稳心
C. 船舶漂心　　D. 船舶重心

6. 船上载荷 P 如下图所示由 A 点垂直向上移动到 A_1点时,下列说法正确的是________。

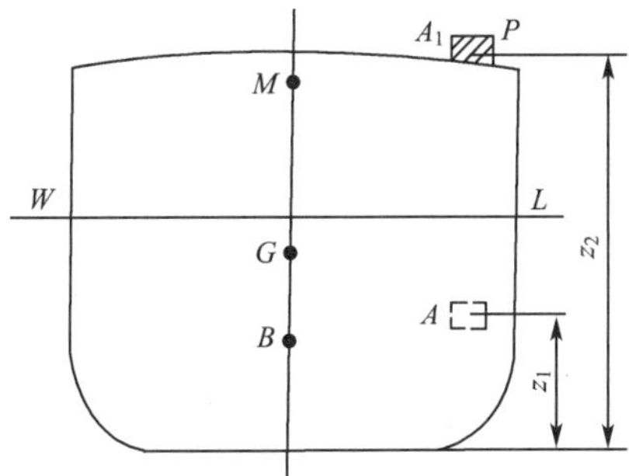

A. 船舶重心提高,浮态变化,初稳性高度增大

B. 船舶重心提高，浮态不变，初稳性高度增大

C. 船舶重心提高，浮态不变，初稳性高度减少

D. 船舶重心降低，浮态不变，初稳性高度减少

7. 船上载荷 P 如下图所示由 A 点垂直向上移动到 A_1点时，下列说法正确的是________。

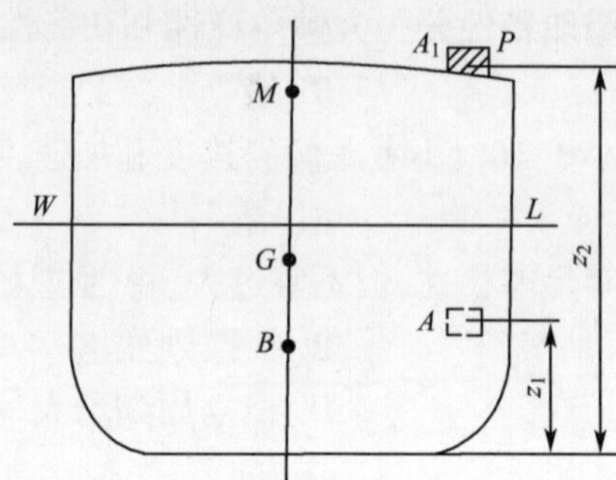

A. 船舶排水量不变，浸水部分的形状发生变化

B. 船舶排水量变化，浸水部分的形状发生变化

C. 船舶排水量变化，浸水部分的形状不变

D. 船舶排水量和浸水部分的形状都不发生变化

8. 在船舶底部加压载物可使船舶的稳性________。

A. 降低　　B. 不变

C. 增加　　D. 变化不定

9. 装载货物时，尽量将大件货、重物往底舱布置，以________，从而改善稳性。

A. 加大船舶吃水　　B. 减少船舶吃水

C. 提高船舶重心　　D. 降低船舶重心

10. 一般来说，装载载荷的位置越低，船舶重心高度越小，对稳性来说就越________。

A. 有利　　B. 不利

C. 不定　　D. 稳性不变

11. 船舶装货时应将重货装在较低的位置。

A. 对　　B. 错

12. 若所装货物重心低于船舶重心，则装货后船舶的重心高度值将________。

A. 增大　　B. 减小

C. 不变　　D. 无法确定

13. 若所卸货物重心低于船舶重心，则卸货后船舶的重心高度值将________。

A. 升高　　B. 降低

C. 不变　　D. 无法确定

14. 若所装货物重心高于船舶重心，则装货后船舶的重心高度值将________。

A. 增大　　B. 减小

C. 不变　　D. 无法确定

15. 若所卸货物重心高于船舶重心，则卸货后船舶的重心高度值将________。

A. 增大　　B. 减小

C. 不变　　D. 无法确定

16. 一般来说,装载货物的位置越低,则________。
①船舶重心高度值越低;②船舶重心高度值越高;③初稳性高度越大;④稳性越好
A. ①②③④　　B. ①②③
C. ①③④　　D. ①②④
17. 一般来说,装载货物的位置越高,则________。
①船舶重心高度值越低;②船舶重心高度值越高;③初稳性高度越小;④稳性越差
A. ①②③④　　B. ①②③
C. ②③④　　D. ①②④
18. 船上存在自由液面将使船舶________。
A. 重心高度提高　　B. 稳心高度提高
C. 稳心高度降低　　D. 稳性降低
19. 当船舶底部装满液体的舱室消耗了部分液体时船舶的稳性通常会下降。
A. 对　　B. 错
20. 自由液面的存在必然会使船舶稳性增加。
A. 对　　B. 错
21. 在船上装卸液体载荷后,如果产生了自由液面,那么自由液面会对稳性高度产生影响。
A. 对　　B. 错
22. 自由液面对船舶稳性的影响总是不利的。
A. 对　　B. 错
23. 由自由液面引起的初稳性高度的降低值与舱内液体的重量无关。
A. 对　　B. 错
24. 船上存在自由液面将使船舶________。
A. 稳性降低　　B. 初稳性高度提高
C. 重心高度减小　　D. 复原力臂增大
25. 自由液面对船舶初稳性的影响,相当于船舶的________提高。
A. 重心　　B. 稳性
C. 稳性力臂　　D. 初稳性高度
26. 油船通常设置较多的水密纵舱壁以防止自由液面对稳性的影响。
A. 对　　B. 错
27. 装载液体的货船一般设置纵向隔舱壁。
A. 对　　B. 错
28. 油船油舱的纵舱壁的作用是减小自由液面对稳性的不利影响。
A. 对　　B. 错
29. 船舶在航行中,为了减小自由液面对船舶稳性的影响,应尽量________。
A. 将液体舱装满　　B. 将液体舱排空
C. 将液体舱装满或排空　　D. 将液体舱装半满
30. 为了减少自由液面的影响,可以通过在液舱内________的办法来减小其面积惯性矩值。
A. 增加液体　　B. 减少液体
C. 设置若干水密纵舱壁　　D. 设置若干水密横舱壁

31. 在排水量一定的前提下,液舱内的自由液面越大,对船舶稳性的影响将________。

A. 越大　　　　B. 越小

C. 不变　　　　D. 变化趋势不定

32. 未经平舱的散装货物容易造成船舶的稳性下降。

A. 对　　　　B. 错

33. 散装货船在货舱内________也是增强稳性的措施之一。

①设横向隔板;②设纵向隔板;③最上层用袋装货物压面

A. ①②③　　　　B. ①③

C. ①②　　　　D. ②③

34. 内河驳船常使用纵向隔板法消除散装货物对船舶稳性的不利影响。

A. 对　　　　B. 错

参考答案

第一节　浮态和平衡

1.B　2.D　3.C　4.A　5.B　6.B　7.A　8.B　9.C　10.C
11.A　12.A　13.B　14.B　15.A　16.A　17.A　18.C　19.C　20.D
21.C　22.B　23.D　24.A　25.B　26.C　27.A　28.A　29.B　30.C
31.B

第二节　稳性概念

1.B　2.A　3.A　4.A　5.A　6.A　7.A　8.A　9.D　10.B
11.C　12.A　13.A　14.A　15.B

第三节　稳性的影响因素

1.B　2.A　3.A　4.A　5.D　6.C　7.D　8.C　9.D　10.A
11.A　12.B　13.A　14.A　15.B　16.C　17.C　18.D　19.A　20.B
21.A　22.A　23.A　24.A　25.A　26.A　27.A　28.A　29.C　30.C
31.A　32.A　33.D　34.A

第二十四章　货物运输常识

第一节　货物种类及特点

1. 易腐烂货物属于危险货物。

   A. 对　　　　B. 错

2. 具有腐蚀、毒害、放射性质的货物，都属危险货物。

   A. 对　　　　B. 错

第二节　货物包装和标志

1. 商品标志是由________在商品上制作的标志，可供理货人员参考。

   A. 发货单位　　　　B. 运输单位

   C. 生产单位　　　　D. 托运人

第三节　忌装货物的忌装要求

1. 茶叶与________为互抵性货物，不能同舱装载。

   A. 香皂　　　　B. 玻璃

   C. 棉花　　　　D. 瓷器

2. 容易燃烧，也容易吸收水分和外来气味，遇水溶解，这是烟叶的特性。

   A. 对　　　　B. 错

3. 在货物搭配运输过程中，盐与钢材可同船装载。

   A. 对　　　　B. 错

参考答案

第一节　货物种类及特点

1.B　　　　2.A

第二节 货物包装和标志

1.C

第三节 忌装货物的忌装要求

1.A　　2.B　　3.B

第二十五章　货物积载与系固

1. 集装箱运输中,最常用的两种集装箱分别为________。

A. 40 ft 集装箱、20 ft 集装箱　　B. 40 ft 集装箱、25 ft 集装箱

C. 40 ft 集装箱、10 ft 集装箱　　D. 30 ft 集装箱、10 ft 集装箱

2. 按集装箱的________可以将其分为杂货箱、通风箱、冷藏箱等。

A. 结构　　B. 大小

C. 用途　　D. 主体部件使用材料

3. 在集装箱上标有国家代号,我国的国家代号为________。

A. CHN　　B. ZC

C. CN　　D. CHA

4. 在国际标准集装箱标志中,集装箱端门上第一行位置按顺序标明的内容是________。

A. 国家代号、尺寸和类型代码

B. 国家代号、顺序号和核对数字

C. 箱主代号、尺寸和核对数字

D. 箱主代码、设备识别代码、顺序号和核对数字

5. ________不属于集装箱标记。

A. 集装箱顺序号　　B. 箱主代号

C. 集装箱的尺寸类型代码　　D. 箱材料代号

6. 带有空陆水联运集装箱标记的集装箱,在岸上其顶上仅能堆码________层。

A. 1　　B. 2

C. 3　　D. 4

7. 集装箱的箱位前两位数表示________,中间两位数表示________,最后两位数表示________。

A. 层号;行号;列号　　B. 行号;列号;层号

C. 列号;层号;行号　　D. 行号;层号;列号

8. 集装箱在船上的装载位置可以用________表示,其中中间两位表示________的位置。

A. 六位数字;沿船宽方向　　B. 六位数字;沿船长方向

C. 六位字母;沿船宽方向　　D. 五位字母;沿船长方向

9. 集装箱在船上的装载位置可以用________表示,其中前两位表示________的位置。

A. 五位字母;沿船长方向　　B. 六位数字;沿船长方向

C. 六位字母;沿船宽方向　　D. 六位数字;沿船宽方向

10. 集装箱在船上的装载位置可以用________表示,其垂向位置可以用________表示。

A. 五位数字;最后两位　　B. 五位数字;中间两位

C. 六位数字;最后两位　　D. 六位数字;中间两位

11. 在集装箱船配积载图中,箱位代码 110502 表示某货箱的积载位置是舱内第 6 排________。
A. 右侧第 5 列底始第 3 层　　B. 右侧第 3 列底始第 1 层
C. 左侧第 3 列底始第 2 层　　D. 右侧第 5 列底始第 4 层

12. 集装箱在船上的横向位置用________表示。
A. 层　　B. 列
C. 排　　D. 行

13. 集装箱在船上的垂向位置用________表示。
A. 层　　B. 列
C. 排　　D. 行

14. 某集装箱船上,集装箱的装载位置为 070502,它表示该箱________。
A. 是 40 ft 箱,装于左舷甲板　　B. 是 40 ft 箱,装于右舷舱内
C. 是 20 ft 箱,装于左舷甲板　　D. 是 20 ft 箱,装于右舷舱内

15. 某集装箱船上,集装箱的装载位置为 050612,它表示该箱________。
A. 是 40 ft 箱,装于左舷甲板　　B. 是 40 ft 箱,装于右舷舱内
C. 是 20 ft 箱,装于左舷舱内　　D. 是 20 ft 箱,装于右舷甲板

16. 某集装箱船配积载图中,某箱子的箱位号为 030804,则该箱的位置在________。
A. 舱内自首第 3 排自船纵中剖面右舷第 8 列
B. 舱内自首第 2 排自船纵中剖面左舷第 4 列
C. 甲板自首第 2 排自船纵中剖面右舷第 4 列
D. 舱内自首第 3 排自船纵中剖面右舷第 4 列

17. 下列集装箱箱位号表示方法中不正确的是________。
A. 20 ft 箱位行号自首依次为 01,03,05,07,09,……
B. 40 ft 箱位行号自首依次为 02,04,06,08,10,……
C. 以中纵剖面为基准,右舷列号表示为 01,03,05,……
D. 以中纵剖面为基准,左舷列号表示 02,04,06,……

18. 下列集装箱箱位表示方法中不正确的是________。
A. 20 ft 箱位行号自首依次为 01,03,05,07,……
B. 40 ft 箱位行号自首依次为 02,06,10,……
C. 以中纵剖面为基准,右舷列号表示为 02,04,06,……
D. 甲板箱位层号自下而上依次为 82,84,86,……

19. 顶层相邻集装箱之间的横向水平紧固系固设备是________。
A. 角锁紧装置　　B. 绑扎杆
C. 桥锁　　D. 定位锥

20. 集装箱船上,用于连接上下两层集装箱或集装箱与船体的系固设备是________。
A. 扭锁　　B. 桥锁
C. 锥板　　D. 绑扎杆

21. ________是集装箱船舶专用的系固设备。
①桥锁;②扭锁;③钢丝绳

A. ②③　　B. ①②
C. ①③　　D. ①②③

22. ________是集装箱船便携式系固设备。
A. 固定锥　　B. 眼板
C. 底座　　D. 扭锁

23. ________是集装箱船固定式系固设备。
A. 底座　　B. 桥锁
C. 堆锥　　D. 扭锁

24. 集装箱船便携式系固设备包括________。
①固定锥;②花篮螺丝;③堆锥;④扭锁
A. ①②③④　　B. ①②③
C. ①③④　　D. ②③④

25. 集装箱船固定式系固设备包括________。
①固定锥;②底座;③眼板;④扭锁
A. ①②③④　　B. ②③④
C. ①②③　　D. ①②④

26. 底座扭锁是________。
A. 连接上下两层集装箱的系固设备　　B. 连接集装箱与底座的系固设备
C. 连接横向两列集装箱的系固设备　　D. 连接纵向两行集装箱的系固设备

27. 集装箱船的系固设备包括________。
①扭锁;②桥锁;③花篮螺丝;④眼板;⑤钢丝绳;⑥固定锥
A. ①②③④⑤⑥　　B. ①②④⑤⑥
C. ①②③④⑤　　D. ①③⑤⑥

28. 可折地令主要用于________上。
①舱盖;②甲板;③集装箱支柱;④绑扎桥
A. ①②③　　B. ①②④
C. ①③④　　D. ①②③④

29. 锥板是________。
A. 连接上下两层集装箱的系固设备　　B. 连接集装箱与底座的系固设备
C. 连接横向两列集装箱的系固设备　　D. 连接纵向两行集装箱的系固设备

30. 集装箱船在充分利用箱容量时,主要考虑________。
A. 船舶具有足够的强度　　B. 船舶具有适度的吃水差
C. 船舶具有足够的稳性　　D. 能够尽量多地装箱

31. 集装箱船主要用________表示其载箱能力。
A. 总载重量　　B. 满载排水量
C. 总吨位　　D. 换算箱容量

32. 表征集装箱船箱容量大小的指标包括________。
①20 ft 箱容量;②40 ft 箱容量;③20 ft 换算箱容量;④标准箱容量;⑤特殊箱容量
A. ①②③④⑤　　B. ①②③⑤

C. ①②③④　　D. ②③④⑤

33. 集装箱船合理安排货物配舱的先后顺序是________。

A. 先远港后近港,先底舱后二层舱　　B. 先近港后远港,先底舱后二层舱

C. 先远港后近港,先二层舱后底舱　　D. 先近港后远港,先二层舱后底舱

34. 集装箱装货后,其重心垂向位置应取在集装箱高度的 2/3 处,不能太高。

A. 对　　B. 错

35. 为了便于装卸,同一卸货港的集装箱最好成对相邻堆放。

A. 对　　B. 错

36. 普通干货集装箱的堆装原则是________。

A. 重箱置下,轻箱置上;强结构箱置下,弱结构箱置上

B. 重箱置上,轻箱置下;强结构箱置下,弱结构箱置上

C. 重箱置下,轻箱置上;强结构箱置上,弱结构箱置下

D. 重箱置上,轻箱置下;强结构箱置上,弱结构箱置下

37. 船舶配载工作首先应考虑船舶的装载能力,其次是船舶强度和稳性。

A. 对　　B. 错

38. 标记有空陆水联运的集装箱,其强度较小,仅能堆码三层。

A. 对　　B. 错

39. 集装箱船运输中,高度超限集装箱(箱内货物高度超出角件孔)应配置在________。

①上甲板下层;②舱内最上层;③上甲板的最上层

A. ①　　B. ②

C. ③　　D. ②或③

40. 集装箱船上,果菜类冷藏集装箱一般应配置在________。

A. 中区货舱　　B. 上甲板

C. 机舱附近货舱　　D. 冷藏集装箱的电源插座附近箱位

41. 关于 40 ft 集装箱与 20 ft 集装箱的装载问题,说法正确的是________。

A. 20 ft 箱上面不可装 40 ft 集装箱

B. 40 ft 箱上面可装 20 ft 集装箱

C. 20 ft 箱上面是否可装 40 ft 集装箱需视箱格结构和底座位置等而定

D. 20 ft 箱和 40 ft 集装箱不能混装

42. 冷藏集装箱在船上堆装时,其制冷机组一端应保持朝向________方向,以防止甲板上浪的冲击和侵入。

A. 船首　　B. 船尾

C. 船舶左舷　　D. 船舶右舷

43. 通风集装箱在船上堆装时,其端门应保持朝向________方向,以防止甲板上浪的冲击和侵入。

A. 船首　　B. 船尾

C. 船舶左舷　　D. 船舶右舷

44. 通风集装箱在船上的积载位置,正确的是________。

A. 放在舱内易于通风的位置

B. 可配于甲板上的任意位置

C. 装兽皮的通风集装箱，配于甲板最上层箱位

D. 积载位置主要考虑便于通风和管理

45. 以下可配于舱内的集装箱类型的是________。

A. 超长集装箱　　B. 超高集装箱

C. 腐蚀品箱　　D. 通风集装箱

46. 为便利装卸，同一卸港的集装箱数量少时应________。

A. 集中配装　　B. 分散配装

C. 配装在特别箱位　　D. 上甲板配装

47. 船舶装载危险货物时，危险货物应最先装、最后卸，以保证船舶安全。

A. 对　　B. 错

48. 某船在码头装集装箱，因找不到专用装货索具，工人提出改用钢丝绳交叉拦腰捆好集装箱后起吊，则做法正确的是________。

A. 请示船长　　B. 允许

C. 不允许　　D. 要求工人绑几道钢索，防止钢索断裂

49. 装有危险货物的集装箱应在________粘贴表明其危险性的标牌。

①左右两侧；②前后两端；③箱顶

A. ①②　　B. ②③

C. ①③　　D. ①②③

50. 集装箱在装载过程中，值班人员应检查________。

①箱内货物数量和质量；②集装箱外表；③集装箱铅封

A. ①②　　B. ②③

C. ①③　　D. ①②③

51. 在集装箱装箱港，船方应特别留意所接收集装箱的________。

A. 箱内货物数量　　B. 箱内货物质量

C. 箱内通风状况　　D. 外表状况和封志

52. 集装箱配载时，从集装箱装卸顺序考虑应________。

A. 重箱排在下层

B. 避免或尽量减少中途港倒箱现象

C. 要满足船舶纵强度条件和适当吃水差要求

D. 要使船舶无初始横倾角

53. 对于同一装卸港的部分需要特殊吊具操作的特殊集装箱，从方便装卸及加快装卸速度角度考虑，其箱位应________。

A. 尽量集中配置　　B. 尽量分散配置

C. 尽量配置于船舶两舷最外一列　　D. 尽量配置于艏艉的 BAY 位

54. 集装箱船的合理压载可以改善________。

①船舶稳性；②船舶纵向受力状况；③船舶吃水差

A. ①②　　B. ②③

C. ①③　　D. ①②③

55. 为保证集装箱船的稳性,应________。
①加适当的压载水;②轻箱在上,重箱在下;③如无他法,则需减少甲板上的集装箱数量
A. ①② B. ②③
C. ①③ D. ①②③
56. 船舶在航行中应对运输冻牛肉冷藏集装箱的________进行测量并记录。
A. 温度 B. 湿度
C. 二氧化碳含量 D. 氧气含量
57. 下列集装箱运输货损货差事故产生的原因中,________由船方负责。
①货物含水量过高;②集装箱箱位选配不当;③集装箱箱门铅封封志破损,货物短少
A. ①② B. ②③
C. ①③ D. ①②③
58. 舱内集装箱在航行途中遇火灾时,________。
A. 可向舱内灌水灭火 B. 可施放二氧化碳扑灭
C. 无法扑救 D. 可开箱扒载
59. 大风浪航行时如发现舱面集装箱系固锁具发生松动现象或断裂现象时,则________。
A. 待天气转好,再重新进行系固 B. 抛弃松动锁具的集装箱
C. 马上对松动位置进行系固 D. 采取当时条件下力所能及的补救措施
60. 对于舱内无箱格导轨装置并且经计算表明在集装箱两层之间出现分离力,则可用________锁紧。
A. 扭锁 B. 桥锁
C. 双头定位锥 D. 双头锥板

参考答案

1.A	2.C	3.C	4.D	5.D	6.B	7.B	8.A	9.B	10.C
11.B	12.B	13.A	14.D	15.C	16.B	17.B	18.C	19.C	20.A
21.B	22.D	23.A	24.D	25.C	26.B	27.A	28.D	29.B	30.C
31.D	32.A	33.A	34.B	35.A	36.A	37.B	38.B	39.D	40.D
41.C	42.B	43.B	44.D	45.B	46.A	47.B	48.C	49.A	50.B
51.D	52.B	53.A	54.D	55.D	56.A	57.B	58.B	59.D	60.C

第二十六章　安全及环保意识

第一节　安全常识、责任及教育

1. 船员的个人责任中，特别要求树立"安全第一"的思想，增强自我保护意识，应做到________。

①严守遵守各项航行安全法规制度；②积极参加船舶组织的各项安全活动和救生、消防等演习；③严格遵守各项船舶安全技术操作规程

A. ②③　　B. ①②③

C. ①②　　D. ①③

2. 船员进行"个人安全与社会责任"培训的目的是________。

①提高船员的基本素质和专业技能；②增强船员的社会责任感和使命感；③保障水上人命和财产安全；④保护水上环境

A. ②③④　　B. ①②③④

C. ①②④　　D. ①③④

3. 船员进行安全教育的主要内容包括________。

①法制、思想政治；②劳动纪律；③安全方针、安全知识和安全技能训练；④安全典型教育

A. ②③④　　B. ①②③④

C. ①②④　　D. ①③④

4. 落实船员安全责任的具体体现在________。

①遵章守制、服从管理；②正确使用劳动防护用品；③接受安全生产教育和培训的责任；④正确履行事故隐患和不安全因素的报告义务

A. ①②③④　　B. ②③④

C. ③④　　D. ①②③

5. ________是搞好航运事业的重要基础与保证。

A. 安全意识　　B. 优质服务

C. 同舟共济　　D. 遵纪守法

6. 安全教育培训的内容包括________。

①安全技术操作规程教育；②安全防护基本知识教育；③个人防护用品使用教育；④劳动纪律教育

A. ①③④　　B. ①②③

C. ①②③④　　D. ①②④

7. 安全生产事故具有________。

①意外性；②偶然性；③突发性；④规律性

A. ①③④　　B. ①②③
C. ①②③④　　D. ①②④

8. 下列有关船员安全责任的叙述正确的有________。
①绝大多数事故的发生与作业人员的不安全行为有关；②船员对违章指挥有权拒绝服从；③船员要正确使用劳动防护用品；④船员发现事故隐患或其他不安全因素时应立即报告
A. ①③④　　B. ①②③
C. ①②③④　　D. ①②④

9. 下列有关船员安全责任的叙述错误的是________。
A. 绝大多数事故的发生与作业人员的不安全行为有关
B. 船员在任何情况下都要服从指挥
C. 船员要正确佩戴和使用劳动防护用品
D. 船员发现事故隐患或其他不安全因素应立即报告

10. 船舶发生重大事故或遇险时，船员应________。
①临危不惧；②积极抢险；③排除故障，控制事故扩大；④最大限度地确保船舶和人员安全
A. ②③④　　B. ①②③④
C. ①②④　　D. ①③④

11. 船舶安全管理的基本方针是________。
A. 统一指挥，服从命令　　B. 互相协作，提高保障
C. 安全第一，预防为主　　D. 人人关心安全，时时注意安全

12. 船舶应急是否成功依赖于________。
①训练有素的人员；②完备的应急设施和器材；③高效的应急方案；④正确的指挥和良好的群体协同
A. ①②③　　B. ②③④
C. ①③④　　D. ①②③④

13. 船舶应急的优先顺序为________。
A. 人命—环境—船舶　　B. 人命—船舶—环境
C. 船舶—人命—环境　　D. 环境—人命—船舶

14. 船员在听到紧急警报后的行动包括________。
①辨识警报；②迅速行动；③保护旅客和船员安全；④服从指挥、保持镇静
A. ①③④　　B. ②③④
C. ①②③④　　D. ①②④

15. 成功的应急处置因素包括________。
①训练有素的船员；②完备的应急设备和器材；③高效率的应急预案；④正确的指挥和良好的群体协同
A. ①③④　　B. ②③④
C. ①②③④　　D. ①②④

16. 船舶应急是指在船舶________时的紧急处置方法和措施。
①发生意外事故；②遇到紧急情况；③遇到特殊任务；④遇到大风浪
A. ③④　　B. ②③④
C. ①②④　　D. ①②

第二节　职业素养

1. 船员作为社会劳动者群体中的一部分,受《劳动法》保护。《劳动法》规定劳动者应________。
①完成劳动任务;②提高职业技能;③执行劳动安全卫生程序;④遵守劳动纪律和职业道德
A. ②③④　　B. ①②③④
C. ①②④　　D. ①③④
2. 订立劳动合同时,应遵循的原则包括________。
①合法原则;②公平原则;③平等自愿原则;④协商一致原则;⑤诚实信用原则
A. ②③④⑤　　B. ①②③④⑤
C. ①②④⑤　　D. ①③④⑤
3. 内河船员的法纪修养中,应特别重视培养船员的________。
①法律意识;②安全意识;③环保意识
A. ①②　　B. ②③
C. ①③　　D. ①②③
4. 劳动争议当事人对仲裁裁决不服时,可自收到裁决书之日起________向人民法院诉讼。
A. 5 日内　　B. 10 日内
C. 15 日内　　D. 30 日内
5. 船员基本的职业道德应包括________。
①诚实劳动,忠于职守;②和睦相处,互相协作;③虚心学习,精益求精;④勤俭节约,艰苦创业
A. ①②③　　B. ①②③④
C. ②③④　　D. ①③④
6. 对于船员,除了一般的职业道德规范以外,还有特殊的职业道德要求,具体包括________。
①爱国敬业,为国争光;②遵章守法,纪律严明;③优质服务,安全运输;④团结互助,同舟共济
A. ①②③　　B. ①②③④
C. ②③④　　D. ①③④
7. 船员的职业道德要求,具体包括________。
①爱岗敬业,遵章守纪;②优质服务,安全运输;③团结互助,同舟共济
A. ①②③　　B. ②③
C. ①③　　D. ①②

第三节　油污染

1. 船舶在进行________等可能发生污染的作业时,应当编制作业方案,采取有效的安全和防污染措施,并报作业地海事管理机构批准。
①进行残油、含油污水、污染危害性货物残留物的接收作业;②进行装载油类、污染危害性

货物船舱的清洗作业；③进行散装液体污染危害性货物的过驳作业；④进行船舶水上拆解、打捞或者其他水上、水下船舶施工作业

A. ①②③　　B. ①②③④

C. ①②　　D. ③④

2. 根据有关规定，油类记录簿（第一部分）由________记录保管，由________审核签字。

A. 值班驾驶员；大副　　B. 值班轮机员；轮机长

C. 大副；船长　　D. 轮机长；船长

3. 制定《中华人民共和国水污染防治法》的目的是________。

①防治水污染；②保护和改善环境；③保障饮用水安全；④促进经济社会全面协调可持续发展

A. ①②③　　B. ①②④

C. ②③④　　D. ①②③④

4. 根据《中华人民共和国水污染防治法》的规定，对内河油船的附加要求有________。

①油船一般不应在货油舱中装压载水；②油船的洗舱水应排放到接收设备；③油船的洗舱水严禁排往水域

A. ①②　　B. ①②③

C. ②③　　D. ①③

5. 根据《中华人民共和国水污染防治法》的规定，下列说法错误的是________。

A. 油船的洗舱水应排放到接收设备

B. 油船的洗舱水经处理后可以排到离岸较远的水域

C. 油船一般不应在货油舱中装压载水

D. 油船的洗舱水任何情况下都不得排往水域

6. 根据《中华人民共和国水污染防治法》的规定，下列说法正确的是________。

①严禁机舱舱底水中混入洗涤剂和清洁剂等物质；②船舶甲板动力机械应设置集油盘；③舵机舱及动力机械泄漏的残油应引入污油舱；④废机油和机器清洗油应妥善保管，严禁排入水域

A. ①②③　　B. ②③④

C. ①②③④　　D. ①②④

7. 根据《中华人民共和国水污染防治法》的规定，船舶进行________作业时，应编制作业方案，并报作业地海事管理机构批准。

①进行残油、含油污水、污染危害性货物残留物的接收作业；②进行装载油类、污染危害性货物船舶清洗作业；③进行散装液体污染危害性货物的过驳作业；④进行船舶拆解、打捞或其他水上、水下船舶施工作业

A. ①②③　　B. ②③④

C. ①②④　　D. ①②③④

8. 《中华人民共和国水污染防治法实施细则》规定，________的油船和400总吨以上的非油船，必须持有油类记录簿。

A. 150总吨以上　　B. 200总吨以上

C. 250总吨以上　　D. 300总吨以上

9. 总长度为________m 及以上的船舶应当设置统一格式的垃圾告示牌,告知船员和旅客关于垃圾管理的要求及处罚规定。

A. 10　　B. 12

C. 20　　D. 24

10. 油类记录簿应妥善保管,随时可供检查,用完后在船上保存________。

A. 1 年　　B. 2 年

C. 3 年　　D. 5 年

11. 发生船舶污染事故的当事方应当在________h 内向事故发生地的海事管理机构提交污染事故报告书。

A. 12　　B. 24

C. 36　　D. 48

12. 150 总吨及以上的油船和 400 总吨及以上的非油船,应当将油类作业情况记载在________中。

A. 航行日志　　B. 轮机日志

C. 油类记录簿　　D. 货物记录簿

13. 中国籍船舶防治污染的结构、设备、器材应当________。

①符合国家有关规范、标准;②经海事管理机构会或者其认可的船舶检验机构检验;③保持良好的技术状态

A. ①　　B. ②

C. ③　　D. ①②③

14.《中华人民共和国防治船舶污染内河水域环境管理规定》对船员的规定要求有________。

①具有相应的防治船舶污染内河水域环境的专业知识和技能;②熟悉船舶防污染程序和要求;③经过相应的专业培训;④持有有效的适任证书和合格证明

A. ①③④　　B. ①②③④

C. ①②④　　D. ①②③

15.《中华人民共和国防治船舶污染内河水域环境管理规定》对船舶的规定要求有________。

①任何在内河水域航行、停泊和作业的船舶,都不得违反法律、行政法规、规范和交通运输部的规定,向内河水域排放污染物;②禁止在内河水域使用溢油分散剂;③禁止船舶在内河水域使用焚烧炉;④禁止船舶向内河水体排放有毒液体物质及其残余物或者含有此类物质的压载水、洗舱水或者其他混合物

A. ①③④　　B. ①②④

C. ①②③④　　D. ①②③

16.《中华人民共和国防治船舶污染内河水域环境管理规定》规定,150 总吨及以上载运散装有毒液体物质的船舶应当按照交通运输部的规定制定________和货物资料文书,明确应急管理程序和布置要求。

A. 船上油污应急计划　　B. 船上有毒液体物质污染应急计划

C. 船上污染应急计划　　D. 船上油污应急预案

17. 船舶在港从事污染清除作业等相关作业的,在开始作业时,应当通过甚高频、电话或者信息系统等向________报告作业时间、作业内容等信息。

A. 港口　　B. 环保部门

C. 海事管理机构　　D. 交通运输部

18. 下述船舶除________外，均应持有经海事管理机构批准的船上油污应急计划。

A. 150 总吨以下油船　　B. 150 总吨及以上的油船、油驳

C. 400 总吨及以上的非油船　　D. 400 总吨及以上非油驳的拖驳船队

19. 船舶发生污染水域事故，应当立即就近向海事管理机构如实报告，同时启动污染事故应急计划或者程序，采取相应措施控制和消除污染。

A. 对　　B. 错

20. 根据《中华人民共和国防治船舶污染内河水域环境管理规定》，船舶发生事故，造成或者可能造成内河水域环境污染的，________应当及时消除污染影响。

A. 货主　　B. 船东

C. 船长　　D. 船舶所有人或者经营人

21. 根据《中华人民共和国防治船舶污染内河水域环境管理规定》，内河船舶________及以上的油船和________及以上的非油船应当制订船上油污应急计划。

A. 150 总吨；400 总吨　　B. 100 总吨；300 总吨

C. 150 总吨；300 总吨　　D. 100 总吨；400 总吨

22. 根据《中华人民共和国防治船舶污染内河水域环境管理规定》，内河船舶________以下的油船应当制定油污应急程序。

A. 50 总吨　　B. 100 总吨

C. 150 总吨　　D. 300 总吨

23. 根据《中华人民共和国防治船舶污染内河水域环境管理规定》，在内河水域，关于焚烧炉，下列说法正确的是________。

A. 可以使用　　B. 禁止使用

C. 航行时可以使用　　D. 在港内不能使用，港外可以使用

24. 有关内河船舶装设油水分离设备和排放控制系统的说法正确的是________。

①主、辅柴油机总功率大于等于 220 kW 的船舶，至少装设一套油水分离设备；②主、辅柴油机总功率小于 220 kW 的船舶，至少装设一套简易油水分离设备；③对于主、辅柴油机总功率小于 110 kW 的小型船舶，若设置污油舱（柜）较困难，可设置简易的污油储存桶存放污油；④装有油水分离设备的船舶，应设置污油舱（柜），用于贮存污油

A. ①②③④　　B. ①②④

C. ①②③　　D. ②③④

25. 有关内河船舶装设油水分离设备的说法正确的是________。

①油水分离设备的安装位置应尽可能远离振源；②安装油水分离设备时，应留出足够的通道和空间，以便于检修；③油水分离设备处理水的排放应能手动控制；④装有油水分离设备的船舶，应备有该设备易损件的备件

A. ①②③④　　B. ①②④

C. ①②③　　D. ②③④

26. 有关内河船舶防止油污染的说法正确的是________。

①油水分离设备的滤芯等油污物，应妥善保存于船上或用合适的方法予以处理，严禁抛入

水域;②可能产生污油的甲板动力机械应设置油盘,防止泄漏的残油污染水域;③舵机舱、轴隧及动力机械泄漏的残油应引入机舱、污油水(污油)舱(柜)中,严禁排往舷外;④废机油和机器清洗油应妥善处理,严禁排往舷外

A. ①②③④　　B. ①②④
C. ①②③　　D. ②③④

第四节　污水处理

1. 船舶机舱的舱底水或多或少含有油,通称________。
A. 机舱含油污水　　B. 船舶污水
C. 生活污水　　D. 货舱含油污水

2. 船舶载运污染危害性货物进出港口,应________向海事管理机构办理申报手续。
A. 事先　　B. 事后
C. 中途　　D. 随意

3. 含油舱底水通常指________机器处所产生的舱底水。
①机炉舱;②舵机舱;③轴隧
A. ①②③　　B. ①②
C. ①③　　D. ②③

4. 根据《船舶水污染物排放控制标准》,2021 年 1 月 1 日之前建造的内河船舶,有关处理含油污水的做法,下列说法正确的是________。
A. 收集并排入接收设施
B. 在污油水处理装置出水口装设污染物排放监控装置,排放的含油污水浓度不超过 20ppm
C. 在任何地方禁止排放任何含油污水
D. 非零排放水域也禁止排放

5. 根据《船舶水污染物排放控制标准》,2021 年 1 月 1 日之前建造的内河船舶,有关处理含油污水的做法,下列说法正确的是________。
①收集并排入接收设施;②在污油水处理装置出水口装设污染物排放监控装置,排放的含油污水浓度不超过 15ppm;③在任何地方禁止排放任何含油污水;④零排放水域禁止排放任何含油污水
A. ①②③④　　B. ①②④
C. ①②　　D. ①④

6. 根据《船舶水污染物排放控制标准》,2021 年 1 月 1 日之后建造的内河船舶,有关处理含油污水的做法,下列说法正确的是________。
①收集并排入接收设施;②在污油水处理装置出水口装设污染物排放监控装置,排放的含油污水浓度不超过 15ppm;③在任何地方禁止排放任何含油污水;④零排放水域禁止排放任何含油污水
A. ①②③④　　B. ①②④
C. ①②　　D. ①④

7. 根据我国相关的法律、法规,有关船载有毒液体物质的排放说法正确的是________。

①船舶装载有毒货物,应当采取防止溢流和渗漏的措施,防止货物落水造成水污染;②严禁把有毒液体物质的残余物排放入水;③严禁把含有有毒液体物质的压载水、洗舱水或其他混合物排放入水;④船上残存的有毒液体物质的残余物或含有此类物质的压载水、洗舱水或其他混合物应交由岸上处理

A. ①②③④　　B. ①②④

C. ①②③　　D. ②③④

8. 内河船舶生活污水系指________各种水质。

①以任何形式排放的粪便污水;②从医务室(药房、病房等)排出的污水;③装有活的动物处所的排出物;④混有前述排出物的其他废水

A. ①②③④　　B. ①②④

C. ①②③　　D. ②③④

9. 有关内河船舶生活污水的排放控制,下列说法正确的是________。

①经过处理的船舶生活污水的排放应避开取水源,可在停靠码头时排放;②经过处理的船舶生活污水的排放应进行控制,不应顷刻排放,排放应在船舶航行中进行;③餐饮趸船(含餐饮供给船)的餐饮污水不应向水域排放,应排放至污水贮存舱(柜),由船/岸有关部门予以接收;④内河客船的餐饮污水不应向水域排放,应贮存在专门的容器中,由船/岸有关部门予以接收

A. ①②③④　　B. ①②④

C. ①②③　　D. ②③④

第五节　垃圾管理

1. 塑料制品禁止投入任何航行水域中。

A. 对　　B. 错

2. 内河船舶垃圾排放标准中,禁止将食品废弃物及其他垃圾投入水域。

A. 对　　B. 错

3. 根据我国相关的法律、法规和标准,________禁止排放入水。

①塑料垃圾;②食品垃圾;③动物尸体;④生活废弃物

A. ①②③④　　B. ①④

C. ①②③　　D. ②③④

4. 根据我国相关的法律、法规和标准,________禁止排放入水。

①废弃食用油;②操作废弃物;③货物残留物;④电子垃圾

A. ①②③④　　B. ①③④

C. ①②③　　D. ②③④

5. 船长大于等于________ m的所有船舶,应设置告示牌以便船员及乘客知道关于船舶垃圾处理的规定。

A. 10　　B. 15

C. 12　　D. 20

6. 总吨大于等于________的所有船舶,以及核准载运船上人员大于等于________人的船舶,

应备有一份中国船级社批准的垃圾管理计划。

A. 400;12　　B. 400;15

C. 100;12　　D. 100;15

第六节　案例分析

1. 船舶与船舶之间或船舶与水上移动式装置之间发生接触造成损害的事故属于________事故。

A. 浪损　　B. 触礁

C. 碰撞　　D. 搁浅

2. 发生水上交通事故的原因是多方面的,但人为因素造成的事故仍然是主要的。

A. 对　　B. 错

3. 船舶发生碰撞的原因有________。

①驾驶人员的责任心不强、思想麻痹;②驾驶人员没有严格履行职责及违反规章制度;③违反《内河避碰规则》;④不服从海事管理机关的指挥,违章航行

A. ①②③　　B. ①②③④

C. ②③④　　D. ①③④

4. 船舶发生碰撞的原因有________。

①驾驶人员疏忽瞭望,未能及时判断来船的动态;②驾驶人员对风压、流压估计不足;③驾驶人员没有正确使用雷达等导航设备;④在处于紧迫危险时惊慌失措或措施不当

A. ①②③　　B. ②③④

C. ①②④　　D. ①②③④

5. ________是造成水上交通事故最主要的原因。

A. 船舶技术状况　　B. 环境条件

C. 不可抗力因素　　D. 人为因素

6. D船在某内河水域航行、锚泊、停泊期间,把机舱积水、洗衣水、粪便水、吃剩下的水果、打印机墨盒等物质直接倾倒在舷外水体。其中打印机墨盒属于________。

A. 塑料废弃物　　B. 生活废弃物

C. 操作废弃物　　D. 电子垃圾

7. D船在某内河水域航行、锚泊、停泊期间,把机舱积水、洗衣水、粪便水、吃剩下的水果、打印机墨盒等物质直接倾倒在舷外水体。该船排放机舱积水,违法记分分值为________。

A. 15　　B. 8

C. 4　　D. 2

8. D船在某内河水域航行、锚泊、停泊期间,把机舱积水、洗衣水、粪便水、吃剩下的水果、打印机墨盒等物质直接倾倒在舷外水体。该船排放粪便水,违法记分分值为________。

A. 15　　B. 8

C. 4　　D. 2

参考答案

第一节　安全常识、责任及教育

1.B　2.B　3.B　4.A　5.A　6.C　7.C　8.C　9.B　10.B
11.C　12.D　13.B　14.C　15.C　16.C

第二节　职业素养

1.B　2.B　3.D　4.C　5.B　6.B　7.A

第三节　油污染

1.B　2.D　3.D　4.B　5.B　6.C　7.D　8.A　9.B　10.C
11.B　12.C　13.D　14.B　15.C　16.B　17.C　18.A　19.A　20.D
21.A　22.C　23.B　24.A　25.A　26.A

第四节　污水处理

1.A　2.A　3.A　4.A　5.B　6.D　7.A　8.A　9.D

第五节　垃圾管理

1.A　2.A　3.A　4.A　5.C　6.B

第六节　案例分析

1.C　2.A　3.B　4.D　5.D　6.D　7.B　8.B

第二十七章　船员管理

第一节　内河交通安全管理条例和船员条例

1. 船舶在内河通航水域载运超重、超长的物体,必须在________报海事管理机构核定拟航行的航路、时间,并采取必要的安全措施。

   A. 装船前 12 h 或拖带前 12 h　　B. 装船前 24 h 或拖带前 24 h

   C. 装船前 12 h 或拖带前 24 h　　D. 装船前 24 h 或拖带前 12 h

2. 船舶未经海事管理机构认可的船舶检验机构依法检验并持有合格的船舶检验证书,即不具备航行的基本条件。

   A. 对　　B. 错

3. 船舶未配备必要的航行资料,则不具备航行条件。

   A. 对　　B. 错

4. 任何单位和个人发现航道变迁,航道水深、宽度发生变化,应迅速向海事管理机构报告。

   A. 对　　B. 错

5. 航经事故现场附近的船舶收到求救信号后,如对事故无责任,可以不参加施救继续航行。

   A. 对　　B. 错

6. 船舶发生碰撞事故,即使无责任的一方也应当在不危及自身安全的情况下,积极救助遇险船舶。

   A. 对　　B. 错

7. 海事管理机构可对超载运输的船舶进行强制卸载。

   A. 对　　B. 错

8. 船舶航行必须具备的条件包括________。

   ①持有合格的船舶检验证书;②持有合法的船舶登记证书;③按规定配备合格和足够数量的船员;④配备必要的航行资料

   A. ①②③　　B. ②③

   C. ①②③④　　D. ①③

9. 船舶在内河通航水域载运或者拖带超重、超长、超高、超宽、半潜的物体,必须在装船或者拖带________报海事管理机构核定拟航行的航路、时间。

   A. 前 24 h　　B. 后 24 h

   C. 前 12 h　　D. 后 12 h

10. 船员适任证书的有效期不超过________ y。

    A. 2　　B. 3

    C. 4　　D. 5

11. 在船舶的沉没、毁灭不可避免的情况下，船长可以决定弃船，但是，除紧急情况外，应当报经________同意。

A. 海事管理机构　　B. 船舶承运人

C. 船舶所有人　　D. 船舶租借人

12. 船长在发现引航员的操纵指令可能对船舶航行安全构成威胁或者可能造成水域与环境污染时，应________。

①向引航员提出改正意见；②若自己的建议未被引航员采纳，仍执行引航员指令；③立即纠正、制止；④必要时要求更换引航员

A. ①　　B. ②

C. ③　　D. ③④

13. 我国制定了一系列法律法规，其中________是我国有关船员管理最重要的一项法规，在提高船员素质，维护船员合法权益方面发挥了巨大作用。

A.《中华人民共和国船员条例》

B.《中华人民共和国内河安全管理条例》

C.《中华人民共和国船舶登记条例》

D.《中华人民共和国船舶最低安全配员规则》

14.《中华人民共和国船员条例》规定，船员除享有国家法定节假日的假期外，还享受________。

A. 每工作 2 个月不少于 5 日的年休假

B. 每工作 2 个月不少于 15 日的年休假

C. 每工作 4 个月不少于 15 日的年休假

D. 每工作 4 个月不少于 25 日的年休假

15. 根据《中华人民共和国船员条例》，船员用人单位和船员应当按照国家有关规定参加________，并依法按时足额缴纳各项保险费用。

①工伤保险；②医疗保险；③养老保险；④失业保险以及其他社会保险

A. ①②③　　B. ①②③④

C. ②③④　　D. ①③④

16. 根据《中华人民共和国船员条例》，船员用人单位应当在船员年休假期间，向其支付不低于________。

A. 该船员用人单位所在地人民政府公布的平均工资的报酬

B. 该船员用人单位所在地人民政府公布的最低工资的报酬

C. 该船员在船工作期间平均工资的报酬

D. 该船员用人单位职工的平均工资的报酬

17. 根据我国船员条例，船员的遣返费用，包括________。

①乘坐交通工具的费用；②30 kg 行李的运输费用；③旅途中合理的食宿费用；④旅途中合理的医疗费用

A. ②③④　　B. ①②④

C. ①②③④　　D. ①③④

第二节　考试和发证

1. 根据《中华人民共和国内河船舶船员适任考试和发证规则》,适任考试不合格者,可申请补考的最长期限是________。

   A. 2 年　　B. 1 年
   C. 3 年　　D. 5 年

2. 根据《中华人民共和国内河船舶船员适任考试和发证规则》,参加适任考试者,在规定期限内不能通过全部理论考试和实际操作考试的,________。

   A. 所有理论考试和实际操作考试成绩失效
   B. 仅所有理论考试失效
   C. 仅所有实际操作考试成绩失效
   D. 可在半年内再次申请未通过科目的补考

3. 根据《中华人民共和国内河船舶船员适任考试和发证规则》,适任考试成绩自理论考试和实际操作考试相应科目均合格后________内有效。

   A. 6 个月　　B. 1 年
   C. 2 年　　D. 5 年

4. 《中华人民共和国内河船舶船员适任考试和发证规则》将船员适任证书划分为________个类别。

   A. 2　　B. 3
   C. 4　　D. 5

5. 内河二、三类适任证书适用的船员职务资格(驾驶专业)为________。

   A. 船长、驾驶员　　B. 船长、大副、
   C. 船长、大副、二副　　D. 船长、大副、二副、三副

6. 持证人任职________适任证书所记载的类别和职务资格,也________适任证书所记载的航区(线)。

   A. 不得低于;不得超出　　B. 不得高于;不得超出
   C. 不得低于;超出　　D. 不得高于;超出

7. 在 300 总吨及以上至 1 000 总吨或者 150 kW 及以上至 500 kW 的内河船舶上任职的船员至少应持有________。

   A. 一类适任证书　　B. 二类适任证书
   C. 三类适任证书　　D. 任何类适任证书

8. 持证人在《适任证书》有效期届满后 5 年内向发证机构申请适任证书重新签发的,除应当符合规定的条件外,还应当通过国家海事管理机构规定的同类别同职务资格的内河船舶船员的________。

   A. 适任培训和考试　　B. 理论考试
   C. 实际操作考试　　D. 理论考试和实际操作考试

9. 考试机构应当在理论考试或者实际操作考试结束后 30 天内公布相应考试成绩。

   A. 对　　B. 错

10. 中华人民共和国海事管理机构具体负责内河船舶船员适任考试和发证工作。
A. 对 B. 错

11. 下面有关内河船舶船员适任证书分类的说法正确的是________。
①一类适任证书适用于在 1 000 总吨及以上或者 500 kW 及以上的内河船舶；②二类适任证书适用于在 300 总吨及以上至 1 000 总吨或者 150 kW 及以上至 500 kW 的内河船舶；③三类适任证书适用于在 300 总吨以下或者 150 kW 以下的内河船舶；④四类适任证书适用于在 100 总吨以下或者 100 kW 以下的内河船舶
A. ①②③④ B. ①②③
C. ①② D. ②③

12. 根据《中华人民共和国内河船舶船员适任考试和发证规则》，取得参加航行值班适任证书，应当具备的条件包括________。
①年满 16 周岁；②符合内河船舶船员任职岗位健康标准；③经过适任培训、特殊培训；④通过规定科目的适任考试；⑤具备相应的水上服务资历
A. ②③④⑤ B. ②③④
C. ①②④⑤ D. ④⑤

13. 中华人民共和国内河船舶船员适任考试和发证的单位是________。
A. 交通运输部 B. 船级社
C. 海事管理机构 D. 检验检疫局

14. 根据《中华人民共和国内河船舶船员适任考试和发证规则》的规定，内河船员职务的设置：二类和三类适任证书设置的是________。
A. 船长、大副、二副、三副和轮机长、大管轮、二管轮、三管轮
B. 船长和轮机长
C. 船长、驾驶员和轮机员
D. 船长、驾驶员和轮机长、轮机员

15. 根据《中华人民共和国内河船舶船员适任考试和发证规则》的规定，被海事管理机构依法吊销适任证书的，自被吊销之日起________内，不得申请适任证书。
A. 6 个月 B. 12 个月
C. 18 个月 D. 2 年

16. 根据《中华人民共和国内河船舶船员适任考试和发证规则》的规定，合格的适任考试成绩自初次适任考试通知书签发之日起________y 内有效。
A. 5 B. 3
C. 2 D. 1

17. 根据《中华人民共和国内河船舶船员适任考试和发证规则》的规定，适任考试任一科目不合格的，可以自初次适任考试通知书签发之日起________ y 内申请补考。
A. 5 B. 3
C. 2 D. 1

18. 内河船舶船员水上服务资历，包括内河船舶船员在内河船舶上实际任职时间和参加适任培训、特殊培训的时间，但参加适任培训和特殊培训的时间最多不超过________ m。
A. 9 B. 12
C. 6 D. 3

第三节　违法记分

1. 关于《中华人民共和国船员违法记分办法》,下列说法错误的是________。
   A. 每一公历年为一个记分周期
   B. 一个周期期满后,分值累加未达到 15 分的,其分值应转入下一个记分周期
   C. 在一个记分周期内,记分满 15 分的船员,经培训、考试后,其分值重新起算
   D. 一次船员违法记分的分值为:15 分、8 分、4 分、2 分、1 分五种
2. 根据《中华人民共和国船员违法记分办法》,海事管理机构收到船员参加法规培训的报名后,对符合规定的应在________个工作日内组织培训。
   A. 5　　B. 7
   C. 10　　D. 15
3. 船员违法记分每一公历年为一个记分周期,满分为________。
   A. 10　　B. 12
   C. 15　　D. 20
4. 船员在一个记分周期内累计记分达到 15 分的,________的海事管理机构应当扣留其船员适任证书。
   A. 最后实施船员违法记分　　B. 船员注册地
   C. 船员适任证书签发地　　D. 船员出生地
5. 对存在共同违法行为的船员,应当合并实施船员违法记分。
   A. 对　　B. 错
6. 关于《中华人民共和国船员违法记分办法》,以下说法正确的是________。
   A. 船员需参加法规培训的,可向船员注册地的海事管理机构报名
   B. 对存在共同违法行为的船员,应当合并实施船员违法记分
   C. 对违法船员的强制培训时间不少于 7 天
   D. 行政处罚的决定和执行,应考虑船员违法记分的分值
7. 根据《中华人民共和国船员违法记分管理办法》的规定,船员违法记分是指船员违反________实施的累计记分。
   ①水上交通安全法;②防治船舶污染水域法;③行政法规
   A. ①②　　B. ②③
   C. ①③　　D. ①②③
8. 根据《中华人民共和国船员违法记分管理办法》的规定,船员累计记分周期为________,满分________。
   A. 1 个公历年;15 分　　B. 1 个公历年;12 分
   C. 24 个月;15 分　　D. 24 个月;12 分
9. 根据《中华人民共和国船员违法记分管理办法》的规定,船员在一个记分周期内累计记分达到 15 分的,最后实施船员违法记分的海事管理机构应当________。
   A. 吊销其适任证书　　B. 扣留其适任证书
   C. 对当事船员进行知识更新　　D. 对当事船员做降级处理

10. 根据《中华人民共和国船员违法记分管理办法》的规定，船员在一个记分周期内累计记分未达到 15 分的，记分分值________。
A. 累计到下个记分周期
B. 重新起算
C. 责令对其进行法规培训后重新起算
D. 责令对其进行知识更新后重新起算

11. 根据《中华人民共和国船员违法记分管理办法》的规定，船员在一个记分周期内累计记分达到 15 分的，最后实施船员违法记分的海事管理机构应当扣留其适任证书，责令其参加为期________的有关法律、行政法规的培训并进行相应的考试。
A. 5 日　　B. 10 日
C. 15 日　　D. 30 日

12. 根据《中华人民共和国船员违法记分管理办法》的规定，内河船长在弃船或者撤离船舶时未最后离船的记________分。
A. 2　　B. 4
C. 8　　D. 15

13. 根据《中华人民共和国船员违法记分管理办法》的规定，内河船员由他人代替参加考试或代替他人参加考试的记________分。
A. 15　　B. 8
C. 4　　D. 2

14. 根据《中华人民共和国船员违法记分管理办法》的规定，内河船员考试作弊的记________分。
A. 2　　B. 4
C. 8　　D. 15

15. 根据《中华人民共和国船员违法记分管理办法》的规定，内河船长当船舶发生污染水域事故，未立即向最近海事管理机构如实报告的记________分。
A. 2　　B. 4
C. 8　　D. 15

第四节　船员注册

1. 申请内河船员适任证书一般应具备的条件包括________。
①符合年龄要求；②符合船员的健康任职岗位要求；③经过船员基本安全培训；④通过船员专业外语考试
A. ①②③④　　B. ①②③
C. ①②④　　D. ①③④

2. 申请内河非值班船员适任证书一般应具备的条件包括________。
①最小不低于 16 周岁；②符合船员的健康任职岗位要求；③经过船员基本安全培训；④通过船员专业外语考试
A. ①②③④　　B. ①②③

C. ①②④　　　　D. ①③④

3. 申请内河航行值班船员适任证书一般应具备的条件包括________。
①符合年龄要求；②符合船员的健康任职岗位要求；③经过船员基本安全培训、适任培训和特殊培训；④通过船员专业外语考试
A. ①②③④　　　　B. ①②③
C. ①②④　　　　D. ①③④

第五节　值班规定

1. ________中国籍内河船舶的船员值班适用于《中华人民共和国内河船舶船员值班规则》。
A. 100 总吨及以上　　　　B. 300 总吨及以上
C. 500 总吨及以上　　　　D. 1 000 总吨及以上

2. 根据《中华人民共和国内河船舶船员值班规则》，值班船员应当按照规定________，正确显示________，不得擅离岗位，不能从事与值班无关的事项。
A. 升国旗；号灯、号型和旗号
B. 降国旗；号灯、号型和旗号
C. 升降国旗；号灯、号型和旗号
D. 升降国旗；号灯

3. 根据《中华人民共和国内河船舶船员值班规则》，值班船员在值班前________ h 内及值班期间禁止饮酒，且值班期间血液中的酒精浓度不得超过 0.05% 或者呼吸中酒精浓度不高于 0.25 mL/L。
A. 1　　　　B. 2
C. 4　　　　D. 6

4. 根据《中华人民共和国内河船舶船员值班规则》，系泊中________应当注意系缆受力和他船靠离情况，了解风、流、水位等情况，发现异常，及时采取措施。
A. 大副　　　　B. 二副
C. 三副　　　　D. 驾驶值班船员

5. 根据《中华人民共和国内河船舶船员值班规则》，开航前值班驾驶人员应当会同轮机值班船员核对________等，并将核对情况记入航行日志、轮机日志。
A. 船钟　　　　B. 车钟
C. 舵　　　　D. 船钟、车钟、舵

6. 根据《中华人民共和国内河船舶船员值班规则》，主机冲车、试车前，轮机值班船员应当征得________同意。
A. 船长　　　　B. 轮机长
C. 大副　　　　D. 值班驾驶人员

7.《中华人民共和国内河船舶船员值班规则》是内河船舶船员的________值班要求。
A. 最高　　　　B. 最低
C. 一般　　　　D. 非强制

参考答案

第一节　内河交通安全管理条例和船员条例

1.B　2.A　3.A　4.A　5.B　6.A　7.A　8.C　9.A　10.D
11.C　12.D　13.A　14.A　15.B　16.C　17.C

第二节　考试和发证

1.C　2.A　3.D　4.B　5.A　6.B　7.B　8.C　9.A　10.A
11.B　12.A　13.C　14.D　15.D　16.A　17.B　18.D

第三节　违法记分

1.B　2.D　3.C　4.A　5.B　6.A　7.D　8.A　9.B　10.B
11.A　12.D　13.A　14.C　15.C

第四节　船员注册

1.B　2.B　3.B

第五节　值班规定

1.A　2.C　3.C　4.D　5.D　6.D　7.B

第二十八章　船舶管理

第一节　配员

1. 根据《中华人民共和国船舶最低安全配员规则》的规定，船舶最低安全配员证书有效期的截止日期与________有效期的截止日期相同。

A. 船舶构造安全证书　　B. 船舶设备安全证书

C. 船舶国籍证书　　D. 船舶安全管理证书

2. 船舶配员最少和最多的依据分别是________。

A. 最低安全配员证书、船舶工作需要

B. 最低安全配员证书、公司规定

C. 最低安全配员证书、救生设备核定人数

D. 船舶工作需要、最低安全配员证书

3. 根据《船舶最低安全配员规则》规定，无论何时________不能同时离船。

A. 船长和轮机长　　B. 船长和驾驶员

C. 驾驶员和轮机长　　D. 驾驶员和轮机员

4. 根据《中华人民共和国船舶最低安全配员规则》的规定，船舶最低安全配员证书有效期的截止日期与船舶国籍证书有效期的截止日期相同。

A. 对　　B. 错

5. 根据《中华人民共和国船舶最低安全配员规则》的规定，船舶所有人应当在船舶最低安全配员证书有效期截止前________以内，或者国籍证书重新核发时，凭原证书到海事管理机构办理换证手续。

A. 3 个月　　B. 6 个月

C. 18 个月　　D. 1 年

6. 船舶配员最少和最多的依据分别是最低安全配员证书、救生设备核定人数。

A. 对　　B. 错

7. 根据《船舶最低安全配员规则》的规定，无论何时船长和驾驶员不能同时离船。

A. 对　　B. 错

第二节　安全监督

1. 海事行政执法人员在开展船舶安全检查时，船长应当指派人员配合。指派的配合人员应当如实回答询问，并按照要求测试和操纵船舶设施、设备。

A. 对　　B. 错

2. 船舶无权对海事管理机构提出的缺陷及处理意见进行申辩。

A. 对　　B. 错

第三节　安全营运和防止污染管理规则

1. 我国《船舶安全营运和防止污染管理规则》的目标是________。

①防止人员伤亡；②保证水上安全；③避免对财产造成损失和对海洋环境造成危害

A. ①③　　B. ①②

C. ②③　　D. ①②③

2. 根据我国《船舶安全营运和防止污染管理规则》的规定，公司应当以文件形式明确规定船长的责任，包括________。

①执行公司的安全和环境保护方针；②激励船员遵守该方针；③以简明方式发布相应的命令和指令；④审核具体要求的遵守情况；⑤复查安全管理体系并向岸上管理部门报告其不足之处

A. ①③　　B. ①②

C. ①②④　　D. ①②③④⑤

3. 根据我国《船舶安全营运和防止污染管理规则》的规定，公司在指派船长任职时所承担的义务是________。

①保证船长具有适当的指挥资格；②保证船长完全熟悉公司安全管理体系；③保证船长得到必要的支持

A. ①②　　B. ①③

C. ②③　　D. ①②③

4. 根据我国《船舶安全营运和防止污染管理规则》的规定，船舶应对船上可能发生的________等做好应急准备，并建立相应的应急反应程序。

①船舶油污；②船舶丧失操纵能力；③船体结构损坏；④船舶严重横倾

A. ①②④　　B. ②③④

C. ①②③④　　D. ①②③

5. 根据我国《船舶安全营运和防止污染管理规则》的规定，船舶应对船上可能发生的________等做好应急准备，并建立相应的应急反应程序。

①碰撞；②搁浅触礁；③火灾爆炸；④人落水

A. ①②④　　B. ②③④

C. ①②③④　　D. ①②③

6. 根据我国《船舶安全营运和防止污染管理规则》的规定，船舶应对船上可能发生的________等做好应急准备，并建立相应的应急反应程序。

①货舱进水；②船员伤病；③弃船；④进入封闭舱室

A. ①②④　　B. ②③④

C. ①②③④　　D. ①②③

7. 根据我国《船舶安全营运和防污染管理规则》的要求，船舶应对船上可能发生的________等做好应急准备，并建立相应的应急反应程序。

①船舶油污；②船舶丧失操纵能力；③船体结构损坏；④船舶严重横倾

A. ①②④　　B. ②③④
C. ①②③④　　D. ①②③

8. 根据我国《船舶安全营运和防污染管理规则》的要求,船舶应对船上可能发生的________等做好应急准备,并建立相应的应急反应程序。
①碰撞;②搁浅触礁;③火灾爆炸;④人落水
A. ①②④　　B. ②③④
C. ①②③④　　D. ①②③

9. 根据我国《船舶安全营运和防污染管理规则》的要求,船舶应对船上可能发生的________等做好应急准备,并建立相应的应急反应程序。
①货舱进水;②船员伤病;③弃船;④进入封闭舱室
A. ①②④　　B. ②③④
C. ①②③④　　D. ①②③

10. 根据我国《船舶安全营运和防止污染管理规则》的规定,公司应当制定安全和环境保护方针,并应当保证公司的船上和岸上各级机构执行和保持此方针。
A. 对　　B. 错

11.《中华人民共和国船舶安全营运和防止污染管理规则》的目标是________。
①防止人员伤亡;②保障水上交通安全;③避免对财产造成损失;④避免对环境,特别是水域环境造成危害
A. ①②④　　B. ①②③
C. ①③④　　D. ①②③④

12. 有关《中华人民共和国船舶安全营运和防止污染管理规则》,下列说法正确的是________。
①自愿执行;②强制执行;③侧重于人员的安全管理
A. ①　　B. ①②
C. ②③　　D. ①②③

13. ________是船上安全管理的根本要点。
A. 公司因素　　B. 环境因素
C. 人为因素　　D. 船舶因素

14.《中华人民共和国船舶安全营运和防止污染管理规则》的目的是为________提供一个国内标准。
①船舶营运安全;②船舶防止污染管理;③船舶营运成本管理;④船员管理
A. ①③　　B. ①②
C. ③④　　D. ①②③④

参考答案

第一节　配员

1.C　2.C　3.B　4.A　5.D　6.A　7.A

第二节　安全监督

1.A　2.B

第三节　安全营运和防止污染管理规则

1.D　2.D　3.D　4.C　5.C　6.C　7.C　8.C　9.C　10.A
11.D　12.C　13.C　14.B

第二十九章　通航管理

第一节　内河交通事故调查处理规定

1. 根据《内河交通事故调查处理规定》的规定，下列属于事故发生后立即报告的内容是________。
①船舶、浮动设施的名称；②事故发生的简要经过；③水域污染情况
A. ①②③　　B. ①②
C. ②③　　D. ①③

2. 根据《内河交通事故调查处理规定》的规定，船舶、浮动设施发生事故，必须在事故发生后________ h 内向事故发生地的主管机关提交事故报告书和必要的证书、文件资料。
A. 24　　B. 36
C. 48　　D. 72

3. 根据《内河交通事故调查处理规定》，船舶、浮动设施发生事故后，在规定的时间内向事故发生地的主管机关提交________。
①事故报告书；②损害情况鉴定书；③必要的证书、文书资料
A. ①②③　　B. ①②
C. ②③　　D. ①③

4. 根据《内河交通事故调查处理规定》，主管机关因勘察和取证的需要，有权对船舶________。
A. 重新检验　　B. 令其驶往指定的地点
C. 采取强制处置措施　　D. 令其离港

5. 根据《内河交通事故调查处理规定》的规定，内河交通事故由________查明事故原因，明确当事方的责任。
A. 海事管理机构　　B. 海事法院
C. 公安机关　　D. 监察机关

6. 主管机关对水上交通事故进行调查时，被调查人所属单位对事故调查应予配合。
A. 对　　B. 错

7. 船舶、浮动设施发生内河交通事故，必须立即采取一切手段向事故发生地的海事管理机构报告，报告的主要内容包括________。
①船舶和浮动设施的名称；②事故发生的时间、地点和事故发生水域的水文、气象、通航环境情况；③船舶、浮动设施的损害情况和船员、旅客的伤亡情况；④水域环境的污染情况及事故简要经过等
A. ①②③　　B. ①②③④
C. ①③④　　D. ②③④

8. 船舶、浮动设施发生内河交通事故,除应当按规定进行报告外,还必须在事故发生后________内向事故发生地的海事管理机构提交内河交通事故报告书和必要的证书、文书资料。

A. 8 h　　B. 12 h

C. 24 h　　D. 48 h

9.《内河交通事故报告书》应当包括________。

①船舶、浮动设施概况(包括其名称、主要技术数据、证书、船员及所载旅客、货物等);②船舶、浮动设施所属公司情况(包括其所有人、经营人或者管理人的名称、地址、联系电话等);③事故发生的时间和地点;④事故发生时水域的水文、气象、通航环境情况

A. ①②③　　B. ①②④

C. ①②③④　　D. ①③④

10. 船舶、浮动设施发生内河交通事故,有关船舶、浮动设施、单位和人员必须严格保护事故现场。任何时候未经________调查人员的现场勘查,任何人不得移动现场物件。

A. 公安部门　　B. 交通部门

C. 政府部门　　D. 海事管理机构

11. 船舶发生内河交通事故,除应立即采取一切有效手段向事故发生地的海事管理机构报告外,还必须在事故发生后________ h 内向________的海事管理机构提交《内河交通事故报告书》和必要的证书、文书资料。

A. 12;事故发生地　　B. 12;船籍港

C. 24;事故发生地　　D. 24;船籍港

12.《内河交通事故报告书》应当包括________。

①船舶概况、公司或船舶所有人情况;②事故发生的时间、地点、发生时水域的水文、气象、通航环境情况;③船舶损害及船员、旅客伤亡情况、水域污染情况;④事故发生的详细经过(碰撞事故应附船舶相对运动示意图);船舶沉没的,附其沉没概位;⑤与事故有关的其他情况

A. ①②③④⑤　　B. ①②③④

C. ②③④⑤　　D. ①②③⑤

13. 船舶发生内河交通事故,接受海事管理机构的事故调查时,应当________。

①有关船舶、单位和人员必须严格保护现场,未经海事管理机构现场勘查,任何人不得移动现场物件;②有关人员应当接受和配合其调查、取证,如实陈述事故的有关情况和提供有关证据,不得谎报情况或者隐匿、毁灭证据;③当事船舶在不危及自身安全的情况下,未经海事管理机构批准,不得驶离指定地点;④海事管理机构在进行调查取证时,可以采用录音、录像、照相等法律、法规允许的调查手段,任何单位和个人不得干涉、阻挠其合法调查

A. ①②③　　B. ②③④

C. ①③④　　D. ①②③④

14.《内河交通事故调查处理规定》所称内河交通事故是指船舶、浮动设施在内河通航水域内航行、停泊、作业过程中发生的________事件。

①碰撞、触碰或者浪损;②触礁或者搁浅;③火灾或者爆炸;④沉没(包括自沉)

A. ①②③　　B. ①②④
C. ①②③④　　D. ①③④

15. 根据《中华人民共和国内河交通事故调查处理规定》，发生内河交通事故后，调查人员在勘察笔录完毕后，应当由当事人或见证人在笔录上签名，如拒绝签名的，则________。
A. 勘察笔录无效　　B. 可以让其他船员签名
C. 调查人员应当在笔录上注明　　D. 调查人员签名即可

第二节　船舶交通管理系统安全监督管理规则

1. 根据《中华人民共和国船舶交通管理系统安全监督管理规则》，船舶在 VTS 区域内________的表述有误。
A. 航行、停泊和作业时，必须向 VTS 中心进行船舶动态报告
B. 发生交通事故、污染事故或其他紧急情况时，应立即向 VTS 中心报告
C. 避让来船时必须向 VTS 中心报告，并经过 VTS 中心的同意
D. 发现有妨碍航行安全的异常情况时，应迅速向 VTS 中心报告

2. 根据《中华人民共和国船舶交通管理系统安全监督管理规则》，船舶在 VTS 区域内的报告内容包括________。
①航行、停泊和作业时，必须向 VTS 中心进行船舶动态报告；②发生交通事故、污染事故或其他紧急情况时，应立即向 VTS 中心报告；③发现有妨碍航行安全的异常情况时，应迅速向 VTS 中心报告；④船舶避让时必须向 VTS 中心报告，并经过 VTS 中心的同意
A. ①②　　B. ②③
C. ①②③　　D. ①②③④

3. 根据《中华人民共和国船舶交通管理系统安全监督管理规则》，应船舶请求，VTS 中心可向其提供________和其他有关信息服务。
①他船动态；②助航标志；③水文气象；④航行警(通)告
A. ①②③　　B. ①③④
C. ①②④　　D. ①②③④

4. 根据《中华人民共和国船舶交通管理系统安全监督管理规则》，应船舶请求，VTS 中心可为________提供助航服务。
①船舶在航行困难时；②船舶在气象恶劣环境下；③船舶出现故障时；④船舶损坏时
A. ①②③　　B. ①③④
C. ①②④　　D. ①②③④

5. 根据《中华人民共和国船舶交通管理系统安全监督管理规则》的规定，船舶在 VTS 区域内________时，必须按主管机关颁发的 VTS 用户指南所明确的报告程序和内容，通过甚高频无线电话或其他有效手段向 VTS 中心进行船舶动态报告。
①航行；②停泊；③作业；④坞修
A. ①②③　　B. ①②④
C. ①③④　　D. ①②③④

6. 根据《中华人民共和国船舶交通管理系统安全监督管理规则》的规定，船舶在 VTS 区域内发

生________时，应通过甚高频无线电话或其他一切有效手段立即向 VTS 中心报告。

①碰撞事故；②搁浅事故；③污染事故；④其他紧急情况

A. ①②③　　B. ①②④

C. ①③④　　D. ①②③④

7. 根据《中华人民共和国船舶交通管理系统安全监督管理规则》的规定，船舶发现________时，应迅速向 VTS 中心报告。

①助航标志异常；②有碍航行安全的障碍物、漂流物；③他船遇险；④其他妨碍航行安全的异常情况

A. ①②③④　　B. ①②④

C. ①③④　　D. ①②③

8. 根据《中华人民共和国船舶交通管理系统安全监督管理规则》的规定，船舶在 VTS 区域内应按规定锚泊，并应遵守锚泊秩序。任何船舶不得在________锚泊，紧急情况下锚泊必须立即报告 VTS 中心。

①航道；②港池；③水底过江电缆区域；④其他禁锚区

A. ①②③　　B. ②③④

C. ①②④　　D. ①②③④

9. 根据《中华人民共和国船舶交通管理系统安全监督管理规则》的规定，船舶在 VTS 区域内________时，应在规定的甚高频通信频道上正常守听，并应接受 VTS 中心的询问。

①航行；②停泊；③作业；④坞修

A. ①②③　　B. ②③④

C. ①②④　　D. ①②③④

10. 根据《中华人民共和国船舶交通管理系统安全监督管理规则》，船舶在 VTS 区域内表述错误的是________。

A. 航行时，应用安全航速行驶，并应遵守主管机关的限速规定

B. 航行、停泊和作业时，应在规定的 VHF 通信频道上正常守听

C. 航行、停泊和作业时，无须接受 VTS 咨询

D. 应按规定锚泊，并应遵守锚泊秩序

11. 根据《中华人民共和国船舶交通管理系统安全监督管理规则》，为避免紧迫局面的发生，VTS 中心可向船舶________。

①提出建议；②提出劝告；③发出警告

A. ②③　　B. ①②③

C. ①②　　D. ①③

12. 根据《中华人民共和国船舶交通管理系统安全监督管理规则》的规定，VTS 中心可在固定的时间或其他时间播发________信息。

①他船动态；②助航标志；③水文气象；④航行警（通）告

A. ①②③　　B. ②③④

C. ①②④　　D. ①②③④

第三节　VTS 报告的程序和内容

1. 应当向 VTS 中心进行船位报告的船舶在________,应当向所在水域 VTS 中心进行动态报告。
   ①通过船位核对点时;②靠离泊(浮筒)、抛起锚时;③试航、试车前后;④进入单向控制航段前
   A. ①②④　　B. ②③④
   C. ①②③④　　D. ①②③
2. 船舶抵达目的地(码头、系泊浮筒、锚地等)时,向 VTS 进行抵达报告的内容一般包括________。
   ①船名或呼号;②抵达的泊位或锚位;③靠泊或锚泊时间;④船舶配员情况
   A. ①②③　　B. ①③④
   C. ①②④　　D. ①②③④
3. 船舶经 VTS 报告线离开 VTS 区域时,向 VTS 进行驶出报告的内容主要包括________。
   ①船名或呼号;②现在位置;③出口离港申请;④下一港
   A. ①②③　　B. ①③④
   C. ①②④　　D. ①②③④
4. 船舶发生或发现水上交通事故、污染事故、机损事故或人员意外等紧急情况时,应立即向 VTS 中心报告的内容主要包括________。
   ①船名或呼号、船旗国;②事故发生的时间、地点;③受损情况及救助要求;④事故原因以及 VTS 中心要求的其他信息
   A. ①②③　　B. ①③④
   C. ①②④　　D. ①②③④
5. 船舶发生或发现保安事件时,应立即向 VTS 中心报告的内容主要包括________。
   ①船名或呼号、船旗国;②现在位置;③船舶种类;④船上人员和货物情况、受到的保安威胁
   A. ①②③　　B. ①③④
   C. ①②④　　D. ①②③④
6. 根据《中华人民共和国船舶交通管理系统安全监督管理规则》,发现助航标志或导航设施异常,有碍航行安全的碍航物、漂浮物及其他妨碍航行安全的异常情况,应立即向 VTS 中心报告的内容不包括________。
   A. 船名或呼号　　B. 位置
   C. 异常情况　　D. 船员动态
7. 穿越深水航路、推荐航路的船舶要向 VTS 报告的内容主要包括________。
   ①船名;②位置;③目的港;④VTS 中心要求的其他信息
   A. ①②③　　B. ①③④
   C. ①②④　　D. ①②③④

参考答案

第一节　内河交通事故调查处理规定

1.A　2.A　3.D　4.B　5.A　6.A　7.B　8.C　9.C　10.D
11.C　12.A　13.D　14.C　15.C

第二节　船舶交通管理系统安全监督管理规则

1.C　2.C　3.D　4.D　5.A　6.D　7.A　8.D　9.A　10.C
11.B　12.D

第三节　VTS 报告的程序和内容

1.C　2.A　3.D　4.D　5.D　6.D　7.D

第三十章　船舶动力装置

第一节　船舶柴油机概述

1. 柴油机按________可分为四冲程机和二冲程机两类。
   A. 工作循环　　B. 换气形式
   C. 曲轴转速　　D. 气缸排列
2. 下列柴油机结构部件名称中,属于运动部件的是________。
   A. 汽缸盖　　B. 汽缸体
   C. 活塞　　D. 主轴承
3. 柴油机输出功率的国际单位是________。
   A. 千克　　B. 焦耳
   C. 马力　　D. 千瓦
4. 船用柴油机活塞从上止点运动至下止点之间的距离称为________。
   A. 气缸直径　　B. 曲柄半径
   C. 冲程　　D. 气缸工作容积
5. 关于压缩比的论述正确的是________。
   A. 压缩比越大,增压度越小　　B. 压缩比越大,热效率越高
   C. 压缩比越大,机械负荷越小　　D. 压缩比越大,功率越小
6. 四冲程柴油机完成一个工作循环曲轴转________。
   A. 一周　　B. 两周
   C. 三周　　D. 四周
7. 柴油机汽缸内燃烧的物质是________。
   A. 空气　　B. 燃油
   C. 可燃混合体　　D. 氧气
8. 四冲程柴油机在一个工作循环中,工作次序为________。
   A. 进气—燃烧—压缩—膨胀—排气　　B. 进气—压缩—燃烧—膨胀—排气
   C. 排气—压缩—燃烧—膨胀—进气　　D. 进气—压缩—排气—燃烧—膨胀
9. 柴油机对外做功的冲程是________。
   A. 进气冲程　　B. 压缩冲程
   C. 燃烧膨胀冲程　　D. 排气冲程
10. 根据柴油机工作原理,在一个工作循环中其工作过程次序必须是________。

A. 进气，燃烧，膨胀，压缩，排气　　B. 进气，压缩，燃烧，排气，膨胀
C. 进气，燃烧，排气，压缩，膨胀　　D. 进气，压缩，燃烧，膨胀，排气

11. 下列关于滑油的各项指标中，对柴油机的摩擦损失和启动阻力有较大影响的是________。
A. 十六烷值　　B. 黏度
C. 抗氧化性　　D. 密度

12. 润滑油的主要性能指标要求是________。
①黏度合适；②具有良好的中和与抗腐蚀、抗乳化、抗泡性能；③较高的凝点和较低的闪点
A. ①②　　B. ①③
C. ②③　　D. ①②③

13. 船舶开航前暖机的目的在于________。
①使柴油机易于启动；②减小活塞和气缸套等机件的热应力；③提高燃油的燃烧效率；④减少硫化物对缸套内壁及活塞顶部的腐蚀
A. ①②③④　　B. ①②④
C. ①②③　　D. ①②

14. 在船用柴油机运行管理中，船舶起航或加速前进时，对柴油机的操作应该________。
A. 突然加大油门，以获得足够动力　　B. 快速加大油门，迅速获得动力
C. 油门一步到位，防止“死机”　　D. 慢慢加大油门，以防柴油机超负荷

15. 船舶在浅水区航行时，柴油机必须________。
A. 降油门运行，以防主机超载　　B. 加速航行，以提供足够动力支持
C. 快速航行，加速通过浅水区　　D. 高速航行，防止浅水区阻力增大

16. 在大风浪中航行，柴油机应适当采用________转速和________油门运行。
A. 降低；加大　　B. 增加；加大
C. 降低；减小　　D. 增加；减小

17. 倒车操作时，倒车启动油门不可________，其加速过程不宜________。
A. 过大；过慢　　B. 过大；过快
C. 过小；过慢　　D. 过小；过快

18. 船舶航行于浅水区，船舶阻力________，必须________油门运行。
A. 增大；降低　　B. 增大；加大
C. 减小；降低　　D. 减小；加大

第二节　汽油机概述

1. 汽油机与柴油机相比，在结构上的不同主要是多了一套点火系统和________。
A. 化油器　　B. 气缸套
C. 活塞　　D. 连杆

参考答案

第一节　船舶柴油机概述

1.A　2.C　3.D　4.C　5.B　6.B　7.C　8.B　9.C　10.D
11.B　12.A　13.B　14.D　15.A　16.C　17.B　18.A

第二节　汽油机概述

1.A

第三十一章 船舶辅机与机舱管理

第一节 船舶发电机作用

1. 船上发电机可为驾驶台助航仪器供电。
   A. 对　　B. 错

第二节 离心泵、往复泵、齿轮泵概述

1. 泵在单位时间内排出的液体量称为________。
   A. 压头(扬程)　　B. 功率
   C. 流量　　D. 排量
2. 齿轮泵具有干吸能力,因内部摩擦面较多,最适宜作为________。
   A. 消防泵　　B. 燃油泵
   C. 舱底水泵　　D. 循环水泵
3. 组成往复泵基本结构的部件不包括________。
   A. 活塞　　B. 泵缸
   C. 叶轮　　D. 吸、排阀
4. 下列部件中不是齿轮泵基本结构的是________。
   A. 泵体　　B. 主动齿轮
   C. 叶轮　　D. 从动齿轮
5. 离心泵流量降低不会是因为________。
   A. 滤器脏堵　　B. 密封环间隙过大
   C. 电流频率过高　　D. 吸入管漏气
6. 适宜用于输送燃油和润滑性液体的泵是________。
   A. 齿轮泵　　B. 离心泵
   C. 往复泵　　D. 螺杆泵
7. 目前,普通船用离心泵在船上的应用包括________。
   ①压载泵;②淡(海)水泵;③消防泵;④燃油输送泵
   A. ①②③④　　B. ①②④
   C. ①②③　　D. ①②
8. 离心泵在船上的应用不包括________。
   A. 压载舱泵　　B. 舱底水泵
   C. 消防泵　　D. 舵机油泵

第三节　船用油水分离器或污水(油)柜概述

1. 在溢油量大而黏度比较低时,油的扩散相当迅速,故应尽快采用围油栏将溢油围起来,然后利用油回收船或油水吸引器、油水分离器和吸油材料等方法进行回收。
   A. 对　　B. 错
2. 400 总吨及以上的任何船舶,按机型及航程长短,应设置一个或多个足够容量的舱柜,用来贮存按规定不能以其他方式处理的污油和油泥。
   A. 对　　B. 错
3. 油水分离器分离出的污油积聚在顶部集油室达一定数量时,排油阀能自动打开将污油排往污油柜,这种装置叫自动排油装置。
   A. 对　　B. 错
4. 根据有关的规定,船舶除了装设油水分离器外,还要对分离装置内的排油进行自动控制,并对排放的污水进行油分浓度监测。
   A. 对　　B. 错
5. 船舶排放的含油污水最高容许排放浓度应不大于________ ppm。
   A. 15　　B. 20
   C. 25　　D. 30
6. 油船洗舱水如果不能立即排放到接收设备,则应设有足够容积的污油水舱或________,以便留存所有洗舱水。
   A. 指定艏尖舱　　B. 指定一个货油舱
   C. 指定一个压载舱　　D. 指定艉尖舱
7. 如果油水分离器________发现可见的油迹,应立即停止分油器工作。
   A. 净水排出口　　B. 污油水进口
   C. 污油排出口　　D. 排污阀出口

参考答案

第一节　船舶发电机作用

1.A

第二节　离心泵、往复泵、齿轮泵概述

1.C　2.B　3.C　4.C　5.C　6.A　7.C　8.D

第三节　船用油水分离器或污水(油)柜概述

1.A　2.A　3.A　4.A　5.A　6.B　7.A

第三十二章　船舶电气

第一节　安全用电常识

1. 发现有人触电时下列措施错误的是________。
   A. 迅速切断电源
   B. 用手拉出伤员
   C. 人体脱离电源后,将伤员抬到空气流通的地方进行抢救
   D. 人体脱离电源后,如伤员停止呼吸,要实施人工呼吸
2. 人触电时的紧急救护措施不包括________。
   A. 就近拉断电源开关
   B. 将触电者置于通风温暖的处所
   C. 对呼吸微弱或已停止呼吸和心脏跳动停止的要实施人工呼吸抢救和心脏按压法抢救
   D. 立即用冷水冲洗
3. 船上工作人员必须遵守的安全用电规则的内容不包括________。
   A. 当无试电用工具时,可用手检查是否有电
   B. 发现用具耐压等级与带电设备电压等级不相符,就需要调换
   C. 检查电路是否带电,只能用万用表、验电笔等
   D. 36 V 以上的电气器具,应具有接地触头的插头,以便接保护接地或接中线
4. 船上工作人员必须遵守的安全用电规则的做法错误的是________。
   A. 修理线路或线路上的电器时,应自电源处拿掉熔断丝并挂上警示牌
   B. 无插头的电器不准使用
   C. 检查电路是否带电,只能用万用表、验电笔等
   D. 换熔断丝时,若无熔断丝,可用铜丝或其他金属丝替代
5. 安全用电预防触电的措施错误的是________。
   A. 必须按照操作规程及正确的操作方法对电气设备进行操作
   B. 经常性检查,维护电气设备的绝缘和壳体的安全接地,以消除触电隐患
   C. 电气设备发生火灾时,就直接用消防水龙灭火
   D. 禁止带电检查设备,特殊情况下须使用绝缘合格的工具和护具进行带电操作
6. 使用电气设备时,做法错误的是________。
   A. 电气设备的连接和紧固等要牢固
   B. 为电动机接线时,用手上紧接线柱螺帽即可
   C. 电气设备的操作手轮或手柄的温度不得超过 60 ℃
   D. 电气设备和电缆不应直接安装在船壳板上,防止机械碰伤,破坏绝缘

7. 若触电者脱离电源后发现呼吸、脉搏、心脏均已停止，则应立即实施人工呼吸或心脏按压。

A. 对　　B. 错

8. ________ V 以上的电气器具，应具有接地触头的插头。

A. 36　　B. 65

C. 90　　D. 110

9. 更换电路熔断丝时，应________。

①先拉断开关；②换上符合规定容量的熔断丝；③熔断丝不得用铁丝或其他金属丝替代

A. ①②　　B. ①③

C. ②③　　D. ①②③

10. 对触电者的紧急救护，应________。

①就近拉断电源开关；②人体部分不可直接触及触电者；③用湿木棍等器具挑开折断的带电电线；④对触电者应将他置于通风温暖处，对已停止呼吸或心脏停止跳动者，要迅速实行人工呼吸和心脏按压抢救

A. ①②③　　B. ①②④

C. ①③④　　D. ①②③④

11. 电气设备发生火灾时，最好用________灭火器灭火，既能避免触电或产生有毒气体，又对电气设备无腐蚀作用。

A. 水　　B. 泡沫

C. 二氧化碳　　D. 干粉

12. 船上工作人员必须遵守的安全用电规则，下列行为中违反安全用电规则的是________。

A. 船上确无试电用工具时，方可用手检查是否有电

B. 发现用具耐压等级与带电设备电压等级不相符，就需要调换

C. 检查电路是否带电，只能用万用表、验电笔等

D. 36 V 以上的电气器具，应具有接地触头的插头，以便接保护接地或接中线

13. 下列有关安全用电的说法正确的有________。

①无插头的电器不准使用；②36 V 以上的电气器具，应具有接地触头的插头；③修理线路或线路上的电器时，应自电源处拿掉熔断丝并挂上警告牌；④可用铜丝或其他金属丝替代熔丝

A. ①③④　　B. ①②③④

C. ①②③　　D. ②③④

14. 下列有关安全用电的说法正确的有________。

①无插头的电器不准使用；②220 V 以上的电气器具，应具有接地触头的插头；③修理线路或线路上的电器时，应自电源处拿掉熔断丝并挂上警告牌；④不可用铜丝或其他金属丝替代熔丝

A. ①③④　　B. ①②③④

C. ①②③　　D. ②③④

15. 下列有关触电的急救措施说法正确的有________。

①就近切断电源开关；②切断电源后，急救人员人体各部分都不可直接接触及触电者；③要注意触电者脱离电源时的碰伤或摔伤；④将触电者置于通风、温暖的处所

A. ①③④　　B. ①②③④
C. ①②③　　D. ②③④

16. 下列有关预防触电的措施说法正确的有________。
①经常检查、维护电气设备的绝缘和壳体的安全接地，以消除触电隐患；②禁止带电检修设备，特殊情况下必须使用绝缘合格的工具和护具进行带电操作；③若电气设备发生火灾，可直接用消防水龙灭火；④必须按照操作规程及正确的操作方法对电气设备进行操作
A. ①②④　　B. ①②③④
C. ①②③　　D. ②③④

17. 用电安全保护措施有________。
①保护接地；②工作接地及保护接零；③避雷保护；④消除船舶静电
A. ①②④　　B. ①②③④
C. ①②③　　D. ②③④

第二节　柴油机电系

1. 船舶电源分为主电源和应急电源，下列说法错误的是________。
A. 主电源是用以保证船舶在各种工况下正常用电的电源
B. 应急电源是在主电源失电情况下，可以向船上部分用以保证船舶安全的用电设备进行供电的独立电源
C. 正常情况下，大多用电设备使用主电源，为保证安全，部分关键设备在用主电源正常时，也可以使用应急电源
D. 主电源正常工作时，应急电源不工作

第三节　蓄电池

1. 在船舶上用________检查蓄电池的极性和测量蓄电池的电压。
A. 万用表　　B. 摇表
C. 电流表　　D. 功率表

2. 正常使用的酸性蓄电池电池液面下降时，应补充________。
A. 蒸馏水　　B. 纯硫酸
C. 稀硫酸　　D. 电解液

3. 保持蓄电池通气孔的畅通，蓄电池室要通风良好，并严禁烟火，主要原因是________。
A. 防止铅蓄电池硫化　　B. 散热需要
C. 防爆　　D. 防止触电事故

4. 对于长期不用的蓄电池，应每________进行一次________电。
A. 周；放　　B. 周；充
C. 半月；充、放　　D. 月；充

5. 有关蓄电池日常维护保养，下列做法错误的是________。
A. 注液孔盖应旋紧密封，并注意螺帽上的通气孔应保持畅通

B. 长期不用时，应每年进行一次维护充放电
C. 应经常检查电解液的相对密度
D. 定期检查电解液的液面高度(高出极板 15 mm)，及时补充蒸馏水

6. 蓄电池应放置于干燥处，且场所温度最好保持在 20 ℃。
A. 对　　B. 错

7. 蓄电池在充放电时的注意事项包括________。
①将蓄电池的正、负极与充电电源的正、负极对应相接；②根据不同的充电阶段控制合适的充电电流；③定期充放电并注意选择充电电压；④蓄电池的充放电必须在 20 ℃时进行
A. ①②③④　　B. ①②④
C. ①②③　　D. ②③④

8. 下列属于蓄电池日常维护保养的内容包括________。
①注液孔盖应旋紧密封，并注意螺帽上的通气孔应保持畅通；②长期不用时，应每年进行一次维护充放电；③应经常检查电解液的相对密度；④定期检查电解液的液面高度(高出极板 15 mm)，及时补充蒸馏水
A. ①②③④　　B. ①②④
C. ①②③　　D. ①③④

9. 蓄电池长期不用时，应________进行一次充放电。
A. 每周　　B. 每半个月
C. 每个月　　D. 每半年

10. 蓄电池电解液的液面应高出极板________ mm，否则应及时补充蒸馏水。
A. 5　　B. 10
C. 15　　D. 20

参考答案

第一节　安全用电常识

1.B　2.D　3.A　4.D　5.C　6.B　7.A　8.A　9.D　10.B
11.C　12.A　13.C　14.A　15.A　16.A　17.B

第二节　柴油机电系

1.C

第三节　蓄电池

1.A　2.A　3.C　4.C　5.B　6.A　7.C　8.D　9.B　10.C

第三十三章 应急设备

第一节 应急设备的种类

1. 船舶的主要应急设备有________。

①应急电源、消防泵；②应急操舵装置；③水密门

A. ② B. ①③

C. ①② D. ①②③

2. 船舶主要的应急设备包括________。

①应急电源；②通风挡板及机舱天窗应急关闭装置；③压载水泵；④应急舱底水吸口及吸入阀；⑤水密门

A. ①③④⑤ B. ①②③④

C. ②③④⑤ D. ①②④⑤

3. 下列设备中，不属于船舶应急设备的是________。

A. 水密门 B. 应急电源

C. 油水分离器 D. 应急消防水泵

4. 船舶应急消防设备包括________。

①应急消防泵；②燃油速闭阀；③风油应急切断开关；④通风筒防火板和机舱天窗应急关闭装置

A. ①②③④ B. ①②③

C. ①③④ D. ①②④

5. 船舶主要应急设备包括________。

①应急操舵装置；②应急电源；③应急消防泵；④水密门

A. ①②③ B. ①③④

C. ②③④ D. ①②③④

6. 在船舶应急设备的种类中，用于应急消防的设备有________。

A. 应急电源 B. 应急消防泵

C. 救生艇发动机 D. 应急空压机

7. 在船舶应急设备的种类中，用于主操舵装置失灵的设备有________。

A. 应急电源 B. 消防水泵

C. 应急操舵装置 D. 脱险通道

第二节　应急舵机、应急电源、消防泵

1. 船舶应急操舵设备、应急照明系统及风、油应急切断系统，每月应进行检查和试验不少于________。

A. 1 次　　B. 2 次

C. 3 次　　D. 4 次

2. 消防泵的压头必须满足消防系统各消火栓处有足够的水压力。

A. 对　　B. 错

3. 内河小型船舶的应急电源基本采用________。

A. 交流发电机　　B. 应急发电机

C. 手摇发电机　　D. 蓄电池

4. 应急发电机在进行定期检查时，主要检查应急发电机的________。

①油位和水位；②启动和运转性能；③并电试验

A. ①　　B. ②③

C. ①③　　D. ①②③

参考答案

第一节　应急设备的种类

1.D　2.D　3.C　4.A　5.D　6.B　7.C

第二节　应急舵机、应急电源、消防泵

1.A　2.A　3.D　4.D

第三十四章　船舶日常维护保养

第一节　船上设备日常维护保养

1. 关于钢丝绳的使用保养，下列做法错误的是________。
   A. 钢丝绳经常摩擦的部位应加以包扎
   B. 钢丝绳的包扎部分不易锈蚀，不需要对该部分进行检查
   C. 使用较久的钢丝绳可掉头使用
   D. 在切断钢丝绳前，应在切断位置的两侧用细绳或细铁丝扎紧
2. 最后一节锚链大都涂上白色或红白相间油漆是为了________。
   A. 防锈　　B. 美观
   C. 便于操作　　D. 警惕丢锚
3. 目前多数船舶在起锚后位于甲板上的一段锚链涂以白色水线漆，是为了________。
   A. 防锈　　B. 美观
   C. 危险警告　　D. 了解锚即将离水及锚干进入锚链筒的标志
4. 锚链检查修理后应涂________。
   A. 红丹　　B. 铝粉底漆
   C. 沥青漆　　D. 白色水线漆
5. 校正舵角以及液压操舵装置的检查保养工作，由________负责。
   A. 船长或轮机长　　B. 驾驶部人员
   C. 轮机部人员　　D. 驾驶人员和轮机人员
6. 液压操舵装置在开航前，应做好________等准备工作。
   ①将舵置于正舵位置；②判断管路是否有破裂漏油现象；③活舵；④校对舵角
   A. ①②③　　B. ②③④
   C. ①③④　　D. ①②③④
7. 船舶开航前对舵的一般程序为________。
   A. 正舵，左（及右）舵 5°、10°、20°、满舵　　B. 正舵及左（右）满舵
   C. 右满舵，右舵 20°、15°、5°　　D. 正舵，左舵 5°、10°、20°、满舵
8. 良好的船舶货舱盖必须满足________。
   ①保证船体水密；②具备足够的强度；③开启方便安全
   A. ①②　　B. ②③
   C. ①③　　D. ①②③

9. 压载舱的日常保养检查内容包括________。

①压载舱液位无异常变化,其周围处所无进水发生;②压载舱道门状况良好,无严重锈蚀、螺栓丢失;③压载舱内构件无严重腐蚀、裂纹或洞穿

A. ①②③　　B. ①②

C. ②③　　D. ①③

10. 对吊杆头部的卸扣、吊钩、滑车等金属构件用小锤轻敲听声音的目的是检查________。

A. 构件锈蚀　　B. 构件拉伸

C. 构件裂纹　　D. 构件磨损

11. 救生艇应处于即可用状态,且能在警报发出后 10 min 内降落水面。

A. 对　　B. 错

12. 救生衣应存放在易于取用和干燥的地方。

A. 对　　B. 错

13. 救生设备应在船舶运行全过程中处于可用状态。

A. 对　　B. 错

14. 堵漏器材的保管,应注意________。

①专人保管,不移作他用;②木楔、木塞等不要放在温度太高或潮湿的地方;③水泥应放在空气流通、干燥的地方

A. ①②　　B. ①③

C. ②③　　D. ①②③

15. 船上配备堵漏用的水泥应存放在空气流通、干燥的地方,并应每________检查一次。

A. 3 个月　　B. 6 个月

C. 12 个月　　D. 24 个月

16. 堵漏器材的保管,应注意________。

①存放在规定地点;②专人保管,不移作他用;③橡胶垫不要放在高温处,以防变质脆化

A. ①②　　B. ②③

C. ①③　　D. ①②③

17. 堵漏器材的保管,应注意________。

①专人保管,不挪作他用;②木楔、木塞等不要在温度太高或潮湿的地方;③水泥应放在空气流通、干燥的地方

A. ①②③　　B. ②③

C. ①③　　D. ①②

18. 船舶配备的堵漏器材必须妥善保管,即使“备而不用”也必须“常备不懈”。

A. 对　　B. 错

19. 船上堵漏器材,平时很少使用,所以不必进行定期检查。

A. 对　　B. 错

20. 船舶必须________对应急舵设备、车钟进行维修保养,使之处于良好状态。

A. 及时　　B. 不定期

C. 定期　　D. 经常

21. 关于磁罗经的使用保养,下列描述错误的是________。
A. 不得在罗经附近随便堆放铁器　　B. 应避免罗经受烈日照射
C. 应定期拆卸罗盆进行检查　　D. 应经常检查照明电路的绝缘情况

22. 关于磁罗经的使用保养,下列说法不正确的是________。
A. 新装罗经必须在消除自差后才能使用
B. 消除自差后不得移动自差消除器的位置
C. 平时不准随意拆卸罗盆
D. 不得随意排除罗盆内气泡

23. 在消除罗盆中气泡时,配制混合液时如蒸馏水不够可适当用自来水代替。
A. 对　　B. 错

24. 罗盆内的气泡对磁罗经读数没有影响。
A. 对　　B. 错

25. 磁罗经罗盆内出现气泡时________。
A. 应及时注液,因气泡会影响罗经使用
B. 应等气泡多时,才进行注液
C. 无须消除气泡
D. 可随意处理

第二节　船体保养

1. 内河船舶水舱防锈一般采用的是________。
A. 红丹防锈漆　　B. 搪水泥浆
C. 防污漆　　D. 沥青漆

2. 防污漆又叫防锈漆,其作用与红丹相同。
A. 对　　B. 错

3. 沥青漆耐水性好,可用作锚链舱涂料。
A. 对　　B. 错

4. 淡水舱内壁可涂红丹防锈漆。
A. 对　　B. 错

5. 沥青清漆也称黑水罗松,船上多用于涂刷货舱、锚、锚链、锚链舱等。
A. 对　　B. 错

6. 敲锈用力要适当,避免________。
①损坏钢板;②留下刀痕;③敲出漏缝
A. ①②　　B. ①③
C. ②③　　D. ①②③

7. 手工敲铲除锈注意事项有________。
A. 敲锈用力要适度

B. 除锈后不应及时涂漆

C. 敲锈可以不戴防护眼镜和防护手套

D. 从下到上、从外到里依次清除彻底

8. 在内河船舶船体保养中，敲锈榔头两端有互相垂直的刀口，可用于敲除厚锈。

A. 对　　B. 错

9. 在内河船舶船体保养中，铲刀或刮刀用于除薄锈和旧漆。

A. 对　　B. 错

10. 钢丝刷用于除薄锈和锈粉。

A. 对　　B. 错

11. 机械除锈适用于大面积除锈。

A. 对　　B. 错

12. 不同性能的涂料不能混合使用。

A. 对　　B. 错

13. 涂刷油漆的施工次序是________。

A. 由上而下，由左向右，先里后外，先难后易，要留有退路

B. 由下而上，由左向右，先里后外，先难后易，要留有退路

C. 由下而上，由右向左，先里后外，先难后易，要留有退路

D. 由上而下，由左向右，先外后里，先难后易，要留有退路

14. 涂油漆一般以薄涂多度为原则，前度油漆________以后，才能涂后度油漆。

A. 5 h　　B. 10 h

C. 一天　　D. 彻底干了

15. 油漆施工现场严禁使用________采暖。

A. 明火　　B. 热水

C. 热风　　D. 蒸汽

16. 油漆施工中，哪怕是一夜不用也应存放在________。

A. 物料间　　B. 驾驶台

C. 油漆间　　D. 水手舱

17. 涂漆时应采用“多度薄涂”的方法。

A. 对　　B. 错

18. 涂刷油漆时，为使漆膜刷纹整齐，应做到三顺，即顺纹、顺水和顺光。

A. 对　　B. 错

19. 为防止新漆刷在刷漆时刷毛脱落，使用前应先用热水浸透。

A. 对　　B. 错

20. 钢质船体水下部分的油漆面上再涂一层________，可防止生物化学腐蚀。

A. 防污漆　　B. 防锈漆

C. 红丹　　D. 防滑漆

参考答案

第一节　船上设备日常维护保养

1.B	2.D	3.D	4.C	5.D	6.D	7.A	8.D	9.A	10.C
11.A	12.A	13.A	14.D	15.B	16.D	17.A	18.A	19.B	20.C
21.C	22.D	23.B	24.B	25.A					

第二节　船体保养

1.B	2.B	3.A	4.B	5.A	6.D	7.A	8.A	9.A	10.A
11.A	12.A	13.A	14.D	15.A	16.C	17.A	18.A	19.A	20.A

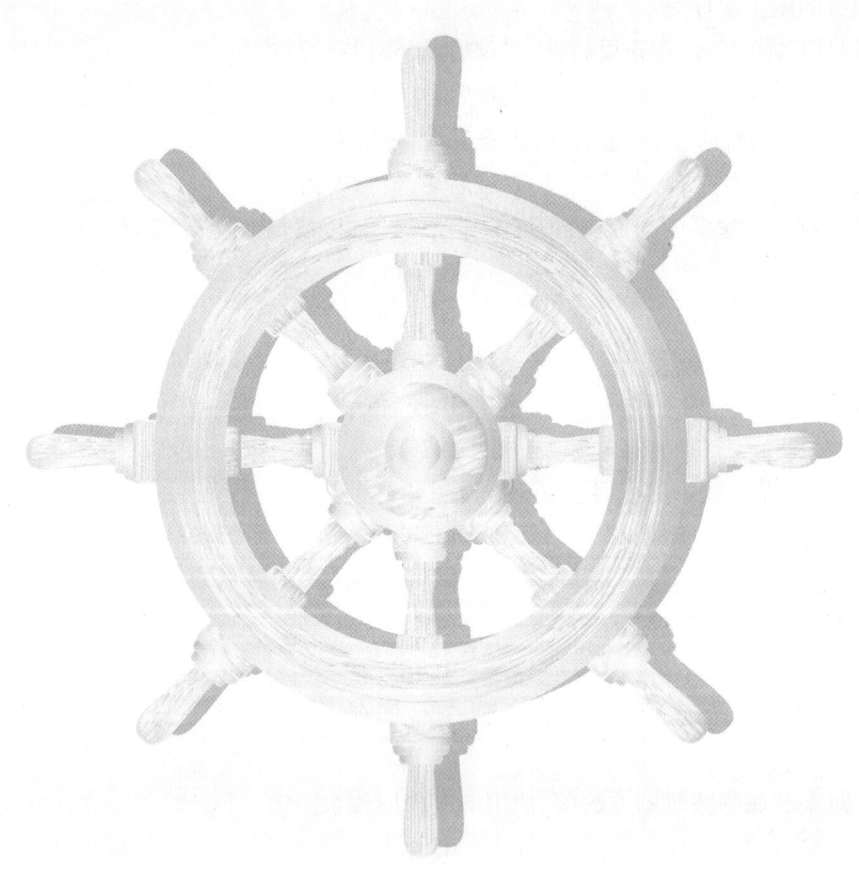

第三十五章　船舶修理

第一节　船舶修理单的编写

1. 船舶修理单是船舶和机务部门向船厂提出的修理文件。

A. 对　　B. 错

2. 编写修理单时，对修理工程要分条编写。每项工程应包括________等几方面内容。

①名称和部位；②损坏情况；③修理要求；④材料规格及数量；⑤试验及验收

A. ①②③④⑤　　B. ①②③④

C. ①②③⑤　　D. ②③④⑤

3. 事故修理项目不需编制修理单。

A. 对　　B. 错

第二节　修船前的准备工作

1. 厂修前，船舶要全面检查________并制定安全措施。

A. 锚泊设备　　B. 系泊设备

C. 消防设备　　D. 报警设备

2. 船舶进厂修理的准备工作包括________。

①按规定办妥手续，编制和核对修理单或补充修理单；②凡由船员拆卸而需进厂修理的设备和部件，应预先集中，用白漆在修理工件上写好船名、零件名称并简单书写修理要求；③将待修舱室内的物品、燃料、水等移出，排出待修管系内的残水、残气，清除垃圾；④将船上常用、备用物品收集放妥，如救生衣、救生圈等

A. ①②④　　B. ①③④

C. ②③④　　D. ①②③④

3. 船舶进坞或上排前的准备工作包括________。

①船上主机、舵机、锚机如能使用，需准备就绪，如不能使用，应事先通知厂方；②所有可移动物件，如锚、救生艇、吊杆等应放置牢固，收进突出舷外的设备，如长靠把等；③封闭船上的厕所及各污水管，停止使用厨房，同时安排好船员生活；④准备好带缆设备，清除跳板口附近障碍，准备搭跳板

A. ①②③④　　B. ①②③

C. ②③④　　D. ①②④

4. 船舶进坞或上排前的准备工作包括________。

①船上主机、舵机、锚机如能使用，需准备就绪，如不能使用，应事先通知厂方；②所有可移动物件，如锚、救生艇、吊杆等应放置牢固，收进突出舷外的设备，如长靠把等；③为保证船员生活，要确保船上的厕所正常；④准备好带缆设备，清除跳板口附近障碍，准备搭跳板

A. ①②③④　　B. ①②③

C. ②③④　　D. ①②④

5. 关于船舶进坞或上排前的准备工作的说法错误的是________。

A. 船上主机、舵机、锚机如能使用，需准备就绪，如不能使用，应事先通知厂方

B. 所有可移动物件，如锚、救生艇、吊杆等应放置牢固，收进突出舷外的设备，如长靠把等

C. 为保证船员生活，要确保船上的厕所正常

D. 准备好带缆设备，清除跳板口附近障碍，准备搭跳板

6. 船舶进坞或上排前，应将________交给厂方，以便按船型安排坞墩。

A. 总布置图　　B. 外板展开图

C. 基本结构图　　D. 进坞图

7. 坞修前，应检查船上________是否处于适用状态。

A. 卫生设备　　B. 舱室设备

C. 救生设备　　D. 消防设备

第三节　修船注意事项

1. 厂修时，应将待修舱室内的物品、燃料、水等移出，排出待修管系内的残水、残气，清除垃圾，以便让船厂工人随时上船开工。

A. 对　　B. 错

2. 船舶进厂修理首先要注意安全，主要的安全措施是________。

①防火，防坠落；②安全用电；③防滑；④防冻

A. ①②④　　B. ①③④

C. ②③④　　D. ①②③④

3. 厂修前的安全措施包括：在安全用电方面，应用________照明施工现场。

A. 低电压　　B. 手电

C. 220 V　　D. 380 V

4. 船舶修理出厂前的注意事项包括________。

①凡经开工修理的工程项目，必须完工并按规定验收；②有关船舶检验项目，包括系泊试验和航行试验，必须合格，并取得验船部门的证明文件；③修船的技术文件和检查测量记录应收齐；④厂方的设备和工具应全部撤离

A. ①②④　　B. ①③④

C. ②③④　　D. ①②③④

5. 船舶修理出厂前的注意事项包括________。

①凡经开工修理的工程项目，必须完工并按规定验收；②有关船舶检验项目，包括系泊试验和航行试验，必须合格，并取得船厂出具的证明文件；③修船的技术文件和检查测量记录应

收齐;④厂方的设备和工具应全部撤离

A. ①②④　　B. ①③④

C. ②③④　　D. ①②③④

6. 船舶在坞修时,不得________。

①使用厕所;②使用炉灶;③倾倒垃圾或污水

A. ①②　　B. ②③

C. ①③　　D. ①②③

7. 船舶在修理后出坞时应注意的事项有________。

①测厚孔应全部补好;②海底阀全部关好;③人孔盖应盖好;④人孔盖的螺栓应上紧并保证水密

A. ①②③④　　B. ①②④

C. ②③④　　D. ①②③

8. 船舶进坞后可继续使用厨房和厕所。

A. 对　　B. 错

9. 船舶出坞前必须检查海底阀是否全部关闭。

A. 对　　B. 错

10. 船舶进坞后必要时可用撑木来加强对船舶的支持。

A. 对　　B. 错

11. 船舶进坞、上排,前后两次坐墩位置不能重复,以防该处长期得不到除锈油漆。

A. 对　　B. 错

12. 电航仪器的船底通道或其他不能做一般性敲铲油漆的设备,进坞或上排后必须用封条封好。

A. 对　　B. 错

13. 坞修工程完成后出坞前,关于应注意确认和检查的事项的说法错误的是________。

A. 所有坞修工程是否确实完成并检验合格

B. 海底阀是否全部关闭

C. 可移动的物件是否固定妥当

D. 防腐锌板是否油漆妥

14. 船舶在坞中或排上修理时的注意事项有________。

①应对水线以下的外板、舵叶、海底阀等进行检查并逐项核对坞修工程;②会同厂方做好钻孔测厚记录、舵叶测厚及密性试验记录、海底阀的修理记录;③电航仪器的船底通道或其他不能做一般性敲铲油漆的设备,进坞或上排后必须用封条封好

A. ①②③　　B. ①②

C. ②③　　D. ①③

15. 坞修工程完成后出坞前,应注意确认和检查________。

①向坞内放水时,检查各双层底舱;②向坞内放水起浮后,记下船舶前后、左右的吃水;③可移动的物件固定妥当;④根据本船稳性,必要时在出坞前调整压载水

A. ①②③④　　B. ①②③
C. ②③④　　D. ①②④

16. 在修船期间，如要进入双层底工作，则必须________。
A. 五人以上　　B. 三人以上
C. 两人以上　　D. 四人以上

17. 船舶在修理期间的安全注意事项有________。
①换灯泡时应先关闭电源；②关闭舱内电灯应事先通告一切用灯人员；③检修电器时的电门上应挂上“正在检修”字样的牌子
A. ①②　　B. ②③
C. ①③　　D. ①②③

18. 船舶在修理期间的安全注意事项有________。
①接岸的电线应挂起系牢；②电焊施工时应有专人检查周围有无易燃品；③检修舵机时，应在驾驶室舵轮上挂上“下面检修舵机勿动舵轮”字样的牌子
A. ①②　　B. ②③
C. ①③　　D. ①②③

19. 船舶在修理期间，以下不安全的行为是________。
A. 待修燃油舱用蒸汽熏舱后，立即进舱进行施工作业
B. 舱口盖和人孔盖揭开后设置明显的标志
C. 在积雪、结冰的露天甲板工作时，先将甲板打扫干净
D. 使用梯子前，在其下端绑扎橡皮这类的防滑物

20. 做________时，应挂有救生绳或绳梯。
A. 舱室装修作业　　B. 甲板工程作业
C. 舷外临水作业　　D. 双底工程作业

21. 坞修烧电焊时应派人监督照顾，俗称“看火”。
A. 对　　B. 错

22. 待修燃油舱必须用蒸汽熏舱或用热水充分冲洗后，再经测爆确定无爆炸危险后才能入舱工作。
A. 对　　B. 错

23. 船舶在检修舵机时，应在驾驶室舵轮上挂上“下面检修舵机勿动舵轮”字样的牌子。
A. 对　　B. 错

24. 修船过程中必须时刻注意安全，主要应注意的事项中说法有误的是________。
A. 待修燃油舱用蒸汽熏舱或用热水充分冲洗之后，即可入舱工作
B. 关闭舱内电灯，必须预先通告用灯场所一切人员
C. 电焊工程应有专人检查其周围有无易燃物品，收工后尚须巡视以防隐火蔓延
D. 使用梯子前，应在下端绑扎橡皮之类的防滑物

25. 修船过程中必须时刻注意安全，主要应注意的事项中说法有误的是________。
A. 当外面有人值守时，进双层底工作 1 人即可

B. 检查舵机时，应在驾驶室舵轮上挂上“下面检修舵机，勿动舵轮”字样的牌子
C. 检修电器时的电门上挂上“正在检修”字样的牌子
D. 使用梯子前，应在下端绑扎橡皮之类的防滑物

第四节　船舶检验

1. 根据《船舶检验管理规定》的规定，必须向船舶检验机构申请附加检验（临时检验）的情况有________。
①船舶检验机构签发的证书失效时间不超过一个换证周期；②船舶变更船名、船籍港；③涉及船舶安全的修理或改装，但重大改建除外
A. ①②③　　B. ①②
C. ①③　　D. ②③
2. 未经验船部门同意，修理中不得任意拆除或移动船体的各种强力构件、支柱、桁架等，也不得在________上开孔或扩大开口面积。
①干舷甲板；②舷侧；③水密舱壁
A. ①②　　B. ①③
C. ②③　　D. ①②③
3. 涉及船舶安全的修理或改装时（但重大改建除外）须申请________。
A. 中间检验　　B. 初次检验
C. 公证检验　　D. 临时检验
4. 当船舶变更用途或改变航区时，应申请________。
A. 特别检验　　B. 初次检验
C. 临时检验　　D. 年度检验
5. 船舶只有经过检验合格后，才能取得相应的________。
A. 船舶名称　　B. 船舶技术证书
C. 船舶技术资料　　D. 船籍
6. 船底外部检查是对船舶水下部分的外板及设备等有关项目进行目检。
A. 对　　B. 错
7. 船舶临时装运与证书规定的不同货种时，应申请临时检验。
A. 对　　B. 错
8. 为评定船体强度或确定是否需要修理或换新钢板和构件，应对船体进行测厚。
A. 对　　B. 错
9. 船舶投入营运前，第一次对船舶颁发证书的检验叫作________。
A. 特别检验　　B. 初次检验
C. 附加检验　　D. 换证检验
10. 特别检验间隔期为 6 年的船舶，中间检验间隔期为________。
A. 1 年　　B. 3 年
C. 2 年　　D. 4 年

参考答案

第一节　船舶修理单的编写

1.A　2.A　3.B

第二节　修船前的准备工作

1.C　2.D　3.A　4.D　5.C　6.D　7.D

第三节　修船注意事项

1.A　2.D　3.A　4.D　5.B　6.D　7.A　8.B　9.A　10.A
11.A　12.A　13.D　14.A　15.A　16.C　17.D　18.D　19.A　20.C
21.A　22.A　23.A　24.A　25.A

第四节　船舶检验

1.A　2.D　3.D　4.C　5.B　6.B　7.A　8.A　9.B　10.B

第三十六章　驾驶部船员值班

第一节　一般要求

1. 根据《中华人民共和国内河船舶船员值班规则》的规定，船长应当安排合格船员值班，明确值班船员职责。值班安排应当符合________的要求。

①保证船舶安全；②保证货物安全；③保证人员安全；④保护水域环境

A. ①②③　　B. ①②④

C. ①③④　　D. ①②③④

2. 根据《中华人民共和国内河船舶船员值班规则》的规定，值班船员对船舶安全负责，但不免除________的安全责任。

A. 船舶所有人、经营人　　B. 船舶管理人

C. 船长　　D. 值班驾驶员

第二节　驾驶值班安排

1. 驾驶值班安排的基本原则符合船舶所处的状态、环境和条件。

A. 对　　B. 错

2. 确定驾驶值班人员组成时，船长应考虑的因素有________。

①24 小时有人值守；②天气、能见度情况、白天和夜间的驾驶要求差异；③船舶特性、操纵特性；④所载货物的性质和状况

A. ①②③④　　B. ②③④

C. ①②③　　D. ①②④

3. 确定驾驶值班人员组成时，船长应考虑的因素有________。

①助航设备的工作状态；②值班船员对船舶设备、装置的熟悉程度及操作能力；③值班船员的适任能力及经验；④所载货物的性质和状况

A. ①②③④　　B. ②③④

C. ①②③　　D. ①②④

第三节　瞭望

1. 船舶在航行中，值班驾驶员要保持正规瞭望，及时掌握________结合本船操纵性能，采取一切有效措施，保证航行安全。

①航道、航标、航行信号；②水文、气象；③来往船舶动态；④周围环境

A. ①②③④　　B. ②③④
C. ①②③　　D. ①②④

第四节　航行值班

1. 根据《中华人民共和国内河船舶船员值班规则》的规定，船舶航行中，值班驾驶人员应当________。
①保持正规瞭望；②使用安全航速；③正确使用车、舵、锚、缆等操纵设备；④正确、熟练地使用雷达等助航仪器
A. ①②③④　　B. ①②③
C. ①②④　　D. ①③④
2. 下列关于内河船舶航行值班驾驶员主要职责的叙述不正确的是________。
A. 值班驾驶人员应当使用安全航速
B. 值班驾驶人员应当熟练使用雷达等助航仪器
C. 船长进入驾驶台接替操纵后，值班驾驶员可不履行值班职责
D. 值班驾驶人员应经常检查操纵设备是否处于正常状态
3. 船长进入驾驶台接替操纵后，值班驾驶员可不履行值班职责。
A. 对　　B. 错
4. 船长在驾驶室时，表示值班驾驶员已被接替操纵，他可以暂时放弃履行其职责。
A. 对　　B. 错
5. 航行中值班驾驶员遇到________情况时，必须立即报告船长。
A. 到达转向点　　B. 雷达出现各种假回波及干扰回波
C. 发现遇险信号　　D. 下小雨
6. 值班驾驶员对通航条件有疑虑时，应立即采取安全措施，并报告船长。
A. 对　　B. 错
7. 船舶主机、舵机或其他主要的操纵设备和助航仪器发生故障时，值班驾驶员应当果断采取措施，不必报告船长。
A. 对　　B. 错
8. 值班驾驶员遇到火灾、人落水紧急情况下，应首先________。
A. 发出警报　　B. 检查受损情况
C. 报告船长　　D. 组织抢救

第五节　停泊值班

1. 根据《中华人民共和国内河船舶船员值班规则》的规定，在停泊值班期间，值班驾驶人员应负责与港口联系，了解________等情况，并掌握船舶吃水、浮态、强度和稳性等情况。
①货物装卸；②旅客上下；③燃料补给；④淡水补给
A. ①②③④　　B. ①②③
C. ①②④　　D. ①③④

2. 船舶停泊中，驾驶值班船员应当________。
①认真执行有关安全规章制度，掌握在船人员动态和值班任务执行情况；②经常巡视船舶，了解周围情况；③经常检查舷梯、锚链、跳板以及安全网；④及时调整系缆
A. ①③④　　B. ①②④
C. ②③④　　D. ①②③④

3. 船舶停泊中，驾驶值班船员应经常巡视船舶。
A. 对　　B. 错

4. 船舶停泊中，不必开启无线电话。
A. 对　　B. 错

5. 停泊中，值班驾驶员发现某条系缆受力过紧时，应立即报告船长，取得同意后再对系缆做适当的调整。
A. 对　　B. 错

6. 船舶停泊中船长不在船时，值班驾驶员负责移泊工作。
A. 对　　B. 错

第六节　作业值班

1. 装卸散装固体货物时，值班驾驶员应注意________。
①货舱装卸顺序；②船舶浮态；③是否平舱；④止移措施
A. ①②③　　B. ①②④
C. ①②③④　　D. ①③④

2. 货物作业期间，值班驾驶员应亲自或安排其他人员对________进行检查和判断，并采取必要的措施保障旅客、货物和船舶安全。
①旅客情况；②货物积载和系固；③船舶强度；④船舶稳性
A. ①②③　　B. ①②④
C. ①②③④　　D. ①③④

3. 货物作业期间，值班驾驶员应亲自或安排其他人员对旅客情况、货物积载、系固状况、船舶强度和稳性进行检查和判断，并采取必要的措施保障________。
①旅客安全；②货物安全；③船舶安全；④港口安全
A. ①②③　　B. ①②④
C. ①②③④　　D. ①③④

第七节　交接班

1. 交接班时如对交接事项有所疑虑时，应________。
A. 先实行交接，再自行解决疑虑　　B. 拒不交接
C. 报告船长，交给船长解决　　D. 暂不交接，待弄清情况后再交接

2. 交班时间已到但无人接班，交班驾驶员应当报告船长并暂不交接班。
A. 对　　B. 错

3. 接班驾驶员应当提前 15 min 进驾驶室熟悉情况,做好接班前的准备工作。
   A. 对　　B. 错
4. 驾驶员交接班完毕,应在航行日志上签字。
   A. 对　　B. 错
5. 航行中交接班时间已到但无人接班时,值班驾驶员应派人报告船长,自己可先下去休息。
   A. 对　　B. 错
6. 船位、航向、航速、水位、水流、潮汐、气象等情况是交接班驾驶员每次交接班都必须交清接明的内容。
   A. 对　　B. 错
7. 号灯、号型、旗号、声响设备的使用状况是交接班时驾驶员应当交接的内容。
   A. 对　　B. 错
8. 航行中,值班驾驶人员交接班时应当交清接明________等事项。
   ①航行通电、通告及船长指示;②号灯、号型、旗号、声响设备及助航仪器状况;③航道、船位、航向、航速等情况;④正在采取的避让行动
   A. ①②④　　B. ①③④
   C. ①②③④　　D. ①②③
9. 停泊交接班驾驶员必须交清接明的内容应包括气象、水位、水流、潮汐、系缆、本船周围情况。
   A. 对　　B. 错
10. 锚泊交接班驾驶员必须交清接明的内容应包括船位、锚位、锚泊出链长度、受力及偏荡情况,走锚的情况及采取的措施。
    A. 对　　B. 错
11. 停泊交接班驾驶员应当交清接明的内容包括检修工作的进度。
    A. 对　　B. 错
12. 停泊交接班驾驶员应当交清接明的内容包括本船显示的号灯、号型及有关信号。
    A. 对　　B. 错
13. 停泊交接班驾驶员必须交清接明的内容不包括船长指示。
    A. 对　　B. 错
14. 停泊(系泊、锚泊)中驾驶员交接应当注意的事项中,下列说法不正确的是________。
    A. 交接班驾驶员应当在交接前巡视检查全船和周围情况
    B. 交班驾驶员应当将船长的最新指示告知接班驾驶员
    C. 在系泊交接中,对货物装卸和吃水情况及港方要求,如果存在疑问,应该在弄清楚以后再交接,不必再报告
    D. 在锚泊时,应交接锚链的出链长度、受力及偏荡情况,是否有走锚的危险及采取的措施

第八节　驾驶、轮机联系制度

1. 船长应当提前将预计开航时间通知轮机长。
   A. 对　　B. 错

2. 驾驶台和机舱应每天定时校对时钟并互换船舶位置、存油量等信息。

A. 对　　　　B. 错

3. 如需调换发电机、并电等需要暂时停电,轮机值班船员应事先征得驾驶台同意。

A. 对　　　　B. 错

4. 下列有关驾机联系制度的说法,有误的是________。

A. 如需备车航行,驾驶台应提前通知机舱准备

B. 如有恶劣天气等突发情况,轮机值班船员在接到通知后尽快备妥

C. 机电设备故障无法正常航行时,轮机值班船员应立即通知驾驶台

D. 机电设备故障发生机排除情况应记入轮机日志,航海日志可不做记录

5. 抵港后,船长应当告知轮机长本船的预计动态,动态有变及时通知。

A. 对　　　　B. 错

6. 机舱检修影响动车的设备,轮机长应当事先将工作内容和所需时间报告船长,取得同意后才可进行。

A. 对　　　　B. 错

7. 机舱检修影响动车的设备,轮机长应当事先征得公司同意。

A. 对　　　　B. 错

8. 开航前值班驾驶人员应当会同轮机值班船员核对________等,并将核对情况记入航行日志、轮机日志。

A. 船钟　　　　B. 车钟

C. 舵　　　　D. 船钟、车钟、舵

9. 抵港后机舱检修________时,应事先报请船长同意。

A. 锚设备　　　　B. 油水分离设备

C. 装卸设备　　　　D. 影响动车的设备

10. 抵港后________应告知________本船的预计动态,以便安排工作。

A. 值班驾驶员;值班轮机员　　　　B. 值班驾驶员;轮机长

C. 值班轮机员;轮机长　　　　D. 船长;轮机长

11. 如因装卸作业造成船舶过度倾斜,影响机舱正常工作时,________应通知________采取有效措施予以纠正。

A. 轮机值班船员;值班驾驶员　　　　B. 轮机长;船长

C. 轮机值班船员;船长　　　　D. 船长;值班驾驶员

第九节　航行日志记载

1. 根据《内河船舶航行日志记载规则》的记载规定,航行日志如果记错,应________。

A. 把错写字句划掉,重写,并签字

B. 用修正液把错写字句涂掉,重写,并签字

C. 在错写字句标以括号并画一横线(被删字句仍应清晰可见),然后在括号上方或后面重写,并签字

D. 把错写的那页撕掉,重写,并签字

2. 根据《内河船舶航行日志记载规则》的记载内容，航次任务应记载的内容有________。
①航次序号，第一个航次记为“1 次”；②起止港口，如果港口城市有简称的，可用简称记载；③一般运输或特殊任务，特殊任务一般系指担任军运、施救、抢险、救灾等任务
A. ①② B. ①③
C. ①②③ D. ②③

3. 根据《内河船舶航行日志记载规则》的规定，在记载水位时，下列说法正确的是________。
A. 记载单位精确到 m
B. 潮汐的涨落要用文字明确记录
C. 潮汐的涨落用箭头表示，比如：平潮用“—”表示
D. 记载单位精确到 mm

4. 根据《内河船舶航行日志记载规则》的规定，船舶停泊时，应记载的内容有________。
①锚泊时的锚地名称、出链长度等；②锚泊时的锚地水深、底质；③抛锚或起锚开始和完毕的时间；④锚泊或起锚的原因
A. ①②③ B. ①②④
C. ①③④ D. ①②③④

5. 根据《内河船舶航行日志记载规则》的规定，船舶停泊时，应记载的内容有________。
①发现走锚的时间，采取的措施；②他船靠离本船的时间、船名、数量；③清舱、洗舱、熏舱的舱名号、时间、地点、施工单位；④排污、倾废的时间、地点、数量
A. ①②③ B. ①②④
C. ①②③④ D. ②③④

6. 根据《内河船舶航行日志记载规则》，________对船舶航行日志的记载全面负责。
A. 船长 B. 驾驶员
C. 值班驾驶员 D. 值班员

7. 根据《内河船舶航行日志记载规则》，航行日志应连续记载________期间内容，不得间断。
①航行；②停泊；③作业或修理
A. ①② B. ①③
C. ②③ D. ①②③

8. 航行日志________填写，字体端正清楚、语句简明，不准涂改撕毁、添页，不留空行、空页，如记事栏填写满格可翻页继续填写。
A. 使用圆珠笔 B. 使用不褪色的蓝色或黑色墨水
C. 用可任何笔 D. 使用铅笔

9. 当航行日志记载出错误时，应________。
A. 将错误处涂抹干净，再正确填写
B. 撕毁此页，重抄其内容于新页
C. 将错误字句用涂改液涂改，再正确填写
D. 将错写字句标明括号并画一横线，然后在括号后面或上面重写，并签字

10. 根据《内河船舶航行日志记载规则》，当船舶遇险或遇难弃船时，________必须携带航行日志离船。
A. 值班驾驶员 B. 水手

C. 电报员　　D. 轮机员

11. 根据《内河船舶航行日志记载规则》,船长应________对航行日志的记载进行审阅,并签字。

A. 每页记载完毕　　B. 每班次结束后

C. 停泊结束后　　D. 每航次结束后或停泊时的每旬末

12. 航行日志的记录可用不褪色的蓝色或黑色墨水笔书写,也可用圆珠笔书写。

A. 对　　B. 错

13. 交班时,________应在紧接本班航行日志记载内容的后面签字。

A. 船长　　B. 值班驾驶员

C. 水手　　D. 水手长

14. 根据《内河船舶航行日志记载规则》,下列属于航行中应记载的内容的是________。

①驾驶室与机舱对时的时间和校正数据;②到、离港的时间和港名;③雷达启动、关闭时间;④无线电话重要通话内容、时间

A. ①②③④　　B. ①③④

C. ③④　　D. ②③④

15. 根据《内河船舶航行日志记载规则》,在航行中,船舶发生水上交通事故时应记载________。

①事故经过;②措施;③结果;④有关情况

A. ①②③④　　B. ①②③

C. ①③④　　D. ①③

16. 根据《内河船舶航行日志记载规则》的规定,发现航标变异、碍航漂浮物和其他异状物应记载________。

①时间;②名称;③地点;④采取的措施

A. ①②③　　B. ②③④

C. ①②③④　　D. ①②④

17. 航行日志记载的主要内容包括________。

①航次任务;②气象、水位与潮汐等;③航行与停泊事项;④作业及其他需要备查的事项

A. ①②③　　B. ①②③④

C. ①②④　　D. ①③④

18. 船舶航行日志记载的内容包括________。

①航次序号、起止港口、运输任务;②气象、水位、潮汐;③航行中驶过重要地点、会船、避风、候潮等情况;④停泊时间、地点及走锚等情况;⑤作业或检修、修理情况

A. ①②③④　　B. ①②③

C. ②③④⑤　　D. ①②③④⑤

19. 根据《内河船舶航行日志记载规则》,应变演习时应记载________。

①时间;②地点;③种类;④过程

A. ①②③　　B. ①②

C. ①②③④　　D. ①②④

20. 根据《内河船舶航行日志记载规则》,航次任务应记载的内容有________。

①航次序号;②起止港口;③一般任务;④特殊任务

A. ①②③④　　B. ①②

C. ①③④　　D. ②③④

21. 根据《内河船舶航行日志记载规则》,气象是根据________记载的。

①天气预报;②海事管理机构通报;③实际观察的天气现象

A. ①②③　　B. ①②

C. ②③　　D. ①③

22. 根据《内河船舶航行日志记载规则》,锚泊时应记载的内容有________。

①锚地名称;②抛锚只数;③出链长度;④水深、底质

A. ①②③④　　B. ①②③

C. ②③④　　D. ①②④

23. 根据《内河船舶航行日志记载规则》,当船舶被滞留时应记载________。

①滞留原因;②时间;③地点;④执法机关

A. ①②③　　B. ①②③④

C. ①②④　　D. ①④

24. 起止港口是指船舶完成航次任务的始发港口和到达的终点港口。

A. 对　　B. 错

25. 航行日志的水位记载应包括“水位公报”,直接观读的水尺以及浅槽水深。

A. 对　　B. 错

26. 航行日志的时间记载采用________表示。

A. 24 h 记法,用四位数　　B. 12 h 记法,用四位数

C. 24 h 记法,用两位数　　D. 12 h 记法,用两位数

27. 航行中船舶发生水上交通事故,航行日志应记载________。

①时间、地点;②事故经过情况;③采取的行动和措施;④损失及其他有关情况

A. ①②③　　B. ①②

C. ①②④　　D. ①②③④

28. 船舶停泊期间进行排污、倾倒废物,航行日志应记载________。

①时间;②地点;③数量;④作业方式及有关情况

A. ①②③　　B. ①③

C. ①②④　　D. ①②③④

参考答案

第一节　一般要求

1.D　　2.C

第二节　驾驶值班安排

1.A　2.A　3.A

第三节　瞭望

1.A

第四节　航行值班

1.A　2.C　3.B　4.B　5.C　6.A　7.B　8.A

第五节　停泊值班

1.A　2.D　3.A　4.B　5.B　6.B

第六节　作业值班

1.C　2.C　3.A

第七节　交接班

1.D　2.A　3.A　4.A　5.B　6.A　7.A　8.D　9.A　10.A
11.A　12.A　13.B　14.C

第八节　驾驶、轮机联系制度

1.A　2.A　3.A　4.D　5.A　6.A　7.B　8.D　9.D　10.D
11.A

第九节　航行日志记载

1.C　2.C　3.C　4.D　5.C　6.A　7.D　8.B　9.D　10.A
11.D　12.B　13.B　14.A　15.A　16.C　17.B　18.D　19.C　20.A
21.D　22.A　23.B　24.A　25.A　26.A　27.D　28.D

第三十七章　人为失误与预防

第一节　人为失误

1. 人为失误产生的主要原因不包括________。
   A. 对船舶的安全工作重视不够
   B. 缺少相应的知识与技能
   C. 没有正确或充分考虑相应的法规,就快速、草率地做出决定
   D. 能够熟练地操作设备
2. 预防人为失误导致船舶事故的措施包括________。
   ①全面认识人的因素与船舶事故的关系;②认真分析船舶事故中涉及人的综合影响因素;③注意调节生理与心理状态;④及时识别和破断安全工作中的失误链与事故链
   A. ①②③　　B. ①②③④
   C. ②③④　　D. ①②④
3. 容易造成人为失误的几种不良心态有________。
   ①侥幸心理;②盲目自信与麻痹心理;③捷径心理
   A. ①②　　B. ①③
   C. ②③　　D. ①②③
4. 容易造成人为失误的几种不良心态,包括________。
   ①捷径心理;②胆怯心理;③逆反心理
   A. ①②　　B. ①③
   C. ②③　　D. ①②③
5. 下列说法错误的是________。
   A. 人为失误主要是由复杂的外部环境所造成的
   B. 失误往往与人本身对待工作的态度和自己所处环境情况密切相关
   C. 船舶驾驶人员的人为失误往往是导致事故发生的最主要的因素
   D. 保持高度的情境意识是及时发现和中断失误链与事故链发展的基本保证

第二节　工作态度

1. 以下关于工作态度与责任心,表述有误的是________。
   A. 一个人的责任心如何,决定了他在工作中的态度
   B. 即使一个人没有责任心,只要非常有才能,也能做好工作
   C. 只有有了责任心,才能认真、主动、积极、勤奋地工作

D. 没有责任心就不可能认真对待工作，在工作中就极易出现疏忽、过失和差错

2. 以下关于工作态度与人为失误，表述有误的是________。

A. 疏忽是导致人为失误的主要原因之一

B. 疏忽的产生往往与人的责任心有关

C. 工作态度与人为失误之间没有必然联系

D. 人为失误是导致事故和灾难的主要原因

第三节　疲劳与压力

1. 疲劳是由________而导致精疲力竭、学习或工作效率下降的一种现象。

①工作时间过长；②劳动强度过大；③心理压力过重；④睡眠时间过长

A. ①②③④　　B. ①②③

C. ①③④　　D. ②③④

2. 疲劳可导致的后果包括________。

①注意力不能集中；②记忆力下降；③决策能力降低；④对非正常或紧急情况的反应迟钝

A. ②③④　　B. ①②③

C. ①②③④　　D. ①②④

3. 疲劳可导致的后果包括________。

①注意力不集中；②决策能力降低；③需要更长的时间对变化进行感知和反应；④不能保持清醒和自制

A. ①②③　　B. ①②③④

C. ①③④　　D. ②③④

4. 减少船员疲劳的最有效的方法是保证船员获得________睡眠。

①高质量的；②足够的；③有效的；④超长时间的

A. ①③④　　B. ①②③

C. ①②③④　　D. ②③④

5. 一个有效的睡眠必须同时具备的条件不包括________。

A. 适当的持续时间　　B. 高质量的睡眠

C. 较好的连续性，睡眠不应被打断　　D. 服用适当剂量的安眠药

6. 消除疲劳最有效的方法是________。

A. 有效的睡眠　　B. 短暂的小睡

C. 中断工作　　D. 改变工作的形式

7. 疲劳的主要特征是________。

①注意力不集中；②记忆力降低；③决策能力下降

A. ①②　　B. ①③

C. ②③　　D. ①②③

8. 压力过大，给团队带来的危害包括________。

①工作积极性明显降低；②工作效率明显下降；③同事间人际关系紧张；④团队成员之间或部门之间交流、沟通不畅

A. ①③④　　B. ①②③
C. ①②③④　　D. ②③④

9. 为减轻船员来自生理、心理以及工作上的压力，有关可以采取的措施的表述有误的是________。
A. 通过采取多种方法与措施引导船员正确对待工作压力和心理压力
B. 加强与船舶领导和同事之间的沟通与交流，尤其是在遇到困难和情绪低落的时候
C. 为每艘船舶配备足够的能够胜任其工作的合格船员，避免船员在船上超期工作而导致的身体上的疲惫和精神上的懈怠
D. 在复杂水域船长多为值班驾驶员替班，减小值班驾驶员因紧张而产生的压力

10. 关于压力与事故的关系，下列说法正确的是________。
A. 压力的大小与事故的发生没有直接的联系
B. 压力可以诱发事故，而事故的发生又会造成人的压力
C. 压力越大，精神处于高度紧张，越有利于减少事故的发生
D. 压力越小，越不容易发生事故

11. ________不是缓解船员压力的措施。
A. 在遇到困难和情绪低落的时候，多沟通与交流
B. 进行相应的专业技术培训，减小因知识和技能欠缺而带来的工作压力
C. 严格执行规章制度，对违反规定的船员严肃处理
D. 在需要时寻求心理咨询和进行心理调适，多参加文体娱乐性活动等

12. 压力过大所带来的危害包括________。
①出现恐惧、焦虑、抑郁、烦躁、疲倦、消沉、紧张、缺乏兴趣等反应；②出现人际关系紧张、酗酒、过度吸烟、语无伦次、工作失误频繁等反应；③出现不自信、忧虑、无助、绝望感，甚至对工作不满、沮丧、易怒等反应
A. ①②　　B. ①③
C. ②③　　D. ①②③

13. 压力过大给团队带来的危害包括________。
①同事间人际关系紧张；②团队成员之间交流、沟通不畅；③工作效率明显下降；④失误和事故明显增多
A. ①②③　　B. ①③④
C. ②③④　　D. ①②③④

14. 对压力的理解错误的是________。
A. 适度的压力可以产生积极的作用
B. 如果压力持续时间较长，工作效率就开始下降
C. 如果工作要求距离你的能力越来越远，这种消极压力对一个人发展的影响是致命的
D. 完全避免压力是有可能的

15. 对于船员工作的特殊性，不可取的减压措施是________。
A. 船上可指定专人对船员进行心理疏导
B. 定期进行相应的专业培训
C. 让船员自主安排工作时间和工作量
D. 严格执行体系文件和工作程序

参考答案

第一节　人为失误

1.D　2.B　3.D　4.D　5.A

第二节　工作态度

1.B　2.C

第三节　疲劳与压力

1.B　2.C　3.B　4.B　5.D　6.A　7.D　8.C　9.D　10.B
11.C　12.D　13.D　14.D　15.C

第三十八章　典型案例分析

第一节　海事案例分析基础知识

1. 水上交通事故的类别主要包括________。
①碰撞事故、触损事故、浪损事故；②搁浅事故、触礁事故；③自沉事故；④风灾事故；⑤火灾、爆炸事故
A. ①②③⑤　　B. ②③④⑤
C. ①②③④⑤　　D. ①③④⑤

2. 根据我国《水上交通事故统计办法》的规定，水上交通事故的种类包括________。
①碰撞、触碰事故；②搁浅、触礁事故；③浪损、自沉事故；④火灾、爆炸事故
A. ①②③④　　B. ①②③
C. ①③④　　D. ①②④

3. 根据我国《水上交通事故统计办法》的规定，水上交通事故的种类包括________。
①碰撞、触碰事故；②搁浅、触礁事故；③风灾、浪损事故；④水域污染事故
A. ①②③④　　B. ①②③
C. ①③④　　D. ①②④

4. 窒息/中毒事故发生的常见原因有________。
①人员擅自进入长久封闭的场所，因缺氧或吸入积聚的有害气体而衰竭；②在未充分通风和无人接应的情况下，进入大量存放农产品的封闭舱室而窒息；③违反熏舱操作和管理规定，导致中毒伤亡；④在未充分通风和测量的情况下，进入曾载运过油类、化学药品或气体货物的货舱或其他舱柜导致中毒伤亡
A. ①③④　　B. ①②③
C. ①②③④　　D. ①②④

5. 触电事故发生的常见原因有________。
①船员乱拉电线和私接电器而触电；②违章带电操作而触电；③损伤电线电器而触电；④在健康不良、过度疲劳、严重晕船的情况下进行带电操作而触电
A. ①②③④　　B. ①②③
C. ①③④　　D. ①②④

6. 轧伤事故发生的常见原因有________。
①在检修转动的机械时，衣服、手指等被卷入而伤害人员；②收绞缆绳时，操作者距卷筒过近，被受力回抽的缆绳拉入卷筒而轧伤；③疏忽作业环境，被高垒或直立的货物或者物具倒塌压伤；④修理机械或开关舱时，因操作者配合不当而被压伤
A. ①②③④　　B. ①②③

C. ①③④　　D. ①②④

7. 人落水事故发生的常见原因有________。

①船员在舷外作业不用安全带或不当使用安全带而掉落水中；②舷梯或桥板未使用安全网或者使用不当或严重损坏导致人员落水；③使用的绳梯严重损坏或不会使用绳梯导致人落水；④船员在舱面甲板上工作未使用安全系绳而被甲板上浪卷入水中

A. ①②③④　　B. ①②③

C. ①③④　　D. ①②④

8. 击伤事故发生的常见原因有________。

①不戴安全帽被上方的坠落物击伤；②站位不当被受力或破断的缆绳击伤；③抛锚时紧靠锚链而被高速飞出的锚链击伤；④敲铲或敲铲焊渣时不戴防护镜而被溅出的碎屑击伤眼睛

A. ①②③④　　B. ①②③

C. ①③④　　D. ①②④

9. 事故的成因主要包括________。

①物的因素；②人的因素；③环境的因素；④管理的因素

A. ①②③　　B. ①②④

C. ②③④　　D. ①②③④

10. ________是指天气、海况、水域以及船舶自身环境。

A. 环境因素　　B. 管理因素

C. 物的因素　　D. 人的因素

11. 分析事故原因的方法与思路主要包括________等。

①事故链（原因链）；②多米诺理论；③因果关系图

A. ①　　B. ②

C. ③　　D. ①②③

第二节　典型案例分析

1. Y 船在航经肇庆西江大桥时，船长看到前方 L 船一前一后显示两盏白灯，相距约 1 km，经观察，船长判断为同向航行的船舶，并对着 L 船保速保向上行。此时，L 船在主桅“眠桅”的状态下，值班水手在驾驶室的床上玩手机，其他船员均在睡觉。当两船不断接近并形成紧迫危险时，Y 船才发现 L 船为锚泊船舶，船长迅速采取转左舵、减速、停车和倒车等措施，但为时已晚，两船碰撞已经无法避免，L 船三名船员被 Y 船的传输带架推压致死。

问题：从保持正规瞭望角度分析，下列对船长的行为叙述较为全面和准确的是________。

A. Y 船船长看到前方 L 船一前一后显示两盏白灯，据此做出判断，是对当时的局面做出了充分的估计

B. 视觉瞭望简易、直观、方便，该案中，当时的能见度良好，Y 船船长采取的视觉瞭望手段适合当时的情况

C. Y 船船长的问题在于未能保持连续观察

D. Y 船船长的问题在于在视觉瞭望的同时，没有通过雷达、AIS、望远镜等手段对该船的动态进行全方位保持连续、不间断的观察和鉴别，未能做到随时用视觉以及一切有效手段

保持正规瞭望

2. Y 船在航经肇庆西江大桥时，船长看到前方 L 船一前一后显示两盏白灯，相距约 1 km，经观察，船长判断为同向航行的船舶，并对着 L 船保速保向上行。此时，L 船在主桅“眠桅”的状态下，值班水手在驾驶室的床上玩手机，其他船员均在睡觉。当两船不断接近并形成紧迫危险时，Y 船才发现 L 船为锚泊船舶，船长迅速采取转左舵、减速、停车和倒车等措施，但为时已晚，两船碰撞已经无法避免，L 船三名船员被 Y 船的传输带架推压致死。

问题：从保持安全航速的角度分析，下列对船长的行为叙述较为全面和准确的是________。

A. Y 船未能对当时通航密度和周围环境等因素充分考虑，在发现 L 船后仍保向保速上行，违反有关安全航速的规定

B. Y 船的航速没有超出航段的限速规定，没有违反有关安全航速的规定

C. 能见度是决定“安全航速”诸因素中最重要的因素，当时的能见度良好，Y 船船长的保速措施符合《内河避碰规则》中有关“安全航速”的规定

D. 从当时的通航环境看，通航密度较小，船舶行动自由度较大，Y 船船长的保速措施符合《内河避碰规则》中有关“安全航速”的规定

3. Y 船在航经肇庆西江大桥时，船长看到前方 L 船一前一后显示两盏白灯，相距约 1 km，经观察，船长判断为同向航行的船舶，并对着 L 船保速保向上行。此时，L 船在主桅“眠桅”的状态下，值班水手在驾驶室的床上玩手机，其他船员均在睡觉。当两船不断接近并形成紧迫危险时，Y 船才发现 L 船为锚泊船舶，船长迅速采取转左舵、减速、停车和倒车等措施，但为时已晚，两船碰撞已经无法避免，L 船三名船员被 Y 船的传输带架推压致死。

问题：下列有关 L 船的描述较为全面和准确的是________。

A. L 船为锚泊船，无须保持正规瞭望

B. L 船虽系锚泊船，但在他船逼近本船时，仍应及时采取鸣放声号或其他一切有效手段警告他船，以避免碰撞事故或减轻碰撞损失

C. L 船为锚泊船，享有当然的不得妨碍的权利

D. L 船为锚泊船，也要随时瞭望，但不一定要保持正规

4. Y 船在航经肇庆西江大桥时，船长看到前方 L 船一前一后显示两盏白灯，相距约 1 km，经观察，船长判断为同向航行的船舶，并对着 L 船保速保向上行。此时，L 船在主桅“眠桅”的状态下，值班水手在驾驶室的床上玩手机，其他船员均在睡觉。当两船不断接近并形成紧迫危险时，Y 船才发现 L 船为锚泊船舶，船长迅速采取转左舵、减速、停车和倒车等措施，但为时已晚，两船碰撞已经无法避免，L 船三名船员被 Y 船的传输带架推压致死。

问题：有关“眠桅”，叙述正确的是________。

A. L 船“眠桅”是正确的

B. 船舶通过桥梁、架空设施需要眠桅的，通过后应立即恢复原状

C. 船舶“眠桅”时，可以不设置替代桅灯的号灯

D. 船舶“眠桅”时，替代桅灯的号灯可以是黄色的环照灯

5. E 船装载黄沙，船舶实际干舷小于核定最小干舷。船长关闭了 AIS 且一直未再开启，夜间开航不久，江面风浪较大，船体向左倾斜 5°。船长发现情况不妙，下令立即停船、抛锚，并通知机舱人员拿抽水泵抽货舱积水。很快，船体左倾至 10°，左舷甲板浸水后，货舱进水，随后 E 船向左倾覆，船上人员全部遇难。

问题：您认为船长关闭 AIS 电源，最有可能的目的是什么？

A. 节约用电　　B. 爱护设备，延长设备的使用寿命

C. 蓄意逃避海事部门监管　　D. 航海仪器管理的良好做法

6. E 船装载黄沙，船舶实际干舷小于核定最小干舷。船长关闭了 AIS 且一直未再开启，夜间开航不久，江面风浪较大，船体向左倾斜 5°。船长发现情况不妙，下令立即停船、抛锚，并通知机舱人员拿抽水泵抽货舱积水。很快，船体左倾至 10°，左舷甲板浸水后，货舱进水，随后 E 船向左倾覆，船上人员全部遇难。

问题：由案例可知，船长________的行为是错误的。

①关闭 AIS 电源；②发现情况不妙，下令立即停船抛锚；③通知机舱人员用抽水泵抽货舱积水

A. ①②③　　B. ②③

C. ②　　D. ①

7. E 船装载黄沙，船舶实际干舷小于核定最小干舷。船长关闭了 AIS 且一直未再开启，夜间开航不久，江面风浪较大，船体向左倾斜 5°。船长发现情况不妙，下令立即停船、抛锚，并通知机舱人员拿抽水泵抽货舱积水。很快，船体左倾至 10°，左舷甲板浸水后，货舱进水，随后 E 船向左倾覆，船上人员全部遇难。

问题：由案例可知，船舶倾覆的直接原因是________。

A. 船舶搁浅　　B. 船舶超载

C. 船舶超载和搁浅　　D. 船长采取的措施不当

8. E 船装载黄沙，船舶实际干舷小于核定最小干舷。船长关闭了 AIS 且一直未再开启，夜间开航不久，江面风浪较大，船体向左倾斜 5°。船长发现情况不妙，下令立即停船、抛锚，并通知机舱人员拿抽水泵抽货舱积水。很快，船体左倾至 10°，左舷甲板浸水后，货舱进水，随后 E 船向左倾覆，船上人员全部遇难。

问题：由案例可知，E 船超载导致了________不良现象的发生。

①船舶储备浮力不足；②船舶稳性不足；③甲板浸水角变小

A. ①②③　　B. ①③

C. ①②　　D. ②③

9. X 船卸完硫酸亚铁后，发现后舱垫舱板有破损，船员遂开始使用消防水枪对船舱进行清洗，大副周某手持铁铲，在后货舱左前部清理垫舱板上的货物残渣，突然一声巨响，货舱舱底发生爆炸，将垫舱板沿焊接点连线向左右两边掀开，周某原先站立位置的垫舱板被炸开，爆炸力量将其甩向左舱壁，夹在该船左舷船壳板与掀开的货舱垫舱板之间，周某后经抢救无效死亡。据查该船的舱底透气管被人为拆除（如下图所示），在货物申报时，为逃避缴纳港建费谎报为粉状炉渣。

问题：从该案例中，我们可以吸取的经验教训是________。

①要强化船员对此类具有高水溶性、可能产生易燃易爆气体等货物危害特性的认识；②在装货前要求货主提供货物特性说明和相关检验报告，坚决避免为逃避相关税费而谎报货物名称的行为，把握对本船所载货物危害特性的风险控制机会；③应加大对船舶货舱结构等隐患的排查力度，及时发现缺陷并严格落实整改，保证船舶适航；④建议有加装固定垫舱板的干货船不得载运硫酸亚铁等此类散货

A. ①②③④　　B. ①②③

C. ①②④　　D. ②③④

10. X 船卸完硫酸亚铁后，发现后舱垫舱板有破损，船员遂开始使用消防水枪对船舱进行清洗，大副周某手持铁铲，在后货舱左前部清理垫舱板上的货物残渣，突然一声巨响，货舱舱底发生爆炸，将垫舱板沿焊接点连线向左右两边掀开，周某原先站立位置的垫舱板被炸开，爆炸力量将其甩向左舱壁，夹在该船左舷船壳板与掀开的货舱垫舱板之间，周某后经抢救无效死亡。据查该轮的舱底透气管被人为拆除，在货物申报时，为逃避缴纳港建费谎报为粉状炉渣。

问题：该船舱底透气管被人为拆除，与该船此次事故________。

A. 有关　　B. 关系不大

C. 无关　　D. 关系不确定

11. X 船卸完硫酸亚铁后，发现后舱垫舱板有破损，船员遂开始使用消防水枪对船舱进行清洗，大副周某手持铁铲，在后货舱左前部清理垫舱板上的货物残渣，突然一声巨响，货舱舱底发生爆炸，将垫舱板沿焊接点连线向左右两边掀开，周某原先站立位置的垫舱板被炸开，爆炸力量将其甩向左舱壁，夹在该船左舷船壳板与掀开的货舱垫舱板之间，周某后经抢救无效死亡。据查该船的舱底透气管被人为拆除，在货物申报时，为逃避缴纳港建费谎报为粉状炉渣。

问题：由案例可知，X 船发生爆炸的原因有________。

①船员不了解硫酸亚铁的货物性质、储存方式及防护处置方法；②船底结构破损，货物残留；③为逃避缴费而谎报货物名称，为事故发生埋下隐患

A. ①②③　　B. ①②

C. ②③　　D. ①③

12. F 船卸空燃料油后离港，约 15 时许，轮机长到 2 号舱左舷取样孔处进行电焊作业准备工作。16 时许，实习水手黄某(代使船东代表职能)安排刘某等 2 人分别去步桥中间的储物间取灭火器和去生活区取水，自己留下与轮机长实施电焊作业。当刘某提着灭火器走到

离2号舱左舷取样孔约3 m处时,2号舱部位突然发生爆炸并产生大火,随后又发生数次小爆炸。10 min后,该船2舱、3舱区域附近发生第二次较大强度的爆炸。

问题:由该案可知,F船发生爆炸的直接原因是________。

A. 未按操作规程操作　　B. 未对货油舱进行清舱、除气、测爆

C. 明火作业引发了货舱油气爆炸　　D. 船员安全意识淡薄

13. F船卸空燃料油后离港,约15时许,轮机长到2号舱左舷取样孔处进行电焊作业准备工作。16时许,实习水手黄某(代使船东代表职能)安排刘某等2人分别去步桥中间的储物间取灭火器和去生活区取水,自己留下与轮机长实施电焊作业。当刘某提着灭火器走到离2号舱左舷取样孔约3 m处时,2号舱部位突然发生爆炸并产生大火,随后又发生数次小爆炸。10 min后,该船2舱、3舱区域附近发生第二次较大强度的爆炸。

问题:有关F船存在安全问题的现象,叙述正确的有________。

①船员不了解上航次所载货物的理化性质及注意事项;②黄某越权行使了部分船舶安全管理职责,违规安排船员从事明火作业;③船员发现违规明火作业行为,未按照船舶安全管理体系的规定进行报告;④甲板部维护保养责任不清

A. ①②③④　　B. ①②③

C. ①②④　　D. ②③④

14. F船卸空燃料油后离港,约15时许,轮机长到2号舱左舷取样孔处进行电焊作业准备工作。16时许,实习水手黄某(代使船东代表职能)安排刘某等2人分别去步桥中间的储物间取灭火器和去生活区取水,自己留下与轮机长实施电焊作业。当刘某提着灭火器走到离2号舱左舷取样孔约3 m处时,2号舱部位突然发生爆炸并产生大火,随后又发生数次小爆炸。10 min后,该船2舱、3舱区域附近发生第二次较大强度的爆炸。

问题:根据船舶明火作业安全管理的有关规定,船舶实施明火作业,应当经________同意。

A. 轮机长　　B. 船长

C. 部门负责人　　D. 在船的船东代表

15. F船卸空燃料油后离港,约15时许,轮机长到2号舱左舷取样孔处进行电焊作业准备工作。16时许,实习水手黄某(代使船东代表职能)安排刘某等2人分别去步桥中间的储物间取灭火器和去生活区取水,自己留下与轮机长实施电焊作业。当刘某提着灭火器走到离2号舱左舷取样孔约3 m处时,2号舱部位突然发生爆炸并产生大火,随后又发生数次小爆炸。10 min后,该船2舱、3舱区域附近发生第二次较大强度的爆炸。

问题:从该案中,我们可以吸取的经验教训是________。

①要提高全员安全责任意识,减少违章越权指挥、违章作业、违反劳动保护纪律等行为的发生,切实保证船长拥有对船舶安全与防污染方面的绝对权力;②无论是船东授权的代表,还是船东本人,在船上都不可以突破企业安全制度规定,主宰船上的任何事情,不能忽略船长是船上的最终决策者;③船舶的关键性操作的每一项、每一环节疏忽都可能造成重大损失;④航运公司要对委派上船工作的船东代表职责进行规范,确保船长在安全与防污染方面的绝对权力

A. ①②③④　　B. ①②③

C. ①②④　　D. ②③④

第一节　海事案例分析基础知识

1.C　2.A　3.B　4.C　5.A　6.A　7.A　8.A　9.D　10.A
11.D

第二节　典型案例分析

1.D　2.A　3.B　4.B　5.C　6.D　7.B　8.A　9.A　10.A
11.A　12.C　13.A　14.B　15.A